高校英语写作教学与思辨能力培养研究

黄爱萍 ◎ 著

吉林出版集团股份有限公司

版权所有　侵权必究

图书在版编目（CIP）数据

高校英语写作教学与思辨能力培养研究 / 黄爱萍著. — 长春：吉林出版集团股份有限公司，2023.10
ISBN 978-7-5731-4373-0

Ⅰ.①高… Ⅱ.①黄… Ⅲ.①英语—写作—教学研究—高等学校 Ⅳ.①H319.36

中国国家版本馆CIP数据核字（2023）第191578号

高校英语写作教学与思辨能力培养研究
GAOXIAO YINGYU XIEZUO JIAOXUE YU SIBIAN NENGLI PEIYANG YANJIU

著　　者	黄爱萍
出版策划	崔文辉
责任编辑	赵晓星
封面设计	文　一
出　　版	吉林出版集团股份有限公司
	（长春市福祉大路5788号，邮政编码：130118）
发　　行	吉林出版集团译文图书经营有限公司
	（http://shop34896900.taobao.com）
电　　话	总编办：0431-81629909　营销部：0431-81629880/81629900
印　　刷	廊坊市广阳区九洲印刷厂
开　　本	787mm×1092mm　1/16
字　　数	200千字
印　　张	14
版　　次	2023年10月第1版
印　　次	2024年1月第1次印刷
书　　号	ISBN 978-7-5731-4373-0
定　　价	78.00元

如发现印装质量问题，影响阅读，请与印刷厂联系调换。电话 0316-2803040

前 言

写作作为一种实践交际行为，是写作者与读者、写作文本和交际语境的互动。写作这项活动产生于特定的文化所构建的交际场合，有着鲜明的语言、文化以及思维烙印。在外语交流日益重要的今天，英语写作的重要性更是不言而喻。对于高校学生而言，英语写作能力不仅在学生的学业上占据重要地位，同时在他们的日常生活中也起着不可或缺的作用。英语写作能力是大学生必备的基本能力之一，英语写作也是我国高校学生在英语学习中的薄弱环节。长期以来，在写作过程中，学生普遍会出现用词不当、语法有误、逻辑层次不清楚、语言表达不够自然、内容不够充实等问题。针对这些问题，本书把理论和实践有机结合起来，系统地介绍了英语写作的策略和技巧，循序渐进地突出写作步骤和基本技巧，力图为不同层次的学生提供切实可行的指导，能够提升其英语书面表达能力和英语综合运用能力提供有效的帮助。

不可否认的是，随着当代全球化的深化和人类社会多元化、多样化的发展，多民族、多国家、多区域间相互交融的现象越来越普遍，国际社会、经济、环境等问题已经远远超越单个国家、民族、团体的边际，形成国际、国内相互融合、相互影响的局面，因此高校学生需要适应不断变化的形势，具有跨文化交际能力、国际合作能力和应变能力。同时，我国外语教育在过去四十多年中经历了巨大的变化：高校英语专业本科生的入学层次大幅度提高，听、说、读、写、译等语言技能培养压力大幅度降低，人才培养方向朝专业知识、人文素养、综合能力等领域拓展。社会更倾向选用既有较高英语水平又掌握一门或多门其他专业、有独立工作能力和驾驭能力的多元人才。其中思辨能力是最核心的能力。所以，强调思辨能力的培养是顺理成章、水到渠成的事。

在撰写本书的过程中，笔者参考、借鉴了一些资料，希望本书能为广大英语学习者带来参考价值，在其提高英语写作兴趣的基础上切实提高写作能力。由于时间紧迫，书中难免出现不当之处，恳请广大读者批评指正。

目　录

第一章　概述 ·· 01
　　第一节　相关概念界定 ··· 01
　　第二节　相关理论基础 ··· 16
第二章　英语写作教学的现状和问题成因分析 ·························· 22
　　第一节　英语写作教学的现状 ·· 22
　　第二节　英语写作教学存在的问题 ······································ 33
　　第三节　英语写作教学问题的成因 ······································ 39
第三章　英语写作教学中的主要方法 ·· 45
　　第一节　诊断式教学法 ··· 45
　　第二节　反思性教学法 ··· 50
　　第三节　体验式教学法 ··· 56
　　第四节　互动式教学法 ··· 60
　　第五节　过程教学法 ·· 66
　　第六节　任务型模式 ·· 75
　　第七节　形成性评价法 ··· 87
第四章　高校英语写作教学的实践性研究 ································ 102
　　第一节　以读促写 ··· 102
　　第二节　以写促写 ··· 110
　　第三节　以评促写 ··· 121
第五章　大数据时代高校英语写作教学改革与创新 ·················· 134
　　第一节　大数据为英语写作教学带来的变化、挑战与机遇 ······ 134

第二节　大数据时代英语写作教学模式重构 142
　　第三节　网络资源与数据库 144
　　第四节　自动写作评估系统 146
　　第五节　自动写作评估研究与实践 147

第六章　多元视角下高校英语写作教学有效性分析 150
　　第一节　写作过程视角 150
　　第二节　批判性思维视角 154
　　第三节　学习互动视角 162
　　第四节　信息技术视角 172

第七章　思辨及思辨力理论研究 183
　　第一节　国内研究流变及其反思 183
　　第二节　思辨与相关概念的关系 192

第八章　高校英语写作教学思辨能力培养实践路径 204
　　第一节　高校英语写作课程思辨能力培养方向的转变 204
　　第二节　写作教学思辨能力培养 212

参考文献 216

第一章 概述

第一节 相关概念界定

写作的目的是培养学生能够通过书面形式表达自己的思想、意见、反思和记录事实的能力。换句话说，写作是人们通过书面传递信息的交际能力，这种交际应当是读者能够理解的、有目的的交际。每个从事英语教学的人都能深刻意识到在外语学习的过程中，写作技能的培养对于提高学生的语言输出能力以及思维水平至关重要，并且需要教师进行特别的写作辅导与训练。

事实上，大部分的人都可以自然而然地讲母语，有些人甚至可能由于生长环境的特殊性，会讲第二语言或者第三语言。但写与说不同，鉴于写作的复杂性，写作能力的培养和发展确实需要外来指导，语言学习者并不是天生就会写作。此外，现在的大部分外语考试，包括高考，在很大程度上都是通过测试学生的写作水平来衡量其语言能力。因此，无论对于讲母语的人还是讲外语的人来说，写作能力都至关重要。基于这一点，训练和培养学生的写作能力需要每一位英语教师格外关心和重视。

一、英语写作与教学的特点

曾经有一段时间，我国英语教学中比较强调学生说的能力，即用英语进行口头交际的能力，觉得只要能听懂并且能说，就是在一定程度上掌握了这门语言。事实上，就交流而言，语言的交际功能并不仅仅指口头上的交流，更重要的还有书面交流。因为语言作为一种交流的工具，如果仅仅停留在口头表达上，那教师们培养的学生就是某种程度上的"文盲"了，因为他们无法用书面形式进行深入系统的交际活动，缺乏对语言表达的锤炼，同时也缺乏对其思维能力的培养。此外，随着中国经济社会的发展，高校师生与国际社会的交流已不仅仅停留在口头聊天的阶段，在经济社会的很多方面都需要用到书面的语言和表达，而且英语写作能力的提高也标志着整个社会英语学习者英语综合能力的提高。作为一项特殊技能，英语写作和英语写作教学有其独有的特点。

（一）写作的特点

怀特和阿恩特认为写作是一个复杂的认知过程，需要进行不断的长时间的智力消耗。刘上扶认为，写作是目的性很强的社会行为，是综合性很强的脑力劳动，是主客观统一的精神产品的生产过程，是以书面语言反映生活的独特形式。努南提及文章的完成需要经过六道递归程序，即聚焦、评价、形成思路、构建、成文和检查。由此可见，写作不仅是个人的认知行为，而且还具有社会性和合作性。同时，英语写作既不是简单记录思想的孤立行为，也不是从属于口语的附属行为，而是一个复杂的知识建构过程，需要真实情境的存在，需要师生、生生间的互动，其心理基础是积极学习、自我调节、自我认知和对"支架"的构建。

有些人认为书面语就是把口头语用文字的形式写下来。过去的许多语言学家也往往忽视语言的写作而强调口头的表达，这在很大程度上导致了写作教学在英语教学中"备受冷落"。另外，一些人所认为的写作只不过是把口头的语言写下来，这一想法是片面且不正确的，这只适用于工作量很少且任务相对单一的语言活动，比如听写。事实上，与口语相比较，写作具备以下四个独特的特点。

第一，写作对作者提出了更高的要求，即作者对所写的内容有更强的意识并且更注重表达的正确性和准确性。写作和口语不同，在说的过程中，说话的人可以不断修正自己的语言，而一旦成文，要修改就不是那么方便了，所以作者必须要关注表达的正确性和准确性，更注重"词要达意"。

第二，写作有一些固定的格式。举个简单的例子，同样为了通知一件事情，用打电话或者写 E-mail 就是两种不同的格式了，口头的电话通知可能会比较随意，而发送的 E-mail 一般就会有比较统一的格式，而且邮件内容越正式，对写作格式的要求就越高。

第三，写作对读者能产生更大的视觉印象。从写作格式来看，书写是否工整就可以影响读者对其的印象；又或者在写作过程中对于大小写的应用，下划线或者粗体字、斜体字等，都可以起到强调的作用，加深读者对对应内容的印象。

第四，写作是一种比起口语更加规范和统一的交流方式。无论是中文还是英文，说的人都会因为地域的不同而产生很多不同的方言，书面表达所使用的语言却是统一的，更加方便不同地域的人进行沟通和交流，同时这也说明了为什么书面表达比起口头的表达更加规范和正式。

综上所述，基于写作的这些特点，它在交流中的重要性是毋庸置疑的。对于学生来说，不仅要会说，也一定要会写，只有学会了用英语来表达自己的想法，能流利顺畅地和其他人进行交流，才能说明他们自身真正掌握并能独立运用这一门语言了。对于从事英语教学的老师来说，在英语写作教学上花再多的时间也是值得的，尽管从应试的角度来说，写作所占的比重并不是很大，但是写作能力更能体现学生的语言和思维水平，应该作为英语教学中不可忽视的一环，值得教师们付出更多的精力和心血，通过写作夯实学生的语言运用能力。

（二）英语写作中的"负迁移"

作为学生母语的中文和被学习最多的外语——英语，这两种语言在写作这一层面存在一些共同点。首先，这两种语言的写作能力都不是自然而然可以习得的，而是要经过专门的教授、学习和训练；其次，无论是母语写作还是英语写作，都对写作者提出了同样的要求，那就是学习者需要具有一定的思维能力和驾驭语言的能力，需要在写作的过程中运用自己的能力根据写作任务进行创造性的思维与合乎逻辑的构思。从记忆中搜索各种概念与语言知识，使写作达到交际的目的，这些就是中文写作与英语写作的相同之处。然而，这些相同之处往往会被英语写作学习者和教授者忽视，大家往往更容易关注它们的不同之处，具体体现在以下几个方面。

第一，语言基础差异很大。当学生被要求开始用母语写作的时候，他们已经通过日常的生活交流或者学习掌握了很多的中文词汇量和多样的表达方式，只要经过简单的指导，就可以写出比较完整的文章，词语的使用也会比较准确到位。而作为外语的英语写作就与其大为不同，因为无论是学生掌握的词汇还是句式，都是非常有限的，在这种情况下要他们用外语去表达就往往会产生用词不当、词不达意和句式单一等问题。

第二，就写作而言，创造性的思维在这当中起到了非常大的作用。用母语写作的人早就形成了母语的思维模式；而用英语写作的人，缺少的正是英语的思维模式。这样一来，他们挣扎在如何使用英语来表达母语的思维模式困境中，写出来的东西就成了地道的"中国式英语"，这在日常的教学过程中并不少见。实际上，这种母语对外语的影响通常叫作语言的正负迁移。

在日常教学中，教师们看到比较多的是"负迁移"，即"抑制性迁移"，它表现为一种知识技能的掌握会干扰另一种知识技能的掌握。这种干扰就产生了语言错误、文章组织结构或文化差异等方面的问题。因此，教师在英语教学的过程中要通过各种方式促进母语对目的语的正迁移，抑制负迁移。对于学生而言，由于他们掌握的词汇及语法知识越来越丰富，他们的观察、思考及分析能力和水平也相对会越来越高，教师就可以利用这些优势为正迁移创造条件。从以上的分析可见，英语写作不能完全沿用母语写作的模式，尽管目前在语言学界对于第二语言（以下简称二语）写作的具体心理过程与模式尚未达成共识，但是作为教师，应该更多地从这些差异出发，找到合适的写作教学和训练方法，以符合学生的实际语言学习情况。

二、英语写作内涵

目前，英语的写作教学正在经历着较大的变化。早期的英语写作教学基本上是以教师为中心的，比较强调传授语言知识点，注重单个的语言单位，比如单词首字母大小写、标点符号和单词拼写等。随着学界对写作教学越来越重视，教师也开始强调句子的写法，或者是文章的整体布局等写作技巧训练。然而，在英语课堂中所采用的比较多的模式就是"仿写"，由教师提供比较好的句子或者是范文，学生通过背诵等方式仿照着写。

事实上，由于写作在不同的文体、不同的情景中要实现不同的目的，因而创造出众多写作教学方法，表明教师应该根据学生不同的语言水平以及遇到的不同层面的语言和思维问题选择不同的教学方法，进行差异化教学。此外，虽然传统的仿写教学方法也有很多可取之处，但是从帮助学生更好地掌握某一门语言的角度出发，教师应该为学生提供更多的渠道，让他们可以在比较自然的情况下学会使用这一门语言进行表达与写作。

（一）写作

1.广义

广义上来说，写作既是指作者对某一客观事物或事件根据自己的思想、认识以及感悟采用恰当的表达方式来反映自己所思所想和所悟的一种表现手法，也是创造性地表达自己的思想和观点的活动。这一活动普遍具备目的性、创新性、综合性和实践性特征。此外，这一表现活动的功能和意义主要表现在以下三个方面：一是作者可以借助写作抒发情感、发表和传递信息；二是现代社会中对优秀人才的英语写作能力有着较高要求，要求他们能够在日常生活和工作中轻松应对众多英语方面的写作任务；三是写作能力的提高实际上关系到全民文化素质的提高，在某种程度上，写作水平的高低甚至也会反映一个家庭的综合素质和文化素质，而这也是综合国力评价的方法之一。

从英语这一专业领域自身的角度来分析，写作是一种社会实践活动，涉及社会生活各个领域。具体来说，它不仅与文学方面的写作相关，而且还与科学、经济、法制和军事等方面有一定的关联，涉及的范围非常广泛。然而，不同领域的书面创作对写作表达提出了不同的要求，并且各个领域中所采用的创作方法和表达方式也存在着差异。同时，在《大趋势》一书中，约翰·奈斯比特提出："在这个文字日益密集的社会，我们比以往任何时候都需要更多的阅读和写作技能。"

写作也是一种交际行为。在写作过程中，应首要考虑读者的需求，内容清晰易懂，这种交际行为才是真正成功的交际行为。根据现代信息理论和系统理论，写作是一个完整的信息收集、处理和输出系统。因此，写作活动作为一个完整的系统过程，大致可以分为收集——概念——表达三个阶段。具体来说，它又可以分为收集、构思、策划、措辞和修改五个阶段，并且每个阶段和环节都有自己的特点、规律和要求。这就要求教师们引导学生在写作活动中必须遵循这些要求和规则，只有这样才能写出优秀的文章。

2.狭义

狭义上讲，写作只是语言学习者为了达到课程标准的某些要求而进行的一种实践活动。

这一实践活动从宏观上分析，包括三个阶段，即前期准备阶段、中期写作阶段和后期完善阶段；从微观上对这一实践活动进行划分，主要有激发学生的写作动机、构思、计划、自由写作、提纲、起草、编辑、修改、校对以及总结等众多步骤，是一个复杂的行为过程。从这个层面看，写作不仅可以培养学生的信息整合能力和思维能力，而且还可以培养并提高学生自身的综合素质。

通过对写作的广义和狭义两方面内涵的分析，不难看出，写作是一种复杂且富有作者创造性思维的信息交流活动，在日常生活、工作和学习中发挥着积极作用。

（二）写作能力

写作能力是每个学生必备的能力，是对自己积累的知识进行选择、提炼、加工和整合的能力。因此，写作从本质上来说不是词、句和段的简单组合。同时，写作能力也包含了写作主体为了顺利完成写作活动而必须具备的个体心理特征，这是完成写作活动的一个重要因素。对于写作能力的定义，中国学者刘润清曾指出：只有写作能力的水平高低才能真正体现一个人的语言素养。然而，写作能力的强弱主要在于写作的速度和文章的质量，而不在于学生记住的单词、短语和句型的数量以及掌握了多少语法规则。事实上，写作能力包括思维能力、布局能力和语言组织能力。其中，思维能力是指学生通过观察、分析和归纳提炼客观事物所包含的意义，确定所要表达的中心思想的能力；布局能力是指学生根据中心思想表达的要求来组织材料并自由运用各种表达手段来进行思想表达的能力；语言组织能力是指学生使用语言技能进行书面表达的能力。

此外，由于写作是作者创造性地表达自己思想和观点的活动，并且进行写作的原因可能有很多，写作方式也有所不同，因此，对于不同人群的写作能力应该有不同的要求。普通人的英语写作能力不同于文学作家，也不同于英语学习者。因此，教师们应该采用不同的写作能力标准来要求和评判不同群体的作品。

显然，写作能力是基于听、说、读的综合性最强的能力，也是综合多种因素的能力。写作能力不能简单地被定义为对已经获得的词汇用所学的语法知识进行选择、分析和整合的能力，因为其不仅仅表现为语言表达能力，而且还是对一种复杂的心智活动掌控能力的表现。由于写作是一种复杂的心智活动，这种活动是对现实的反映，因此，写作需要学生们从现实生活中积累丰富的材料，唯有具备一定的知识储备才能为好作品的产生打下坚实的基础。可见，写作知识也是写作能力必要的构成部分。然而获得写作材料的途径是多种多样的，同时写作材料的获取也不是随意的。在外语教学过程中，教师要注重在不同环境下通过不同途径加大语言信息的输入量，使语言学习者在轻松愉快的氛围中习得尽可能多的语言信息。这一过程也符合克拉申的输入理论，他认为语言输入的材料既不能太容易，也不能太过于复杂，应该在语言学习者现有的水平和基础上加入下一部分的语言结构，即"3+1"的语言输入原则。因此，在外语教学的过程中，要注重通过多种途径输入语言材料，注重输入内容的更新。

然而，即使学习者有丰富的知识储备，如果在知识的提取、分析、整合和表达方面有所欠缺，也无法创作出优秀的作品。此外，思维来源于社会实践，但并不是说思维就是社会实践。社会实践提供给学生们的写作材料是丰富多彩的，但是在写作过程中，学生们并不是全部照搬，而要"取其精华，去其糟粕"，这就需要语言学习者具备一定的洞察力、想象力和联想力。因此，写作能力除了包括写作技能方面的语言表达能力外，还包括观察力、思维力、联想力以及想象力等智力因素，这样才能使文章具有深刻的内涵。这就表明任何因素的缺失都会导致优秀的作品不能被创作，只有具备一定的写作知识、语言表达能力和必要的智力因素，才能保证写作的顺利完成。

（三）写作基本知识教学方法

1. 单词的拼写

在写作过程中，我们必须强调拼写的准确性。虽然拼写似乎不是写作中最重要的部分，但忽视拼写的后果是非常严重的。对学生来说，随着水平的提高和学习内容的丰富，掌握的单词越来越多，教师应该更加注重"自然拼读法"的能力，帮助学生总结单词拼写的原则和规则。这些看似基本的能力需要长时间潜移默化的学习。此外，教师在评价作文时不应忽视单词的拼写，可以通过要求学生互相纠正来提高自己的敏感性。随着手机和电脑的普及，大学生越来越依赖键盘写字。网络强大的联想记忆功能为大学生拼写单词提供了极大的便利，使他们不再需要记忆单词的拼写规则。总之，正确的拼写不仅是写作的基本能力，而且还能给读者留下好的印象。这是写作的第一步。

2. 标点符号

学生通常都是把母语中的标点直接应用到英语中来，但是，就现状来看，学生并不清楚英语中的标点符号和母语标点符号的差别。首先，学生在母语学习的过程中接触到标点符号但经常忽视对标点符号的学习，所以在中文的写作中往往也不能自如地甚至是正确地使用标点符号，那就更不用提在英语写作中正确使用，这是"负迁移"所产生的结果；其次，学生不太清楚英文标点符号和中文标点符号的关系，误认为学好了中文标点符号就可以自如地应对英文标点符号的使用，导致他们区分不了标点符号的正确用法；再次，英语的标点符号虽然在使用上和中文标点符号有许多相同之处，但也存在着一些不同。在学生中最常见的一个例子就是书名号的使用，英语中往往是用斜体字或者是下划线的形式来表示，而学生们往往不注意这一点。这是一个比较容易纠正的错误，而英语中有些连词在使用的过程中必须要在后面用逗号，这些有别于中文的标点符号使用习惯，往往会给学生带来很大的干扰。因此，培养学生正确使用标点符号的方法还是应该通过大量的阅读输入，让学生在教师的指导下主动去关注文章中标点符号的使用，也可以辅以相关的练习，如让学生给一段文字添加标点符号，让学生分析一段文章中标点符号使用的作用，教会学生特别留意一些表达情感的标点符号，如引号、感叹号等。其实，能正确使用标点符号是一项基本技能，体现出英语写作的基本规范，如果大小写字母、逗号、句号、句子和段落的界限等用得不好，不仅会给人留下不好的印象，而且也会让人无法读懂文章。由此可见，在英语写作教学的过程中，标点符号也是一个值得教师花时间去讲解和纠正的内容。

3. 句法结构

句法结构的学习内容属于语法课程的教学内容，但在教学和培养学生写作能力的过程中，教师应在句法层面进行有针对性的教学，这对学生的阅读理解和写作能力有很大帮助。另外，句法结构的教学方法有很多，在课堂上比较常见，对写作有很大影响，如造句、句型转换等。其中，造句可以让学生通过模仿来掌握句型，尽可能减少学生在基本句法层面犯错误的可能性，句型转换训练对学生写作能力的发展有许多好处，这样不仅可以让学生学会用不同的句型来表达同一个意思，而且可以让他们在思考和比较之后，逐渐学会选择最合适的句子来表达自己的意思，同时也通过这个练习避免了学生在写作过程中句型过于单一的问题。

4.篇章结构

对于学生而言，篇章结构不是简单地指段落的结构，还包括了整篇文章的逻辑结构。一篇文章要有连贯性，即使没有使用明显的衔接方法，它也必须有某种读者能明白的内在逻辑。因此，一篇连贯性的文章能让读者明白两件事：一是写作者的目的，二是写作者的思路。所以，一个语言表达能力很强的学生如果写出来的文章缺乏逻辑的统一和完整，就不是一篇好的作文。现在英语考试普遍要求学生写150~200词的文章，文章既要将题目中的写作任务和要求表达清楚，又要使语言具有逻辑性和完整性。事实上篇章结构这一能力的培养要求教师在平时进行阅读理解分析和作文讲评的过程中强调文章的结构，引导学生去分析文章的排篇布局。平时培养学生这一能力的练习形式可以是让学生把一篇打乱次序的文章按照段落重新排序，也可以是去掉一些文章的关键词和连接词，让学生自己补充完整。通过这些练习学生会慢慢形成一种逻辑思维的习惯，并在自己进行写作的过程中把这种能力应用进去。

三、当代写作教学的主要方法

写作教学具有悠久的历史。从最早的雄辩术到后来经伊索克拉底、柏拉图和亚里士多德形成的古典修辞学，再到古罗马时期经过西塞罗和昆体良的提炼与升华，形成了演讲文本生成过程中的"五部曲"训练模式。这一古典修辞学传统对于写作教学与研究产生了深远影响。由此，在写作教学的长期发展过程中，形成了一些可供借鉴和参考的二语写作教学法。

（一）结果教学法

这是一种基于句子层面的写作教学模式，强调学生的遣词造句能力，要求加强句子组合和语法练习，是一个从句子入手，发展到段落，再到篇章的过程。结果教学法的一般过程为教师首先就某一修辞手段进行讲解，要求学生阅读一个作品，并在课堂上就这一作品进行分析讨论，然后教师会根据前面讲解的修辞手段和阅读的作品给学生布置写作作业。学生写作的结果是教师关注的重点，并强调语言的正确性、作文的结构和质量。这是我国目前使用最为广泛的一种英语写作教学法，国内许多英语写作教材也是按这种教学法设计的。这种方法的缺点是：忽视写作过程本身的复杂性，从而缺乏学生在写作过程中遇到的困难的了解和认识。

这种教学法之所以在我国应用较广，是因为它符合汉语的思维方式，且简单易行，具有很好的可操作性。在汉语教学中，教师和学生习惯把写作看作一个连字成句、连句成段、连段成篇的过程，强调措辞和句与句之间的照应以及写作成品的可读性。而句子在英语中的地位也十分重要，写出语法正确、得体的句子是英语的基本功。因此，这种方法长期以来很受广大英语教师的欢迎。在批改作文时，很多教师也是把关注的重点放在句式的正确与否上。同样，学生也满足于写出语法上没有错误的句子，而不太重视句子间意义的衔接和过渡。

可见，这种教学法的缺点在于忽视了观点的组织，而写成一篇文章的过程在本质上是表达思想的过程。在这一过程中，最重要的方面无疑是对观点的组织，而要组织好观点，需要形成相应的思维方式，而不是把精力过多地放在形式上的正确和避免语法错误上。英语教师作为成熟的外语使用者，如果总是以自己的眼光来衡量学生的作文的话，必然会扼杀学生在掌握外语方面付出的努力，会挫伤学生的学习积极性，使学生产生对英语写作的畏惧心理，这对学生是不公平的。以上种种，可以说是结果教学法的弊端所在。因此，在实际教学中，教师不宜过分依赖这种看似简单易行的教学法，而应当多种方法并用，方能充分发挥这一方法在训练句式准确性方面的独特作用。

（二）过程教学法

这种方法兴起于 20 世纪 60 年代美国的第一语言教学，后来被推广到第二语言的教学中。它强调思维在写作活动中的重要意义，强调作者的主体意识和能动作用，改变了以往片面强调语法结构、修辞手法和机械模仿的做法，更强调的是写作过程，提倡学习者相互合作。过程教学法在具体操作方法上受到交际教学法的影响，这种方法曾一度成为最有影响力的写作教学方法。

过程教学法的一般步骤包括：写前准备、写初稿、同学互评、写二稿、教师批阅、师生交流、定稿。这种方法的核心是把写作看作一个可以操控的过程，也承认这一过程的复杂性。跟结果教学法相比，它克服了写作过程中那些只注重结果而忽略过程的缺陷，从而使写作看起来不那么高不可攀。

但是这种方法的缺陷也是比较明显的。首先，采用这一方法需要学生具备较高的语言水平，在这个条件下，老师和学生之间以及学生与学生之间才能就一些有争议的内容进行交流，从而使写作过程能顺利地在交流中进行下去。如果学生的英语水平太低，那么这种交流过程在很多情况下将是单向的，无法达到相互借鉴、相互补充的效果。其次，这种教学方法对老师的要求也相当高，需要老师具备良好的语言能力、广阔的知识面以及快速的思维反应。只有这样，老师才能在解决学生提出的问题时得心应手，也才能使写作过程给学生带来好处最大化，而且能给学生树立起很好的榜样，激发起他们的学习动力，从而使写作过程在内容丰富的交流中越来越顺畅，越来越有力。最后，这种教学方法比较费时。在大班教学中，如果采用这一方法，不但费时费力，而且会影响到课堂教学的管理，因为老师在一次交流中只能面对一个学生，无力同时顾及课堂上其他学生的学习活动，这样一来，不但学生会感到无所事事，而且老师也会很累，进而直接影响教学效率。

不过，只要条件允许，这种教学方法还是值得大力提倡的。而且，在保留这种方法的精神前提下，可以采取各种灵活的方式。比如在师生交流这一层面，可以采取网络反馈的方式，即学生把写好的作文发到老师的邮箱里，然后老师以书面的方式回复邮件，提供详略不等的反馈。这样，老师可以灵活安排提供反馈的时间和详略，学生也能从中得到准确的反馈。另外，也可以采取在课后当面反馈的方式，即学生在课后的指定时间和地点，就写作中遇到的困难当面向老师咨询，或让学生把写好的书面作文带到指定地点，由老师当场阅读该作文，然后提出修改意见。

（三）体裁教学法

这是 20 世纪 80 年代中期以来出现的一种新的写作教学法。它建立在语篇体裁分析的基础上，把体裁和体裁分析理论运用于课堂教学中，围绕语篇的结构开展教学活动，强调社会环境对学生写作能力的影响。它认为交际目的是体裁的决定因素，不同的体裁用来实现不同的目的。这种教学法的主要步骤包括范文分析、模仿写作、独立写作。该教学法还受到交际内容、方式、媒介和读者等多种因素的影响。这一方法的优点在于能使学生认识到写作是一种有规律可循的社会交往活动，是理解客观世界并参与社会活动的一种手段。

它把写作的交际功能放在十分突出的位置，这是符合情理的，而要达到不同的交际目的，则需要采取不同的写作体裁，这就是体裁教学法的立论基础。交际必然带有社会性，所以体裁教学法强调社会环境对写作的影响。

这种教学法的不足之处在于：首先，尽管掌握体裁知识对于写好文章很重要，但是常用的体裁数量毕竟有限，而且不同体裁的文章都有其共通之处，相互之间并非截然不同，如果硬要把它们分得很开，必然会形成类似八股一样的写作框框，不利于思想的表达；其次，以体裁为基础进行写作教学，过分注重文章的交际目的，可能会造成对语言本身正确性的忽视，写出来的文章反而失去了起码的交际功能和意义。

因此，在实际教学中，适当地采取这种方法是可行的。通过对不同体裁的比较，可以提示学生注意到写作的对象，采取适合的文本结构。但是，如果要把体裁教学法作为一种常规的写作教学方法，则可能会割裂语言本身的联系，使写作流于形式，降低二语写作教学的效果。

从上述二语写作教学的几种主要方法可以看出，大学英语写作教学涉及的内容很多，大致包括语法、词汇、造句、阅读、翻译、口语、思维、语篇甚至社会因素等，这些内容是相互影响的。要对大学英语写作教学的有效性进行探讨，就不能不考虑上述内容在实际教学中的体现。

随着时代的发展和社会的进步，英语写作教学经历了很大的变化。从早期的忽视英语写作教学到如今不断深入对写作教学研究学习和实践，写作在英语教学中所占的地位已经越来越重要了。现阶段，在英语课堂中常见的写作教学方法是传统教学法与新教学法的结合，主要有以下几种。

第一，仿写。仿写主要就是让学生按照所给范文进行仿写，包括仿照范文的格式、句式或者内容。这一传统的写作方法在如今的课堂上被教师们广泛采用。

第二，读写结合。读写结合是外语写作教学的主要方法之一。在如今读写相结合的课堂上，教学的主要目的不是提高学生的阅读水平，而是提高学生的写作能力。为符合这种目的而选取的教材一般都不会太难，主要是让学生在阅读的过程中体会别人的写作方法，模仿别人的句式段落等。在这种类型的写作课上，教师通常会让学生进行如下练习，例如，阅读后写大意，阅读中关注并掌握具有黏合作用的单词与短语以及掌握组织段落的方法等。

要使学生能够写出内容连贯的段落或短文，需要在教师指导下有计划、有步骤地进行训练，要经过有控制的写作和有指导的写作，才能进行自由写作。其中，控制性写作是最基本的写作指导方法，教师在进行写作指导的时候要引导学生关注以下几点：一是语言形式要正确，二是标点符号要无误，三是所写内容要符合写作任务要求。此外，初级阶段的写作训练重点应放在正确的语言形式和标点符号上；中高级阶段的写作训练重点应当放在所写的内容上，但也不可忽视语言形式和标点符号的正确使用；引导性写作与指导相比，对学生的限制明显减少，学生可以在作文的内容与语言上有比较大的发挥空间；自由写作时，学生就可以完全自由地表达思想，但这种写作对学生的要求也比较高，要求学生根据不同的写作要求，选择合适的文章结构，遣词造句，并能够逻辑清晰地表达自己的观点，这是对学生语言应用能力的一个新要求。

四、英语写作教学知识体系中的四个维度目标

按照技能维度、知识维度、模式维度、能力维度和策略维度，建构一个以写作策略为经，以写作技能、写作知识、写作模式和写作能力为纬的写作教学知识体系。在这个体系当中，要求教师必须把写作能力的培养和训练贯穿在写作技能、写作知识、写作模式和写作策略的学习和训练过程之中。

（一）写作的技能维度

写作的基本技能是学生在掌握一定的词汇量、句型等基本的知识后完成

某种写作任务的熟练性和准确性，这种技能主要包括了书写技能、仿写技能、改写技能、续写技能和缩写技能等。在写作的技能维度当中，前三项是最基本的技能，特别是对于大多数学生来说，能按照要求完成一篇作文，按照所给的范文写出一篇作文，并能把所给阅读文章中的某些词组或者句子用其他的词组或者句子来改写的技能，是十分重要的。因此，在进行技能培养的过程中，教师应该遵循循序渐进的原则进行由低到高的写作辅导，帮助学生逐渐过渡到根据写作任务进行内容续写和缩写的能力。

（二）写作的知识维度

具体而言，该维度要求学生具备的写作知识技能包括词汇知识、句型知识、段落知识和文体知识。

第一，词汇知识看似简单，但如果仅仅只让学生背诵单词表是不能起到写作能力提升作用的。另外，词汇可以分为笼统词汇和具体词汇，对于现代学习者而言，只掌握笼统词汇并不能满足写作描写时的需求。例如，在进行风景或者是建筑物描写的时候，学生如果只会使用"beautiful""wonderful"等词，显然已经不符合高水平学生应该具备的表达水平了，而诸如"fabulous""gorgeous""breathtaking"之类的词，要让学生学会使用，想到去用，并用得恰到好处。

第二，就句型知识而言，要求学生应该掌握包括简单句、并列句、复合句三种句型。从句子的功能角度出发，又可分为祈使句、疑问句、陈述句和感叹句。这些句型结构在进行语法教学的时候学生就已经掌握，因而关键就在于如何灵活地使用，这就需要学生动一动脑子了。有的学生认为一篇好的文章就是由各种各样的复合句组成，其实不然，一篇地道的英语作文绝对不是由许多长难句单纯地堆砌而成的。

第三，段落知识一般指的是文章的基本构成，包括主题句、支撑句和结尾句。这看似不难做到，但是主题句的表达如何才能言简意赅地反映段落的主题思想，支撑句如何才能更好地论证和说明主题句的事实和实例，结尾句如何才能做到自然结尾、首尾呼应等问题。都需要教师好好思考，这样才能对学生进行更有效的辅导。

第四，文体知识指的就是写作的不同文体，不同的文体具有不同的结构要求和用词特点。这种文体知识是学生运用综合写作知识进行不同方式表达的必备知识。

(三)写作的模式维度

英语写作的教学模式就是指采用方法化、程序化的途径来进行写作学习和训练的规定。目前,英语写作教学中常采用的模式有:范文研读与仿写模式、"体裁——过程"学习模式、写作技巧训练模式、写作习惯训练模式以及学生作文评价模式等。

(四)写作的能力维度

英语写作教学的最终目的是培养学生运用英语写作的能力,这种能力主要包括五个方面,即正确使用词汇的能力、运用多种句型进行表达的能力、组句成段的能力、把握各种文体的能力以及具备一定的跨文化沟通意识的能力。其中,前四项能力是写好英语作文所必须具备的能力,而第五项有关跨文化沟通意识的能力则是对学生和教师都提出了比较高的要求。随着我国与国外交流的不断加强,这种能力也是一名优秀学生所必须具备的能力,换言之,是教师在进行写作教学的过程中所必须要注意到的方面。

综上所述,在外语的听、说、读、写四项基本技能中,写作对学生的要求是最高的,外语教学中的写作教学对教师的要求也是最高的。目前,英语写作教学普遍要求学生能进行符合逻辑的思维推理,选择合适的语言和语篇形式表达思想。由此可见,写作是一个复杂、反复的过程,同时也是一个创造性思维的过程。此外,越来越多的研究者把第二语言写作的重点从成果转到了过程。实践已经证明,通过控制性写作、引导性写作过渡到自由写作,可以看作写作教学中一个行之有效的步骤。

第二节　相关理论基础

一、语言（或二语）习得理论

有关语言（或二语）习得的理论派别众多，成果丰富，以下是对几种语言（或二语）习得的具体理论进行归纳。

（一）乔姆斯基的"先天习得理论"

这一理论是指以乔姆斯基理论为基础的第二语言习得理论。这个理论认为，语言习得包括第二语言习得，是人类先天具有的"语言习得机制"的产物。它的一个基本假设是：如果学习者的某些语言知识或运用语言的某种能力无法用外界环境因素（主要指语言输入）加以解释，那么它们只能来自学习者内在的语言习得机制。更进一步地说，语言习得是初始状态和经验交互作用的结果，初始状态就如同一种"语言习得机制"或"普遍语法"，它们是大脑机制中的一个组成部分，任何人都有学习语言的天赋。儿童通过天赋的语言习得装置，通过自然地、大量地随意接触语言，不断地进行假设性尝试和内在化处理，并不自觉或无意识地修正自己的一套内在语言系统规则，认识到母语的语言规则，即获得了语言能力，从而能够运用、创造语言行为。乔姆斯基承认环境和经验在语言习得过程中的作用，但是认为语言发展的根本原因仍是天赋的认知结构，即儿童语言习得是在天生功能基础上的一种假设生成和理论建构的过程。

在实际教学中，这一理论的价值在于：应当最大限度地利用这种先天习得机制，创造最有利的条件，使这种机制的作用得以发挥，从而使二语的习得就像母语的习得一样简单自然。

（二）克拉申的"监察理论"

这一理论把语言知识分为两类：习得系统的知识和学习系统的知识。习得系统知识的获得途径与母语习得途径基本相同,在这一过程中,先天的语言习得机制发挥着主导作用。学习者运用语言进行交际的能力取决于习得系统的知识。学习系统的知识是通过有意识的学习而掌握的,它的作用是有限的,主要是"监察"交际过程中的语言质量。语言输入的作用是"激活"语言习得机制,而激活的条件是这种语言输入必须是"可理解的输入"。克拉申在1985年出版的 *The Input Hypothesis : Im plications*(《输入假说:理论与启示》)一书中进一步论述了他的输入假设及其应用,他的输入假设理论包括:习得学习假设、监察假设、自然顺序假设、输入假设和情感过滤假设。

这一理论的重要特点是对语言知识进行了分类,并承认了先天机制的作用,同时指出了后天习得语言的可能性。其中提到的"可理解的输入"对于大学英语写作教学具有重要意义,即输入的价值在于"可理解"。在实际教学中,提供大量"可理解的输入"是使学生掌握语言技能的重要方法。

(三)舒曼的"洋泾浜化假设和文化迁移模式"

舒曼认为在初级阶段,第二语言的语言特征往往与洋泾浜(在汉语交谈中,不时夹杂外语,这样的语言形式,最早流行在20世纪初的上海滩,当时被人戏谑地称为"洋泾浜")相似,它们的语言形式简化过程基本相同。这种简化体现了学习者在社会心理上与本族语者之间的距离。随着学习者与目的语文化的接近,他们的第二语言结构也逐渐复杂起来。也就是说,第二语言习得是文化迁移的组成部分,第二语言习得取决于学习者对目的语文化的适应、接触、接收和趋同的程度。

这一理论十分重视语言环境的作用,认为语言的掌握是一个渐进的过程,需要让学习者逐步熟悉目的语的文化,才能成为熟练的二语习得者。在实际教学中,应当创造能让学习者尽可能多地接触目的语文化的外部环境,从而实现文化迁移,这样才能使学习者真正掌握第二语言。

(四)"多元发展模型"

这一模型最早由德国汉堡大学的ZISA研究小组于20世纪70年代末提出。这一理论认为,第二语言的习得有多个发展方向:一方面,某些语言特征的发展具有严格的"发展顺序",这种顺序不受学习者和学习环境因素的影响;

另一方面，语言的发展又具有"学习者差异"，学习者和学习环境的不同，学习者的某些语言特征的发展也会出现差异。"发展顺序"是由语言发展过程中的一些具有普遍性的因素所决定的，而"学习者差异"则是由一些学习者因素（如学习动力）等决定的。

这一理论的独特之处在于它对语言习得的解释是从学习者的认知和心理角度出发，从他们所使用的语言处理策略、这些策略的局限性以及这些策略对语言结构处理带来的制约这三方面对语言发展的阶段进行解释。另外，这一理论还讨论了社会因素对第二语言习得的影响（融入性倾向与疏离性倾向对语言规范和语言简化的影响），以及社会因素和心理因素共同对第二语言习得所产生的影响。

在实际教学中，处理好"发展顺序"和"学习者差异"之间的关系至关重要，即：既要尊重语言习得的固有规律，又要因材施教，让不同的个体学习者采用不同的语言处理策略，同时要考虑社会因素在二语习得中的影响。

二、建构主义理论

作为认知理论的分支，建构主义是讨论知识本质的哲学观点，说明了人类学习的认知规律，强调以固有的经验、心理结构和信念为基础建构知识。建构主义认为学习是学习者积极参与的知识建构过程而非被动接收信息的过程，学习者是知识的创造者，其代表人物有皮亚杰、布鲁纳、维果茨基等。

瑞士心理学家皮亚杰于20世纪60年代提出建构主义观点，皮亚杰视自己为遗传认识论者，对知识的起源感兴趣，倾向于关注人类如何通过他们的经验和思想之间的相互作用来创造意义。皮亚杰强调学习过程的建设性，学习者是学习的中心，学习者直接从个人经历中获得知识，其理论是以行动为基础，更关注学习的过程而非学习的内容。皮亚杰认为发展有四个条件：成熟、实际经验、社会环境的作用和平衡化，前三者是发展的三个经典性因素，而第四个条件才是真正的原因。心理既不是起源于先天的成熟，也不是起源于后天的经验，而是起源于动作。作为知识的起源，动作是主体与客体相互作用的中介，最早的动作是与生俱来的条件反射。儿童从一出生开始，就以多种条件的反射去反映来自外界的刺激，发出反映自己需求的信号，与周围环境相互作用。儿童成长中的各种活动与心理操作，都在他们的心理发展中发挥着主体与客观环境之间的中介作用。

美国心理学家布鲁纳是认知心理学的先驱之一，后来将注意力转向了发展心理学，他将感觉和感知视为主动而非被动过程。布鲁纳认为，教育的过程至少和教育的产物同样重要，教育的中心目标是发展概念理解、认知技能和策略而非获取事实信息。他强调在课程的结构程度和灵活度之间取得适当平衡的重要性，灵活度可以让学习者自己发现原则、概念和事实。他在关于儿童发展的研究中提出了三种表现方式：基于行动的主动表示，基于图像的图标表示和基于语言的符号表示。

心理学家维果茨基的主要工作是发展心理学，他提出的"最近发展区"的概念是建构主义的重要组成部分。维果茨基认为学习应始终先于 ZPD 的发展，通过一个更有能力的人的帮助，孩子能够学习超出孩子实际发育或成熟水平的技能。ZPD 的下限是独立工作的孩子所达到的技能水平，也称为孩子的发育水平；上限是孩子在教育者的帮助下能够达到的潜在技能水平。从这个意义上说，ZPD 提供了一种认知发展的前瞻性观点。维果茨基认为，人类的心理通过人际关系与社会环境而形成，主张合作学习，他还强调了语言和符号在与人交往中的重要性。正是通过语言，文化得以传播，思维得以发展，学习得以发生。

在建构主义教学中，获取知识的过程与结果同样重要。评估不仅基于测试，还基于对学生的观察、学生的活动以及学生的观点。评估策略包括小组讨论、思维导图、实践活动、预测试、随堂测试等。学习者将新概念添加到先前知识中，构建自己的理解。建构主义指导下的学习属于积累性学习，学习目标应有明确的定向，学习者需要通过自我诊断和自我反思来评价自己建构的学习过程和结果；学习者应能自主地选择学习内容和方式控制学习进程，并能自行评定学习行为。形成性评估以学习者为主体，注重知识的感知、建构过程，对个体的思想与情感、态度与策略等方面的发展进行评价，提供反馈。形成性评估"立足过程、促进发展"，很好地阐释了建构主义。

三、多元智能理论

20世纪80年代，加德纳在其《心理框架：多元智能理论》著作中首次提出多元智能理论：个体拥有八种或更多相对独立的智能，包括数理逻辑智能、空间智能、语言智能、音乐智能、身体运动智能、自然探索智能、人际智能和内省智能，并可能增加第九种"存在智能工加德纳认为智能是可遗传潜力和技能的结合，有多重特定的内容，可以通过相关经验以不同方式发展。"

加德纳观察到那些在国际象棋、音乐、体育、政治和企业等不同领域展现出卓越才能的人，在这些领域中都有能力，这些能力在智力的概念化中应该被考虑在内。因此，在发展多元智能理论及其更广泛的智力特征时，加德纳没有把重点放在心理测试上，而是借鉴了进化生物学、神经科学、人类学、心理计量学和天才心理学的研究成果并通过综合这些领域的相关研究建立了识别独特智力的标准。加德纳认为只有语言和逻辑这两种智能在现代学校得到了重视。

目前，高校的英语人才培养方案要求学生在语言学习中必须具备全面的语言能力，包括语言技能、语言知识、情感态度、学习策略和文化意识。多元智能理论在教学中的启示是，教师应该尊重学生的各种不同智力，从多维的角度对学生进行评价，以帮助学生充分发掘他们的潜力，这符合形成性评估的原则。在人才观上，多元智能理论认为每个人都有智能，只是智能的范畴和性质存在差异罢了，也就是我们常说的"天生我才必有用"对教育来说，存在于学生群体的差异性是一种宝贵的资源，而非负担。教师要以赏识、探索的眼光看待学生，只要经过正确的引导和挖掘，每个学生都有机会实现心中的梦想。教师应充分了解学生的优秀智力和人才能力，以适当的方式挖掘学生的其他潜能。在教学活动中，教师不能简单地评估学生的成绩，而是从不同的角度来看待不同的学生。在教学方法上，多元智能理论认为要针对每个学生的智能优势和智能劣势对他们实施最适合该个体的方法，即"因材施教"。从多元智能理论出发，教师要根据学生的差异，在教学中采用多样化的教学手段，改进教学的形式和环节，挖掘和培养学生的多种智能。在教学形式上重视同伴合作学习，有利于人际智能的培养；在评估环节上重视自评环节，有利于内省智能的培养。"互联网+"教学环境提供了丰富的教学手段，"互联网+"大学英语写作形成性评估模型包括自评、互评和反馈等环节，符合多元智能理论要求。多元智能理论指导还体现在后进生可能在写作方面有更大的潜力，形成性评估模式的实施可能对这部分同学成绩影响更大，从而缩小后进生成绩与平均水平的差距。

第二章 英语写作教学的现状和问题成因分析

第一节 英语写作教学的现状

一、我国英语写作教学的现状研究

（一）概述

在我国，对英语这一学科的教育一直是重点关注方向。随着全球化进程的发展，我国逐步与国际接轨，因而英语教学再次受到了广泛关注。然而，对我国大多数高校来说，英语教学目标在一定程度上既明确又相同，就是为了让学生掌握英语知识和专业技能，以便在日常生活和工作中能实际应用。写作教学是我国英语教学的基本目标之一，一直是教学中不可或缺的一部分，因为良好的沟通和表达能力需要学生具备一定的写作能力。此外，与听、说、读三项技能相比，写作对学生的能力要求最高，达到能提升学生多方面能力的目的。这是因为在学生的英语学习中，写作不仅能促进知识内化和提高语言分析能力，而且能锻炼学生英语的实际应用能力。同时，教育水平的逐步提高对学生英语专业知识和技能的要求也随之提高，因此，对英语写作教学的要求和重要性也进一步提升。这表明，非英语专业学生很难在没有良好语言学习环境和专业教师的技能指导下有效而扎实地提升其写作技能。

虽然英语写作是英语教学中的关键课程，但学生的学习效果并不能达到教学目标，更不用说满足社会需求。从传统的英语教育来看，对教学的研究大多都是关于如何教授课本知识，其教学模式的设定也仅仅是以教师为中心的教学方法，这在一定程度上减弱了学生学习的主动性，忽略了学生在学习过程中的主观能动性，无法实现进一步提升学生学习效率的目标。然而，随着教育观念的转变，英语教学目标进行了重大变革，即将促进学生形成个性化的学习方式、培养学生的自主学习能力等方向作为教学的新进程。此外，由于英语写作是一项尤为重要的实践操作技能，它对提高学生的自主学习能力和培养英语综合应用能力与综合文化素质都十分重要，甚至还能在某种程度上促进社会各界的沟通和交流，以便形成国际化交流的良好氛围。

不可否认，写作具有很强的实用性和适用性，可以作为评估一个人语言水平的直接和根本标准。然而，对于我国高校学生英语写作能力而言，学生自身写作能力不高，往往使得教师的写作教学效果不尽如人意，造成了大部分学生的英语写作水平处于停滞状态，甚至成绩达不到及格标准，失去学习兴趣和热情。这是因为在实际的大学英语教学中，写作是学生所有英语技能中最弱的一项，并且在提高学生的英语写作水平和综合素质方面存在许多问题，从而在一定程度上影响了英语写作教学效率的提高和写作教学效果的提升。

（二）对写作认识的转变

实际上对写作的看法将影响教师可采用的教学方法。因此，不同的学者从不同的角度阐述了对写作过程的看法，并提出了相应的评估办法。其中，有代表性的教学法有两种：成品法和过程写作法。

事实上，成品法是以作品的最终效果来评价作品的价值或卓越性。它是传统修辞学的完美继承者。总的来说，在这一理论的指导下，教师对学生写作能力的评估的具体步骤如下：首先，英语教师在写作教学过程中教给学生常用的构词法、修辞手法、语法规则和写作技巧；其次，教师要对教材中列出的写作范文进行分析和说明，重点是文章的修改；再次，老师要求学生按照范文写作，但要注意的是，教师应该让学生自己完成写作练习；最后，让学生交上自己的写作文章，课后老师要进行批改和阅读点评，评价重点主要是写作的语法、结构和形式。然而，即使老师的写作教学安排非常周密，很多学生在实际写作中还是会犯错误，甚至不止一次，或者经过一段时间的训练，仍然会出现一些错误。这是因为即使经过老师的精心指导，学生也能学到一些基本的写作知识，但课后没有独立思考和内化知识，这仍会导致学生在学习过程中难以掌握写作的奥秘。另外，这种以教师为中心的写作教学模式，在一定程度上忽视了写作过程中所需要的技能，但过于注重写作的技术细节（包括格式、拼写和语法），忽视了文章的内容，这将导致学生只学习一些英语写作知识，而不能真正掌握相应的写作技能，这并不能促进学生写作能力的提高。

20世纪70年代以来，西方写作理论的研究结论逐渐影响了传统修辞的理念，这实际上可以当作写作教学的一场过程性革命。随着对写作本质认识的深入发掘，人们在写作教学中更加注重从教学导向转变为学习导向，从写作结果教学转变为写作过程教学，从一稿制转变为二稿制或多稿制，还要鼓励学生反复完善并修改作品，进行写作反思。实际上，写作是一个既复杂循环，又富有创造性的活动过程，也是一个从作者潜意识中提取写作主题的过程，这表明它不是某个人现有思想在文章中的简单反映，而是一个不断反思并进行再加工的创作过程。因此，教师应注重对写作过程的训练，而不是仅仅重视简单的字词句或者文章的结构和形式的训练。

此外，国外研究还指出与语言能力相比写作能力对作品优秀与否的影响更大。因此，英语写作教学应重点培养学生的写作能力和创新能力，以便提升学生的作品质量。过程写作法根据对写作能力的认识，可以将写作过程细化为写作前阶段——写作阶段——作品修改阶段这三个主要阶段。但需要注意的是，这三个阶段不是线性排列的，即不是同一时间段进行的，而是具备周期性和交替性。其中，写作前阶段不仅是写作过程的开始阶段，而且也是任何一篇作品最关键的步骤。另外，我国学者张泽新等人还提出在写作前期培养学生话题探索和收集能力，在一定程度上可以解决我国学生英语写作内容和知识贫乏的问题。同时，吴进等人运用连接性理论生动地阐述了写作前阶段的核心任务是为学生提供多种写作技巧，并教授他们利用这些技巧进行主题探索，从而鼓励学生将自身大脑中思考和认知的感悟用一定的语言记录下来，再从中找寻潜藏在大脑记忆层中与主题相关的信息意识。

综上所述，成品写作法重点关注对范文的学习和模仿，而过程写作法主要侧重于多个重复的步骤，即促使作者在写作过程中更加重视写作主题、语言表达、写作目的和社会现实。虽然在写作课堂中大多数学者对于过程写作教学法的具体应用持有不同观点，但都赞同将写作过程划分为写作前阶段、写作阶段和反馈与修改作品等三个主要阶段。这一具体阶段的划分，使得过程写作法不仅得到了第一语言写作研究人员和教师的支持，而且也得到了第二语言或外语专业人士的赞同。然而，还需注意的一点是，这一教学理念必须有相应的评价体系进行阶段监控，从而及时发现教学中存在的问题并提出解决方法，这样才能增进师生、学生之间的互动，改进英语写作教学的课堂设计，并且有效提高学生写作的积极性和主动性。

（三）有关范文对写作影响的相关研究

在我国对英语写作教学的研究中，相关范文对英语写作影响的研究主要集中在研究人员自身经验和情感的总结上，对其综合性的定性和定量实验研究较少，并且研究主体基本是学生，包括英语专业领域学生和非英语专业学生。从传统教学研究到现代教学研究，学生们对范文模范写作模式一直存在着疑惑，他们并不能确定这是否是一种有效的写作教学方法。从理论上讲，行为主义、唯心论和程序法等理论对于范文模仿在语言学习中的认识实际上存在差异，在实际教学中，国内许多研究人员都相信范文具有一定的积极作用，对于作品质量的提升有一定的保障，但同样也有人持相反的观点。现阶段，范文模仿法对英语写作作用的争论焦点主要是关于使用什么样的范文，以及使用范文的时间和方法。

1.范文类型

实际上，师生对范文的不同看法对范文的使用方式会产生一定的影响。采用范文分析模式进行写作教学，应利用各种渠道为学生提供大量针对性强、优质且用途广泛的范文。这其中不仅包括外国作家的优秀作品，还包括中国学者创作的优秀英文作品或学生写作的优秀英文作品。这是因为尽管著名作家的文学和散文作品很出名且文章用词很优美，但它们可能会对一些心理脆弱的学生（如学习较差的学生）造成心理伤害，使他们感到自卑和恐惧，并失去学习的热情。但若是学习同龄人或同学的优秀作品，由于年龄相差在可接受范围内，并且文化知识处于同一水平，学生更愿意学习和借鉴对方的长处，甚至教师可以利用学生自尊心和好胜心等心理特征，鼓励他们互相启发。这一方式不仅可以促进学生进步，而且可以树立起学生甚至是学习能力较差的学生写出出色英语作文的信心。此外，教师还可以激发或诱使学生找到适合自身写作主题的范文进行分析与模仿，这样才能为他们的正式创作提供资源或主题保证。

2. 使用时间

在传统的英语教学课堂中，通常采用成品教学法，其中范文分析模式是课堂活动的重要组成部分。然而，对于范文的分析与叙述通常放在学生进行写作活动之前，这项操作可能带来的后果有两种：一是在学生认真思考之前，他们的头脑中就已经形成了一些固定模式，这实际上很容易限制学生的思想；二是由于某些学生认为自己已经理解了范文中的结构和形式，并没有根据要求认真练习写作，导致他们不会注意范文中有价值的技巧，更不会从范文模仿练习中加入自己的思考。因此，埃斯霍兹提出，教师不应在写作过程之前就进行范文比较与分析，而应将这一活动融入学生的写作过程中。只有学生完成相关的写作阶段并遇到特定问题时，才能借助范文分析模式，以便借鉴优秀作品中的技巧来解决问题。

3. 使用方法

在英语写作教学进行范文分析时，不仅要重视优秀范文的段落结构、修辞手法、句子交换和词汇运用等技巧，还要引导学生深入了解范文作家的思维轨迹、文化内涵、传统习俗以及表达观念的方式，培养学生对中西观念和文化差异的敏感性。在这种情况下，学生能从中学到作者进行写作时所采用的策略和技能，同时使他们理解那些不熟悉或相关的想法，帮助他们确定应在文本中显示自己的想法，并使他们在潜移默化中就进行了英语写作的学习。此外，一些研究者认为，如果学生把范文仿写模式看作是一种学习方式而不是一种写作必要达到的目标；如果学生能够对优秀范文进行相互讨论或者与老师进行探讨；如果学生能够在写作的各个阶段将自己的作品与专业作品进行比较，取其精华去其糟粕，那么这些优秀范文将可以使他们真正致力于创造性写作。因此，教师不应将范文学习这一模式视为学习中的理想模式或必要达成的目标，而应将其视为丰富的学习资源。这种理解有助于学生挖掘自身思想、形成见解并自主学习，促进自身能力的提高、改善写作技能和形式、拓宽自己的思维以及获得写作经验和材料，甚至可以处理写作过程中的实际问题，从而解除写作恐惧，找到最佳写作方式。

（四）网络辅助教学模式研究

网络辅助教学的理念符合教学原则，在教学实践和实验中得到了一定程度的证实。目前，各个国家都已经利用互联网进行英语教学，这一教学方式被普遍接受，并且许多专业的英语写作网站已经建立起来，特别是在发达国家，教师和学生都有一个完整的英语教学网络系统。随着信息技术的飞速发展，新形势下应大力推进基于计算机和网络的英语教学，培养学生的英语综合应用能力，使他们在今后的工作和社会交往中能够有效地用英语进行口头和书面的信息交流。目前，各高校正在大力推广教育部提出的网络英语教学模式，积极开展网络环境下英语教学的研究。在英语写作教学领域，教师和相关研究者进行了教学思路的理论探讨，并进行了实证研究，取得了可喜的成果。

由于计算机网络技术能提供强大的功能，人们普遍认为计算机可以以较低的教学效率对传统的教学方法进行补充、发展和优化。这种网络环境打破了时间和空间的限制，借助先进的通信技术，实现了异地异时、实时互动和有选择性的学习。此外，这一教学模式取代了传统的以教师为中心、以教室为场景的单一教学模式，教师进行的教学、讲解、答疑、学习、提问以及与学生的讨论等行为，都可以在计算机网络上完成。与传统的英语写作课程相比，它的优势不仅体现在能够更有效地发挥现有教育资源的功能，还体现在更广泛地实现资源共享的功能。同时，它还极大地丰富了信息量，提高了信息的及时性，从而改善师生互动的有效性，是一种积极的教学方式。

二、英语学习策略的研究

20世纪70年代，学者们对成功语言学习者与不成功语言学习者的学习策略进行了对比研究，对成功语言学习者的特点以及学习策略进行了归纳和描述。然而，从80年代开始，研究发生了转向，进入了对比分析成功语言学习者与不成功语言学习者的学习策略。约翰逊认为，相对于不成功语言学习者而言，成功语言学习者在学习过程中能够更为全面地使用和管理各种学习策略。

根据这些研究理论，文秋芳认为成功的语言学习者普遍都注重听、说、读、写策略的运用，以及重视对语言形式和意义的掌握和理解，他们不仅能够有意识地避免使用母语，并能有效地管理和调控学习策略，而且能够全面地监控学习过程。而对于不成功语言学习者来说，他们明显不重视说和写的练习，或者有时看重形式，有时看重意义，甚至经常在英语学习过程中使用母语，也不能监控学习和语言使用过程。虽然众多学者有着不同的意见，从而导致比较的结果不完全一致，但多数学者同意成功语言学习者与不成功语言学习者存在策略差异，主要有以下五个方面：一是成功语言学习者比较关注语言形式，能有效借用参考书或字典等来获取丰富的语言知识，对新知识较为敏感且能够很好地监控自己的语言行为；二是能从上下文中猜测意义，想办法表达自己的意思；三是学习态度端正，抓住一切机会开展有效的学习；四是能有效监控自己的学习行为，掌握调控策略，并制订切实可行的实施计划；五是善于运用策略。而不成功语言学习者则学习态度不够端正，较少掌握语言学习策略，自我监控能力较弱。

三、国内英语写作研究的趋势

通过学者对现阶段英语写作方面的研究分析得出，我国学生二语写作研究主要有以下几个趋势。

（一）引起学者重视

目前，越来越多的二语研究人员开始注重对英语写作的研究，并发表了大量英语写作论文，但十几年前，英语写作教学还处于起步阶段，人们单纯地以为单词拼写、句型转换、背诵课文就是写作教学。实际上，国内开展高校英语写作教学研究的时间还很少。但是随着人才培养方案的修订，对英语写作也提出了更高的要求，这引起了广大英语教师以及二语专家的重视，由此，更多人开始对英语写作教学开始更深入的探讨。

（二）研究重点转移

目前，英语写作的研究重点由研究如何教转移到研究如何学。我国研究人员从重点研究教法转移到研究学习者主体和其心理过程与认知。在过去的英语写作教学领域中，学者和教师普遍关注成果教学法和过程教学法，而王秀梅在《利用体裁教学培养学生英语写作能力的研究》中采用了不同于以往的写作教学法即体裁教学法,体裁教学法强调语篇层次的培养。作者提出"体裁教学法是否更能改变学生厌倦写作的现状"这一假设,并对其进行了实验,结果表明体裁教学法相对于传统教学法更能激发学生写作兴趣。在论文中,作者认为运用体裁教学法进行写作教学可以分为四个阶段:体裁分析——输入阶段、模仿分析——内化阶段、独立写作——输出阶段、教师讲评——提高阶段。在《学生英语写作焦虑的调查与分析》一书中,通过对研究对象的调查,张红波发现学生的写作焦虑情绪与目标期望值等因素有关,为了减少这些因素对英语写作的负面影响,作者从教师角度提出几点建议:一是正确识别学生英语写作焦虑感,二是建立以提供英语写作策略为基础的英语写作机制,三是通过运用多种批改方式使写作教学氛围活跃起来。

(三)研究内容转移

此外,英语教学研究的重点由重视分析写作教学成果转移到开始重视写作过程和写作方法。在英语写作研究初期,学者们和教师重视对写作评价和写作错误的分析,但随着研究的进一步深入,学者们和教师开始全面关注英语写作的各个环节(主要包括写前阶段、写作阶段以及修改阶段)。

十多年来,中国语言专家和研究人员对学生英语写作进行了大量研究,采用了多种多样的研究方法,包括问卷调查研究、作文文本的统计分析、个案研究以及作文教学实验研究等,并选取了不同的研究角度,取得了重要研究成果,但是也存在一定的局限性。首先,对"英语写作能力"的概念界定很难,这是因为对"英语写作能力"的综合研究很少。目前,国内对英语写作的研究比较零散,主要集中在英语写作的某一方面,如对写作教学法的研究、对母语负迁移的研究等。其次,出于对学生心理特征和阶段特点的考虑,国内对英语写作能力的研究大多集中在对大学生的研究中。由于升学压力等原因,对高三学生的英语写作能力的研究更少,因此缺乏从高中阶段到大学阶段学生英语写作能力的变化过程。最后,已发表的相关论文大多选取一个学校中一个年级作为研究对象,代表性不够强,学生写作能力发展的连续性不够,还需要进一步努力。

四、英语教学研究现状的述评

（一）课程地位、教学目标和教学内容

由于现代教育的发展，英语教学课程为适应现代社会的步伐也实施了改革，这使得学生自身英语专业水平和能力得到了有效提升。目前，大多数学校都注重培养学生英语综合素质和提升英语教学水平，并以促进和提升学生的英语应用能力为目标。然而，也有少部分学校将提高英语四、六级通过率，提升学生应试能力，包括出国留学需要的雅思、托福和研究生考试等，甚至提高在实际工作场合中的实用能力作为教学目标。这些教学目标的提出体现出教学目标在英语这一专业中的具体化、多样化发展，成为促进我国学生英语能力发展的新趋势。在实际教学过程中，英语教师更加重视学生具体能力的培养，如英语听力、阅读和写作能力等基本技能，这一培养方向对学生提升英语综合素养和实践能力十分有益，推动了英语教学的新进程。

虽然英语教学课程进行了一定的改革，但是仍然有一些专家指出某些学校的英语教学目标存在模糊性。这一现象会使学生在学习英语时对教学内容产生疑惑，因为目标不明确会导致教学内容与教学目标脱节。这在现实生活中实际表现在学生的英语应用能力仅仅只能满足于日常生活交流，而不能适应进一步的专业英语学习，如研究生考试、出国留学等，甚至不能满足未来优秀工作岗位或是优秀企业的需要。中国著名学者蔡基刚认为，英语其实是一门专业配套课程，而不是简单的一个专业，它与体育、思想政治教育等公共课程存在差异。此外，杨惠中认为，我国学生进行英语学习的主要目的是促进学生将英语作为交流工具，以获取专业所需的信息，并通过英语表达自己的专业思想。因此，根据学校英语专业能力的培养方案和教学大纲分析得出，大部分学校的教学计划中都需要学生具有较强的阅读能力、写作能力和交流能力，这是英语教学的关键目标，也是专业需求。

（二）课程设置

英语课程设置的目标是从学生发展的角度设计和开发英语课程体系，特别是合理设置英语选修课和必修课，以满足不同层次学生的学习需要。然而，

在现实中大多数高校无法满足学生个性化发展的需要，这是由于英语课程设置和教学形式单一、类型单一，从而影响了学生英语应用能力和综合素质的提高。蔡基刚批评说，目前英语综合必修课和以英语开设的听、写、译等选修课最适合四、六级及其他英语水平测试，课程名称、考试内容和项目几乎是一对一的，这是不可取的。此外，英语课程既要满足学生的个性化需求，又要站在高于社会的高度，能够预见未来的需求，引导学生的个性化需求走向国家对外语能力的需求，这是教学的最终目标。

（三）教学模式与教学方法

目前，对教学目标要求而言，最关键的是培养学生的听、读和写等三种基础技能。同时，教学网站的开发使得在线课程教程成为教学的创新发展方向，其中自主学习平台也极其重要，受到了学校和老师的高度重视。这是大多数学校促进英语学习和应用能力提升的有效途径，也可以通过其他途径来加强培养。虽然"面对面课堂教学＋计算机辅助教学"这一英语教学模式被大多数学校所应用，并且教师通过网络教学平台的控制与分析，了解自主学习能力在英语教学中是十分重要的，但仍需注意的是，网络教学和教学网站的发展与建立一方面有利于辅助课堂教学，另一方面这一模式只能辅助教师进行课程教学而不能轻易取代，这是非常重要的。现如今，以网上在线课程辅助传统课程的教学模式成为了主流，推动着教学的进步。

（四）教学评价及其反馈作用

在任何教学目标下，评价模式都是评估一个目标是否完成的重要途径之一。因此，教学评估改革也是英语课程教学改革中的关键因素。其中，评价方式的选择和评价关系的处理尤为重要，具体在教学中实施就是指英语能力的总结性评价和形成性评价关系的选择、应用与处理。实际上，形成性评价是指根据教学目标、教学过程、教学信息以及学生发展人数，采用多种评价方法和形式进行跟踪与反馈的教学方法，也是教学过程中的一个过程和发展性评价。其主要内容应包括学生的日常学习行为表现、家庭作业完成情况、学习参与状况以及期中期末考试成绩等方面，并综合这些因素评估学生的学习表现和效果。虽然目前形成性评价这一模式已被普遍接受，但是在借助网络进行课程在线教学的模式下如何进行学生自主学习能力的形成性评价，还需要教师进一步努力和研究。

由于应试教育在传统教育教学中的重要地位，英语四、六级考试和期末考试的成绩被普遍作为衡量评价模式中的唯一标准，即学生的英语能力和教学质量优秀与否都依靠这一标准来体现，这就导致英语等级考试成为学校英语课程设置和教学内容改变等的中心，占据着主导地位。实际上，这一转变与当代的课程要求理念不相符合，仍需教师们进一步探索并创新。

（五）教师队伍

时代在发展，教育也在进步。与传统教育结构相比，现代教学中教师的教育结构发生了重大变革。虽然教师队伍结构的转变促进了教学效果的提升，但是也暴露出众多问题。一方面，英语教师的性别比例和专业教学领域等方面严重失衡，在职称方面存在功利与道德的矛盾，将导致英语教学质量得不到有效提升，甚至直接影响教师的专业发展；另一方面，在教学课程安排上，大部分教师在每周有10个课时以上的教学课程安排，有的甚至有16~20个课时，工作时间长、压力大及教学任务重，导致教师教学热情弱化。同时，这还会造成大多数教师的教学研究只能利用少部分时间进行，甚至根本没有时间参与教学学习和培训以便进一步提升自身能力。进行教学研究和论文发表等专业技能既是教师职称评判的标准条件之一，又是评价教师工作优秀与否的主要依据，然而，受众多因素的影响，他们开展教学研究的热情和耐心被减弱了，这实际上就是各专业教师都会在一定环境下出现的职业倦怠感。因此，从目前一线教师面对的实际情况可以得出，现行的教师评价体系制约着教师的专业发展。

（六）教学环境与条件

从日常教学效果来看，英语课程教学成功的基础保障包括教学环境的适宜和教学资源的完善。随着互联网时代的蓬勃发展，网络成为便捷、高效的传播手段，将网络应用于英语教学将有利于提高学习效率，更能有效利用教学资源，这将是英语教学模式转变的一大重点。目前，计算机机房在我国大部分高校都是重点建设项目，这将为开展英语课程在线教学提供强大的动力和保障，促进英语教学的现代化发展。

第二节　英语写作教学存在的问题

一、写作教学模式单调乏味

作为一名学生，运用英语进行写作实际上是学习英语的一项基本应用技能，因此，教师在实际的英语教学中应强调此功能。然而，从当前英语写作教学的角度来看，普遍是教师教学生学，然后教师进行评价，最后进行修正反馈等，这是现代众多学校英语写作教学的典型模式。但是，这一模式下的写作教学会严重影响学生的学习兴趣。此外，许多语言学家认为写作不是一个简单的写作结果，而是从人的思维到语言的过渡。在此过程中，人们必须使用语言来实现三个功能：一是表达意思的功能，二是人际交往的功能，三是文本的功能。因此，写作除了表达自身观点之外，还必须能够吸引读者，所以选择适当的语言和体裁就显得尤为重要。实际上，许多学生可能会在各种英语写作测试中获得高分，但许多人无法填写各种表格，如填写简历和申请书以及进行非专业翻译等。

二、语言表达问题众多

目前，我国教育重心仍旧侧重于应试教育。其中，英语考试中一般采用书面写作这一途径来检测学生的语言交流能力，然而要想在书面表达中取得高分，就要求学生具备较高的英语交际技巧、逻辑思维能力以及结构把握程度，这也对英语写作教学提出了更高的要求。此外，近年来英语教科书的词汇量越来越大，内容越来越丰富。同时，还强调教学内容需要覆盖毕业论文内容的所有主要内容，并强调论文中使用的词汇和语法结构的数量和准确性，上下文语言的一致性，增加了对表达能力的要求。

随着英语教学的加强，学生的精彩作文不断涌现，但因为考试要求的不断提高，考生在写作中出现的问题数量也逐渐增加。大多数学生仍保持较低水平，出现了普通的单词拼写错误、错误的句子结构、中文英语溢出、缺乏一致性、缺乏逻辑、缺乏对开头和结尾的引用，以及段落结构松散等问题，下面将进行具体分析。

（一）汉式英语泛滥

由于平时语言环境的缺乏和课堂训练方式的局限性，学生的英语思维没有得到很好的训练和发展，往往遇到写作时仅当作句子翻译来做，即以中文的习惯来组织材料。同时，由于学生在写作过程中经常受汉语的影响，在句式上表达不符合英语的习惯表达。例如，汉语讲究铺垫，英语讲究表达主要意图。这一巨大语言习惯的差别往往使一些学生出现中文语法习惯的英语。例如，他们会把"他三点到校"写成"He is three o'clock get to school"。因此一定要让学生了解英语的思维习惯先找出主干"He goes to school"再翻译出状语成分"at three o'clock"。

此外，有的学生在使用单个字词及单句方面的能力较强，对单句的语法结构处理显得游刃有余，可是当他们用句子组成一个段落时就常出现汉语式思维的问题，如表达得繁琐又空洞，有时甚至是让人读了莫名其妙。例如，要求学生写一篇关于"感恩"的话题作文。学生这样写道："Every time we want to express our appreciation, we always wish to speak but stop in the second minute and we will never know what a surprise it is if we express."单单看每一句都符合语法，但将各句连在一起的意思就很模糊，还有学生这样写道："One day, the teacher assigned some homework—we were asked to do something for parents such as washing their feet."句子看似正确，但读起来就是别扭，怎么替父母洗脚是老师布置的家庭作业，外国人读到此处一定一头雾水，这些都是中文的思维影响着英语的表达所造成的，需要学生及时改进。

中式英语的出现，主要是因为学生对于英语和中文这两种语言文化的差异不够熟悉。不同文化背后的思维方式也千差万别，而学生在学习英语的过程中，首先接触的是英语词汇，对英语词汇意义的掌握情况直接影响着他们的写作表达准确性。学生在选择英语词汇进行写作时，首先要考虑的是如何选择正确的词义，再融入自己的情感和思想，最终锁定精确的词汇。然而，实际情况是学生拿到写作任务，会优先不加以区分地选择自己熟悉的词汇和表达，这就导致他们写出来的内容不能准确地传达他们想要表达的意思。当学生脑海里用母语组织了句子，他们会不自觉地将其翻译成英语，但是英语的句法结构和中文的句法结构也有着很大差异，学生往往无法找到对等的句式进行表达。当学生借助母语进行翻译时，实际上他们已经接受了母语的思维，导致他们翻译出来的英文句子句法混乱，无法有效传达他们的真实思想。

（二）基本语法错误

语法错误包括单词词性不分、主谓不一致、动词时态和语态的误用、名词可数与不可数的误用、动词及物与不及物的误用、介词的误用、情态动词的误用以及非谓语动词的误用等。举例说明。

例句 1　When the thief is caught steal.

例句 2　By this way, they may feel a sense of shame and stop doing it any more.

例句 3　The police often ask them lo apologize the supermarket.

例句 4　While cleaning the supermarket, the manager can ask them to wear a special uniform.

其中，例句 1 中不能正确掌握"catch sb.doing"的固定搭配；例句 2 中介词的误用，即与"way"搭配的介词应该是"in"；例句 3 中及物与不及物动词的误用，"apologize"是不及物动词，应用"apologize to sb."而例句 4 中非谓语动词的误用，即采用省略形式时从句主语需与主句主语一致。

学生在学习英语的过程中，教师结合教材内容，系统讲解了英文的语法知识，但是由于英语的语法知识与中文的语法差异较大，学生很难第一时间就掌握其要领，对英语语法知识抽象概念的理解非常模糊，无法准确掌握这些概念与实际语言表达之间的逻辑关系，因此学生在用英语进行写作的过程中，就无法利用所学的语言知识来检查自己语言表达是否正确。此外，作为一门外语，英语里大量的词汇和表达的用法，都需要学生进行大量的识记，但是学生的学习时间非常有限，再加上缺乏大量的英语语言输入，这就导致他们无法熟练掌握这些必备的基础语言表达，当他们在使用英语进行写作的时候，也就因为缺乏扎实的语言基本功而无法自如地进行表达。这些错误的出现实际上都是因为学生的语言基本功不扎实，缺少写作技能的训练，并且重复的错误反复再犯，难以更正，最终导致许多学生作文分数不高的问题。

(三)句子之间连贯性差,结构不紧凑

句子与句子之间如果缺少衔接,就会存在意思过渡不平稳、行文不通畅、语篇结构混乱、思路无条理、段落过渡不当以及语句衔接不畅等问题,因而文章的段落之间、句子之间只有通过连接词、替代、省略、照应和词汇衔接等手段实现衔接,文章才能自然流畅,层次分明,脉络清晰。例如,写作要求:Write a paragraph in which you compare two kinds of mediator example websites and newspapers.(写一段话,比较两种媒体,例如网站和报纸。)

教师指导前:

Similarities : A magazine is similar to a newspaper. Both magazines and newspapers make money by selling ads. They also have different pages. They arc written by reporters. They have head lines and pictures, Differences : Newspapers usually be updated every day. But magazines are updated every month.

A magazine is clear than a newspaper.

教师指导后:

A website and a newspaper are similar to and different from each other.

A website is similar io a newspaper. First,both newspapers and websites make money by selling ads. Second, websites also have different pages. Third, websites have head lines and pictures,too.

A website is different from a newspaper. First,websites,on the other hand,change all the time. Second, however, not all websites arc updated everyday. Third, while many websites are free, most news papers cost money. All above is simple comparison. Even though they are similar to each other, I like websites.

分析教师指导前的书面表达可以看出,该写作存在技巧方面的问题,如简单堆砌句子、缺乏谋篇布局意识、语篇不够连贯以及有少量语法错误。分析教师指导后的书面表达可以看出,经过指导,该学生写作有较大改进,既采用了分段写作,文章有头有尾,又在写作过程中使用过渡词,如 first,second 等使得文章语篇连贯,再如 all above, even though, while 等词的运用使得作品上了一个档次。

学生在句子层面上的衔接和连贯的问题,实际上都是他们在写作过程中思维不清和逻辑不严密的体现。如果学生掌握了扎实的句子结构知识,具备

良好的句子结构分析能力,那么他们就可以在完成英语写作之后,对自己所写的句子进行再加工,使其更加完善。但是由于缺乏扎实的语法基本功,学生往往无法用准确无误的句子来表达自己的想法,就更没有办法对自己的语言进行深入剖析了。这就导致学生只能努力写出正确的英语句子,而无暇顾及思维和逻辑层面上的衔接和连贯。因此,即使学生掌握了基本的过渡手法,他们也只是停留在套用这些过渡手法的层面,对于自己想要表达的主要内容和次要内容缺乏区分,所写文本的结构层次依然模糊不清。

(四)逐字翻译,结构简单

由于书面表达中文化差异或词汇量有限等原因,在考试或者练习中有的中文提示考生难以直接翻译,这时,学生就需要利用分解、简化、解释以及意译等手段来表达相同或相近的意思。

此外,还存在句子结构简单的问题。虽然英语教材里好的句式随处可见,但不少学生未加采用,仅选择一些最初学会的句型。

学生在写作过程中,为了完成写作任务,会下意识地使用母语进行翻译,然而,在翻译的过程中,他们往往会忽略地道的英文表达特点,而使用母语的句子结构和表达习惯进行英文的写作。为了尽量减少语言错误,避免在写作中失分,学生们通常会选择尽可能简单的、与他们母语比较一致的英文表达来写作,这就导致他们写出来的句子大多都是经过了逐字翻译的简单句。学生之所以会出现逐字翻译的问题,其根源还是在于英文的输入量不够。没有足够的有效输入,就没有高质量的语言输出。

三、写作素材和评价手段单一

在学习英语时,英语的四项基本技能实际上可以被看成是一个有机的整体。但是,大多数传统的英语写作资源都要求针对某一情景展开写作,或者采用写日记和模仿课文等方式进行练习。这种写作教学通常无法引起学生兴趣,导致写作教学效率低下,很难提高学生的写作技能和能力。

应试教育的需求,导致教师创建了一个教学框架供学生直接将内容放入框架中,从而使写作的内容是单方面的,不具备吸引力和创造力。这种写作教学的最终结果是形成了传统的写作教学模式,不仅对学生的思想形成了限制，而且还增长了学生的学习惰性，并限制教师提供创造性写作教学的思维。另外，传统的英语写作评估标准过分强调学生的语言准确性，例如仅评价学生是否使用接近主题的表达方式以及是否存在语法错误，忽略文章的完整性和流畅性。因此，教师需要拓宽视野对学生写作的评价标准，从不同角度评价学生的写作成绩，不仅可以帮助学生纠正语言错误，而且可以为学生提供激励反馈。

四、教师写作教学费时低效

在英语课堂教学中，教师常常忽视学生写作能力的训练，教师采取的写作教学模式也大都以写作任务为主线。实际上，大部分教师认为在这样的情况下很难有效地开展英语写作活动，并且大部分课堂时间都用于写作任务的讲解上，只注重语法和词汇的教学，这样的教学只会让学生更加迷茫，出现阅读词汇量增加而写作词汇量匮乏，以及听懂大意但常犯语法错误等现象。大多数教师认为出现这种问题的原因在于用于学生写作及反馈的时间十分有限，即传统学生写、教师改的教学方法，这就需要教师对所有学生的作文进行反馈。然而，由于教师工作量之大导致学生在课堂上得不到及时的反馈，即使教师在课堂中讲评，也只能示范性地针对少数优秀学生，很难使全体学生都得到教师的点评，当困难生缺乏教师的指导，很有可能出现一步错步步错的现象，并且学生缺少从写作能力的角度剖析写作材料，更难以掌握写作规律，仅仅就题论题的现象严重，这些问题最终会导致学生对英语写作学习失去兴趣和信心。

五、学生课前预习自主性效率低下

教学目标能有效达成的一大重要前提是保证学生有较高的自主学习能力，但实际上我国目前大部分学生在英语写作课前不能自主预习。导致出现这种现象除学生对英语写作课缺乏兴趣的单一原因外还存在着很多原因，如学生不清楚具体的写作预习内容和任务，导致他们在预习的过程中没有方向。写作教师在进行课堂教学时，往往是将课前视频上传到非专业性教学平台上，导致教师无法获取学生对新课程的预习情况，即使是基于最新的以新媒体平台为基础的课堂教学模式，也会导致学生的观看效果无法保障，很大程度上影响了学生课前预习的效果，教师也很难切实追踪到学生的实际预习情况。因此，如何提高学生的自主学习能力已迫在眉睫，只有学生的自主学习能力和自律性得到提升，他们才会踏实完成课前预习任务，提高他们在写作课堂上的参与积极性，从而提升教师的课堂教学效率。

第三节　英语写作教学问题的成因

一、学生方面

随着社会的进步，学生们都在良好的环境中成长，大多数学生养成怕吃苦、怕疲劳的坏习惯，并且意志薄弱，缺乏韧性和自律性。另外，英语本身就是一门外语，其写作难度也相对更大，同时社会对人才要求的提高也使得对学生写作能力的要求越来越高，最终导致学生学习的积极性下降。此外，我国的教育导向主要是应试教育，因而导致课程教学目标往往是为了帮助学生应对考试，造成教师教学任务里学生学习时间短、课业负担大、学习急躁以及主动性差等问题出现。这些因素影响了学生学习能力的发展，弱化了学习兴趣，需要在教学中更加重视。

由于在进行英语写作时通常会采用多种基本英语语言知识和写作技能，包括单词拼写、词汇搭配、句型、时态、句子与段落的练习，以及文本与中心思想的连贯性等方面的内容，这些知识和技能往往具有广泛性，对提升自我英语能力尤为重要。这就表明在教学过程中学生应努力学习写作技能，提升自我单词储备，这样才能在写作过程中游刃有余，写出一篇优秀作品。

此外，一方面，学生缺乏写日记的习惯和写作实践，不利于学生语言思维的形成和叙述能力的培养；另一方面，学生没有养成课外阅读的习惯，很少做阅读笔记并且缺乏必要的知识储备，导致所写文章中使用的例子难以说服人，不利于基本写作技巧的积累。同时，学生还存在不注意老师的批改，不主动反思和审视自己的写作方法的现象。从长远来看，这会导致学生的写作练习越来越难，失去兴趣甚至信心，最终步入害怕写作和乱涂乱画的行为。

综上所述，学生在英语阅读和写作过程中的现状是：一是教师对写作教学的重视程度较低，导致学生写作意识淡薄，并且普遍忽视了写作的意义和重要作用；二是学生自身语言能力低，导致写作缺乏自信和主动性，从而不能从写作中获得成就感，兴趣不高；三是过于注重词汇语法和句型，导致学生不知道文章的布局，只能列出语言要点，写作能力不足，从而造成文章缺乏整体连贯性；四是教师缺乏对写作过程的指导，导致学生对写作前的策略，如提纲的准备、材料的收集、写作后的复习和自我评价等方面缺乏认识；五是语言表达能力差，分析能力弱，导致学生对范本分析不到位，从而不知道如何运用优秀的范本进行模仿写作，甚至不知道如何构建不同主题、不同体裁的文章。这些因素都是导致学生英语写作能力得不到有效提升的主要因素，并且学生的学习自觉性和自律性是主要原因，如果没有英语写作的兴趣和信心，学生的英语写作能力很难得到有效提升和长足发展。

二、教师方面

目前，根据英语写作教学的现状和英语写作的普遍教学目标，可以从以下几个方面来分析导致英语写作面临比较尴尬局面的原因。

第一，对英语写作教学重视不够，导致在教学中部分教师缺乏培养学生写作能力的意识。一方面，由于学生写作水平的进步在短时间内不明显，并且写作能力提升缓慢，导致教师不能及时获取反馈效果，造成教师对写作教学失去信心；另一方面，由于教学课时紧张且教师教学任务压力大，导致写作教学容易被忽视，关键的写作技巧教授课堂往往被取消，从而导致写作技能指导的缺失。同时，受到应试教育的影响，写作训练仅仅是为了在考试中取得一个好成绩，导致学生在写作中缺乏逻辑思维能力。目前，写作教学一般是教师布置任务，学生课后写作，教师打分的单调教学形式，导致教学效果不明显。

第二，结果教学法仍是写作教学的主要形式，但这一方式缺乏对写作过程的有效指导，导致学生无法获得必要的写作技能和写作策略。正是由于教师对英语写作缺乏重视，对学生课外阅读缺乏指导，课堂上也缺乏指导学生写作的时间，培养学生写作能力的基本思路和方法不合理，忽视了听、说、读、写之间的内在联系从而独立培养某一种能力，因此这样的教学方法必然会使学生丧失英语写作的积极性。

第三，教师的评价是片面的，批改局限于词汇、语法和句型等方面，对写作内容、篇章结构等方面重视不够，写作效果甚微。同时，在评价过程中存在评价手段形式单一、周期长、仅限于终结性评价以及很少使用学生的自我评价和相互评价的现象，不能反映学生的自主学习问题。例如，在对学生作文进行评价时，教师往往只注重内容中词组和句法结构的准确性，忽视了选材、构思、作文设计以及内容等编排语言组织和应用的思维训练，这样的教学指导思想和教学思维必然会使学生的英语语言思维得不到良好的提升，这也是造成学生英语书面表达能力整体水平较低的原因之一。此外，还存在着教学过程与听、说、读技能分离，语言知识与语言技能缺乏有机结合等问题，导致教师未能正确引导学生理解听、说、读、写的互补关系，从而使学生写作思维受限，无法创造性地表达，这很不利于学生综合语言运用能力的培养。综上所述，要从根本上解决问题，教师就必须端正思想和工作方法，坚决纠正对学生写作能力培养的错误认识，把学生英语写作能力的培养和训练进行到底，切实把英语写作教学落实到课堂教学的各个环节。

三、教学观念和教学方法方面

陈旧的教学观念和落后的教学方法也是导致学生在思想上对英语写作不重视的主要原因之一。

在我国英语教学的影响因素中，语法翻译模式和听力模式是其中最具影响力的两种教学模式。其中，20世纪70年代以前语法翻译在教学中占主导地位，是一种以语言知识为关键教学目标的教学方法。实际上，语法翻译这一教学方法由于没有意识到英语是一种实用性的交际工具，因而仅注重语言基础知识的传授，并且以强调语言的准确性为核心，从而忽略了听、说、读、写四项基本技能在英语教学中的重要性，忽视了培养学生语言交际能力的必要性，对于学生写作能力的培养更是忽略不计。在课堂上采用语法翻译的具体方式是通过老师对课文进行讲解，对文章内语法结构进行分析，然后对课文逐句翻译，在分析讲解结束后让学生对课文进行阅读并背诵，最后给学生布置课后练习任务，以便巩固所学的语法规则。然而，这些课后练习的难度仅仅是为了应付考试，其中最常用的练习是中英文互译，并成了衡量学生外语水平的标准之一。因此，如果这种状况得不到改善，将成为学生英语写作能力提高的阻碍，从而使得促进英语教学改革与发展成为空谈。

听说教学法主要以西方结构主义语言学和行为主义心理学理论为基础，广泛应用在20世纪70年代以后的英语课堂教学中。其中，听说教学法的"听"与"说"主要以听、说、读和写技能的训练为主，并在练习中突出听与说的重要性。然而，传统英语教学中的听力教材案例一般以对话为主，强调学生进行模仿、背诵和句型等练习。此外，这一教学方式中把人看作被动的学习客体，忽视了人主观能动性的发挥。听说教学法虽然在一定程度上解决了语法翻译法在教学过程中的缺陷，并且支持将英语作为交际工具，注重学生语言技能的培养，但是在实际教学中，注重口语技能培养忽视了书面阅读和写作，以及在强调语言结构形式的反复实践中忽视了学生语言能力的培养，最终造成了教师和学生都轻视英语写作的现象出现。

从某种意义上讲，观念决定一切。因此，转变教学观念、改进教学方法、加强写作教学已是当务之急，刻不容缓。

四、教材与写作素材方面

教材写作内容偏少也是学生不重视英语写作的一个因素。

从传统教育到现代教学，英语写作仍旧没有被设立为一门独立的课程进行教学，甚至没有引起教师和学生的足够重视，它往往作为教材范文分析后或者单元主旨明确后的练习作业而出现。由于写作仅被看作是一种对话和阅读材料的附属部分，这就造成学生完成的写作作业在一定程度上缺乏完整的结构框架。同时，由于受我国应试教育目的的影响，完成考试任务一直是教学中最重视的目标。因此，在进行英语课堂的实际教学中，教师对课文的讲解普遍将重点放在词汇和语法知识等方面，忽略了对文章文本结构的分析，更不会将写作意识融入阅读讲解中。此外，由于教学任务与课时时长无法达成平衡，导致部分教师认为写作在教学中可以被忽视，这一教学观念导致写作教学的发展更加艰难,从而使学生形成英语写作不重要的错误观点。

此外,造成英语写作教学现状的原因还包括:缺乏优质的写作材料,部分老师对英语写作没有一个正确的认识,在课后布置写作练习的难度大部分都低于学生的实际写作水平和需求,没有挑战难度。综上所述,这些因素产生的影响往往造成学生既没有表达的乐趣,也没有表达的需要,写作教学更无法进行效率提升。

五、母语的负迁移

语言学家提出,所谓正迁移,实际就是在一个语境中所学到的知识内容对另一个语境中进行学习是有利的;所谓负迁移,则是指在一个语境中所获取的知识信息对另一个语境中的学习会造成干扰。对于我国学生来说,进行英语学习实际就是进行二语学习,即在有一定母语的基础上进行第二种语言的学习,其中由于母语思维根深蒂固,必定会对学生的英语学习造成一定的影响。此外,学校是学习英语的主要场所,这表明学生接收的信息往往是固定的,缺乏广泛接触其他英语语言材料和文化背景知识的途径,也极少有机会与外国人进行英语交流,这实际上对英语能力的发展起着消极作用。另外,母语在二语学习中造成的各种影响导致学生在学习和使用英语时往往以母语的思维方式进行构词造句,然而英语的语句语法与中文存在一定的差异,如"运动能使我们的身体强壮",学生会译成"Sports can make our bodies strong",而正确的英语表达是"Sports can make us strong"。这表明利用中文的结构形式进行翻译会造成大量的语法错误。实际上,中文式翻译会让字句表达的意思有所改变,导致原文内容不容易被理解。这种意识上的错误随着时间的推移,会打击学生写作的兴趣和信心,甚至从此放弃写作。因此,教师应在教学中为学生指出英语写作的诸多规范,认真分析学生写作中的用语失误,找出产生错误的原因和解决方法。同时,在进行教学时还要根据学生年龄、学习阶段、能力及教学内容等方面进行划分,采用不同的教学方法,只有这样才能不断提高学生的英语运用能力。

六、英语写作教学方法的研究

由于写作主要是向别人表达自己的观点及情感，在一定程度上，写作能体现学生的语言综合运用能力。因此，英语写作一直以来都是外语教学所强调的一个重要技能。

在传统的写作教学中，教师先提供范文，并在课堂上分析和写作相关的形式、技巧和语言，然后布置作文题目，并要求学生在规定的时间内完成后提交给教师评分。这一过程中教师只在乎学生最后的作文成品，缺乏对写作过程的关注，并且教师的评语往往比较笼统，学生读完后便束之高阁，这种写作教学方法也称为"结果写作法"。这种写作教学侧重于学生的写作结果，行为主义学习理论成为该教学法的理论基础，在该教学法中，教师处在主导地位，学生就是通过模仿范文来学习不同的写作体裁。

虽然我国对英语写作教学的研究相对较晚，但随着对外语教学的深入研究，越来越多的教育教学研究者们意识到写作在英语教学中的重要性，因而英语写作的研究主要是结合写作教学进行的，其研究的本质及最终目的是能够提高教与学的效果。然而，在整个英语教学研究中，英语写作教学并没有得到重视。近年来，英语写作教学研究的比例逐渐呈增长趋势，这说明高等教育中的写作教学越来越成为研究者们关注的焦点。

此外，随着互联网时代的来临，网络的普及给生活带来了诸多便利，网络技术也被应用于教育教学的实践之中，使得教育行业也逐步创新发展。其中，包括基于语料库的英语写作教学，鼓励学生自建写作语料库，培养语言意识，提高写作水平，以及将写作自动评价系统运用于英语学习反馈中，从而培养学生写作及自主学习的能力，但有效的英语写作教学模式仍然有待探索。

第三章 英语写作教学中的主要方法

第一节 诊断式教学法

一、诊断式教学的概念

"诊断"是医学上用的术语，即医生认真地检查或查看病人的病症，依据诊断出的结果来确定病人的病情。"诊断式教学法"最初是美国法学院为提高教学的可操作性和实效性，从医学的临床诊断教学中得到的启发。1979年，来自美国的研究者约瑟夫·杰肯和朱迪斯·阿特站在学生评价的立场提出了"诊断式教学"的相关定义，之后学者开始引用"诊断式教学"作为教学方法。他们将教师的教学和医生的临床诊断进行类比，医生给患者"诊断"出问题后"对症下药"，才能达到最好的疗效。同样地，在写作教学中，学生可以借助某种可供操作的方式进行自我评价，准确地诊断出自己作文当中存在的问题，并在教师的帮助下找到具有针对性的提升策略。

英语写作诊断式教学是以医生诊断病人判断其病症的方式进行英语写作教学的诊断，即教师采取一定的方法及时了解学生英语知识掌握程度，对学生英语写作学习效果做出诊断，并采取相应措施进行矫正和解救，帮助学生达成英语教学目标的一种教学形式。它能够根据学生的实际需求，有针对性地开展写作教学，大大地激发了学生的写作兴趣，提高了学生的课堂参与度。此外，通过英语写作诊断式教学，学生的英语写作成绩获得了大幅度的提升。在一定程度上，大学英语写作诊断式教学能够提升学生的语篇能力，促进学生的思维发展，提高学生的认知写作能力和自主学习能力，提升学生的英语写作综合素养。其基本理念是教师引导诊断、师生互动参与、发现问题、解决问题、批判反思和综合分析。

二、诊断式教学的检测方法

众所周知，专门针对大学英语写作进行的教学较之大学英语的其他方面的教学要复杂得多，其复杂性主要表现在四个方面：一是大学英语写作所涉及的知识和能力较为宽泛，它不像词汇、阅读和翻译那么具体，而是一种综合性的语言表达，几乎涉及语言类教学的所有方面；二是大学英语写作是一种个体思想的自主性表达，其写作的具体内容必须是学生个性思想的自然流露，而不可能是教师（或其他外在力量）所能直接赋予学生的，而教师只能是在主题思想的确立、整体框架的构思、写作方法和技能的运用以及语言表达习惯等方面做些指导性工作；三是大学英语写作教学的终极目的不是仅仅让学生堆砌一大堆烦琐的知识信息，而是让学生掌握一定的写作方法和技能，最终促成学生能够将自己的个体思想按照一定的合理结构表达出来，形成优秀的语言类作品；四是大学英语写作教学属于一种"二次教学行为"，而不像教学语音、词意、句子与段落等那样的"一次或首次教学行为"，由于大学英语写作这种"二次教学行为"必须基于语音、词意、句子与段落等这些"一次教学行为"上，若是没有以"一次教学行为"为基础，"二次教学行为"则难以有效发生，即使发生也只是一种仅有枝干而无树叶的空架子，缺乏生命活力。大学英语写作教学除了具有上述复杂性之外，还具有实际操作性。也就是说，大学英语写作教学必须强调学生的实际操作（写作）能力，而非仅仅掌握一些纯理论知识。

因此，基于大学英语写作教学的复杂性和实际操作性，结合诊断式教学方式的个体特殊性，教师们可通过下列四个方面的检测方法对大学英语写作的诊断式教学进行有效检测。

（一）课堂观察法

采用课堂观察法对诊断式教学的效果进行检测，主要是基于课堂教学是一种师生间的教学互动行为，师生在教学互动过程中会以一定的行为动作表现出来，比如通过教学诊断发现了教学中客观存在的一些问题，然后通过对教学进程的调整使之得到有效解决。这一个过程很可能就会在教师或学生的前后行为的变化中反映出来。例如，在大学的英语写作教学过程中，某老师要求学生用英语写一封推荐信，结果发现绝大部分学生都久久不能下笔，似乎写得很痛苦。经过教学诊断，发现原因是学生还不会写推荐信的格式，尤其是不知道如何开头（通常开头应表明 To whom it may concern），当教师给学生专门讲解了推荐信的写作格式之后，学生写起来就感觉很轻松。显然，由于教学诊断而带来学生的这种前后变化，是可以通过课堂观察发现的。当然，通过课堂观察还能发现很多更为具体的教学行为。这种非常直观的检测方式所带来的最大好处就是检测起来方便、容易操作，而且获得的信息真实，但是其不足之处是检测者必须深入课堂进行现场取证，而且由于课堂教学的复杂性，对观察者细心观察的能力提出了较高的要求。

（二）作业测试法

在大学英语写作诊断式教学的教学诊断过程中，通过以作业形式进行检测的方法是教师常用的方法。该方法操作起来简单、方便，而且还能直接反映出教学过程中存在的基本问题，尤其是当教师想要了解学生对当前教学内容的掌握情况时，作业测试法更有效。因此，作业测试法经常被教师们用来检测学生的学习情况，从而为教师有效把握教学进度提供宝贵信息。作业测试法之所以能够被广泛使用，除了操作简单、方便之外，还有就是它能不受时间的限制。也就是说，教师可以通过随堂提问的方式在课堂中进行检测，也可以在课后以作业的形式进行检测。当然，作业测试法也有几个必须注意的关键问题：一是教师所设计的问题或作业难度必须适中，问题太难不能反映学生的整体水平，问题太简单了也不足以真实地反映学生的水平，尤其是不能反映出学生之间的水平差异；二是教师所涉及的问题必须明确，不能存在歧义，不然由于学生的个体化理解而容易导致偏离预期目的；三是教师对课堂提问或作业安排都必须持认真的态度，所有的作业不能流于形式，否则，一方面容易使教师失信于学生，另一方面也容易导致学生误以为作业不重要而应付了之，从而影响教师对整个教学进程的准确判断；四是教师对学生所回答内容的评判一定要公正客观，不能带有个人情绪，不然同样会影响教师对整个教学情况的准确把握。可见，教师在运用作业测试法进行教学诊断时，必须精心设计作业内容（或进行提问设计），以便能真实有效地帮助教师发现教学过程中存在的有待进一步改进的问题。

（三）自我报告法

在大学英语教学过程中，教师通过学生的自我报告进行教学诊断也不乏是一种好方法。该方法得以成立的逻辑基础是：一方面学生自己是最清楚自己需要什么，另一方面有些时候教师在使用一些外在的检测工具时，难免由于检测工具本身的缺陷而难以将教学中的问题（尤其是学生群体所存在的问题）真实地反映出来。因此，自我报告法能够在一定程度上弥补一些外在的较为客观的检测工具的不足，尤其是一些不可量化的教学现象，采取自我报告法有着很好的效果。自我报告法的方式比较灵活随意，学生可以选择适合自己的方式进行表达，使学生在不受外在压力的情况下真实地反馈自己的学习情况，为教师教学判断提供有效性依据。当然，自我报告法同样也存在一些缺陷，如可能因为不受限制，而使学生反馈诸多无用信息，也可能会受学生强烈的主观因素的影响而偏离实际教学等。这就需要教师在教学过程中，通过多种检测工具的综合运用来克服检测本身的不足，从而更加真实地反映出教学过程中的问题，有效提高教学质量和教学水平。

（四）作品展示法

作品展示法是通过对学生的教学成果进行分析和研究，从而判断学生的真实学习情况的方法。该方法与作业测试法有点相似，但又不完全相同。在作业测试法中，关键在于教师设计的有效问题的作业，其问题设计的质量直接决定效果的优良，而作品展示法则侧重于通过学生就某个主题进行自主性的表达，使其写作技能和写作思维在写作作品中展现出来。比如，在大学英语写作教学中，教师可以要求学生随便就某个主题用英语的方式表达出来，这既能反映出学生对词汇、语句的掌握情况，又能反映学生组织内容结构的思维过程。因此，作品展示法能够较为真实地反映出大学英语写作的综合性（综合运用各种写作技能）特征。然而，在运用作品展示法的过程中，教师自己的写作能力和素养也是其中最为关键的因素。因为学生精心写成的英语写作作品，需要教师运用各种知识进行综合的评价和判断。假如教师不具有较高的写作能力和素养，那么学生提交的即使是一篇相当精彩的写作作品，也不容易被教师发现，或者说，可能会误将一篇结构凌乱，且词汇容量繁多的写作作品当成优秀作业，从而掩盖了学生真正存在的问题。因此，若要使用作品展示法进行教学诊断，教师不仅需要不断提升自己的英语写作能力和素养，还应认真阅读、分析和研究学生的写作作品，以便能真实地反映出学生的学习问题，从而更好地为提高教学质量服务。

三、诊断式教学的启示

诊断教学法在高校英语写作教学中得到了应用，证明了此教学方法的有效性，以下是本研究的一些启示。

首先，重视英语写作，运用诊断性教学过程。教师不应该把写作看作是一项辅助任务而应把写作作为英语教学的重要组成部分，并在教学过程中增加写作教学的时间。只有认识到进行写作教学的重要性，教师才可以更好地实施诊断教学。

其次，教师还应注意提高教学诊断水平的方法。在传统的英语写作教学中，评价或修订是必不可少的。高校学生的英语作文经常发给老师，经过老师的修改和指导，学生可以完成之后的修改和润色。除了要求教师使用符号指出学生作文的问题和错误，也要求老师进一步检查学生修改后的作文。教师应该对学生修改后的文本进行复查并给出成绩，了解学生的修改过程，帮助学生消除写作中出现的问题或错误。

最后，教师应该注重个性化。在诊断过程中，教学既要注重"共性"又要注重"个性"在学生发展过程中的体现。新英语课程改革中明确指出，由于年龄、性格、认知方式的不同，以及生活和学习环境等方面的差异，学生有不同的学习需求和学习特点。只有当个人的需要得到最大限度的满足，在一定程度上才能使整体教学效益最大化。从这一点不难看出，教师了解学生的个体差异不仅是有效实施英语教学的前提，也是实施偏差校正与教学诊断的基础。因此，注重学生在教学中的个体差异及诊断学生的英语写作是很重要的，即教师根据他们的个体差异对学生进行有针对性的指导，让每个学生都能意识到他们在英语写作中存在的问题和症状，了解问题产生的原因，并学会合理地解决这些问题。

第二节 反思性教学法

一、反思性教学的概念

反思性教学法是一种系统的教育教学方法，在其运用过程中需要教师、学生、家长、学校以及社会的多方配合来完成教育和学习方面的反思感悟，从而达到促进教师教学水平提高以及学生成绩提升的目标。反思性教学法区别于简单的教学反思，它不仅需要教师反思教学过程，同时要求教师积极引导学生进行课后反思，是一种更加系统完整的教学方法。反思性教学法与一般的教学反思也有着明显的区别。教学反思并没有系统化为一种教学方法体系，与反思性教学法相比，缺少了衡量教学效果的评价体系。所以，反思性教学法与教学反思相比是一种更加系统化、理论化的教学方法。著名的教育家杜威认为，反思既是一种隐含的思维活动，也是一种明确的探究行为。作为一种"思维"，它是隐含的；作为一种"行为"，它是一种收集和探究的行为，这种明确的探究活动意味着在高校领域这些思想已经成为当今反思性教学的反映，必须通过实践来检验，以确保其进步和理性的理论根源。首先，反思具有强烈的客观性，消除困惑、解决问题、提升实践理性是反思的目的，缺乏问题意识的人很难意识到有效的反思。其次，反思要求当事人具有强烈的道德感和良好的意志，如坚强的毅力，因为反思是一种积极、持久和认真的考虑过程，它需要长时间持续不间断的反复工作。通常，那些总是原谅自己的人，认为反思是痛苦的行为，缺乏道德感和不良工作习惯的人往往会气馁而半途而废。

二、反思性教学法的基本特征

我国许多著名的学者和勤奋且有丰富教学经验的一线教育工作者们分别从各个不同的角度对反思性教学法的基本特征进行了探讨。专家学者们认为，反思性教学的方法具有以下几个基本特征，可以充分地利用学校、家庭和地域优势来进行反思。

第一，反思性教学法是具有很强的科学性的。它不是紧扣大纲的硬性规定和严格要求来进行的一种极其机械枯燥重复的课堂教学方法。相反，它的侧重点是在理解的基础之上再进行探索和不断地解决实际问题。在课堂上不光老师要讲，同学们也要"讲"课堂不是以老师为中心，而是老师和学生共同学习探讨，以发现问题、解决问题为教学重点。让学生问全问透，老师讲全讲透，各抒己见，严肃探讨，达成共识，充分发挥现代高校学生和年轻教师思想活跃、敢于争先的特性，这样可以在教学过程中不断地发现和解决实际中出现的问题，提高学生的学习兴趣，发挥学生的主观能动性。问题也是老师不断提高的催化剂，通过老师和学生的互讲互学，完成对书本理论的认知，使理论在学习生活中得到实践，达到提高课堂教学质量，取得更好学习效果的目标。

第二，反思性教学法是具有很强互动性的。反思性教学法强调的是教师和学生之间的互动，通过互动来全面掌握两个"学会"：学会学习、学会教学。学会学习对学生而言，它不仅是对学生能力的要求，更包含了对学生思想的考量，是为了分数被动学习还是因为兴趣提高主动学习能力，这对学生很重要。学会教学对老师来说不是一个新概念，随着时代的发展又融入了新的理念，它不仅要求老师能够"教学"，更强调教学过程是一个重新学习教学的过程，不是为"教"而"教"，而是边"教"边"学"。反思性教学法要求教师不只有教学能力，还要通过教学过程不断地学习提高技术水平，同时在教学的过程中更要加强自身伦理和道德知识水平。老师要教会学生"学会学习"，让学生不仅会读书，而是要进行思考，每个题目不是老师讲过就到此为止了，不是知道答案就万无一失了，而是要让学生明确类似题目的做题方法，通过理论现象看到背后的本质，这样学生才能学会举一反三，以后才会在遇到新的类似的知识点时能够做到灵活应变并且学会思考，这样的学生才能被称为一名会学习的学生。反思性教学法同时要求教师"学会教学"，能够跟上时代，随着社会发展不断反思、发现问题、找出办法。当教师可以充分反思他们的教学行为的时候，他们就会有更大的机会获得教学前、教学中以及教学后的许多一线的教学经验。不断地对课堂教学过程进行反思是一个长期且动态的过程。需要长时间的反思与进一步提高才能使教师自身的教学变得逐渐成熟起来，形成自己的教学风格，达到有效地促进学生更好学习以及教会学生如何学习的小目标和自己学会教学的最终目的。

第三，反思性教学法是具有合理性的，把提高课堂教学实践的合理性作为教育教学的实际推动力。教学实践的合理性是一个永不间歇的过程，这同时也是反思性教学法的一种历史使命。反思性教学法的目的就是提高课堂教学实践的合理性。课堂教学实践的合理性主要包括了两个基础的部分：一是教学的目的必须是有利于实现国家教育繁荣发展的；二是教学中的一种规律性。教学活动中客观存在的课堂教学方法不是轻而易举就能获得，它需要老师不断地进行探索学习反思才能够有所收获。反思性教学方法强调的是用教学过程中或成功或失败的一些教学记录去不停地分析成败的原因，并不断地反思，从而得到经验，掌握规律，这样可以更好地指导教育教学实践。反思性教学法并不意味着对传统灌输式教学法的全盘否定。反思不是反对，因为传统的教学方法之所以能存在这么多年而没有被完全淘汰一定是有其自身的原因和价值的，因此是不可能被轻易地全盘否定的，而且传统的教学方式是有其优点和适合性的。但是，一味地简单传承只能被社会所淘汰。对传统方法的不足进行反思和改进，更能够促进教育教学的进步，而且是一种不断地在教学过程中发现新问题的创新方式，能够在自我教学中形成新的符合教学实践的模式，不断反思旧的应予以淘汰的教学观念。努力反思可以使教学的实践变得更具有科学合理性，反思课堂教学的水平使实际教学效果更上一层楼，达到新的高度。通过反思教学使课堂成为一个新空间，让课堂充满诱惑，让学生爱上课、想上课。反思性教学法不仅可以使学生分数得到提高，使学生的实际生活能力也有了更高水平的飞跃，同时老师自身的教学水平和教学能力也能够得到提升，达到双赢的目的。

第四，反思性教学以增强教师的"道德感"为突破口。教学本就离不开"良心"，教育工作本就是以良心为基础的。一般而言，缺乏师德的老师，除非他受到了来自外界的压力或者自己出现了一些重大的教学失误，否则他是绝对不可能自觉地对自己的教学行为进行一个深刻而郑重的反思。而"师德"绝不是以学生的考试成绩为主要参考标准的。有的老师往往认为所教的学生有好的学习成绩就对得起"师德"二字，反思一下，真正的"师德"是能够教育出合格的"人"而不是教育出只会考试的"机器"。对现代教育体系下拥有大量正规合格的师资、良好的学习教育环境和外部环境、社会各界大力帮扶的学校而言，不断地提高教学质量，出名师、出状元、成名校是迫在眉睫的主攻目标，但对现今社会来说，增强教师的"师德"和学生的道德思想水平比只提高教师的专业技术能力以及学生成绩应该更为迫切。现在倡导的反思性教学法，正是可以提高教师责任心和师德及学生思想道德最为有效的渠道之一。

三、反思性教学法的实施

（一）反思性教学的实施手段

反思性教学实施的方法和策略多种多样，因人而异，因时因地制宜，但主要从两方面入手：一是通过教师自身进行反思，如理论反思、教学日记、反思书签、反思档案袋、课程报告等；二是通过教师自身与他人的合作交流进行反思，如行动研究、观察分析、听课活动、调查访谈、视频录像等。下面介绍几种常见的反思方式。

1. 理论反思

理论是行动的指南，成功的实践离不开科学理论的指导。所以，反思性教学的开展是奠定在一定的理论基础之上的，对相关理论的学习与思考是反思性教学实施的一大策略。正如美国教育家杜威所说的反思者应具备的三种态度，教师们要保持开放的头脑，虚心地接受各种教育教学理论文献的学习，奠定深厚的理论素养基础，并用以指导自己的教育教学实践。作为外语教师，应学习的理论文献包括适合各学科教学的一般性教育学、心理学理论，还有针对特定的英语学科的英语教学理论、二语习得理论等。所以，在教学中要经常将自己的教学实践与相关的理论原理进行比较，求同存异，反思自己教学行为背后的理论支撑，从而不断更新自己的教育观念，改进自身的教学方法，提高教学效率。

2. 行动研究

在日常教学中，教师们往往会碰到一些令自己困惑的实际问题，为弄清这些问题的实质和产生原因，并寻求有效的解决方案，教师们可开展行动研究。这种行动研究依托实际的教学情景，从自己的教学经验出发，对遇到的问题进行反思、探究、拟订方案，直至解决问题。教学行动研究的一般程序是发现问题、调查研究、建立假说、实践验证、解决问题、反思总结、拟订新的计划和策略，它是一个循环往复、螺旋式上升的过程。在这个过程中，教师们由单纯的"传道授业者"变成了一个"研究者"和"学习者"，变成了一个睿智的具有批判眼光的反思型教师，他们不断地将实践和理论相结合，不断地反思、研究、学习，从而永无止境地追求教学实践合理性。

3. 教学日记

这是指教师随机地把自己日常的教学情况做一个回顾和记述。在这个记述中既有当天教学程序、措施的记录，又有自己的所思所感，即反思自己教学中的优点和不足，指出自己的困惑，写下自己的体会和想法，以供日后反馈、检验和借鉴。教学日记是教师进行自我反思最常用也比较方便、有效的手段。

4. 调查问卷

调查问卷也是反思性教学常用的一种反思手段，指教师针对自己拟定的有待研究考证的某个教育教学课题，预先设想出与该课题有关的一些问题和信息，采用问卷和列表的形式发放给特定的对象群体，填写并回收，以搜集所需的信息，供自己研究佐证。

5. 访谈

访谈是和调查问卷类似的一种信息搜集手段，不同之处在于调查问卷采用书面答卷的形式，访谈采用口头谈话的形式。它是反思研究者针对某一研究课题按自己预先设想的某些议题与特定的对象之间展开开放式的对话，并做好简要的记录。访谈相对问卷形式要随意自由一些，可视具体对象和具体情况做灵活的调整。

6. 听课观摩

听课观摩是集体反思的一种常见手段，即教师相互观摩彼此的课堂教学，并做好听课笔记，而后集体相互交流、讨论，从各自的角度谈论该课堂教学的成功之处、欠缺之处以及个人的建议和体会。这种集体反思形式注重教师之间的合作学习和共同提高，有助于建立合作性的研究群体，采取众人智慧，有利于反思性教学的有效开展。对于授课者而言，以旁人眼光来审视自己的教育实践，能使自己对问题有更明确的认识，能搜集到对自己有用而自己却难以搜集的信息，而这些信息是进行自我反思的重要源泉。他山之石，可以攻玉。对于观摩者而言，分析别人成功的经验和失败的教训，可为自己的教学行为提供借鉴，可拓宽自己的视野，取人之长，补己之短，少走弯路。反思性教学是一种依赖群体支持的个体活动，所以，要真正地实施反思性教学，除进行自我反思、探究之外，还必然提倡听课观摩这样的集体反思模式，既提高了教师个体的教学水平和科研能力，又加强了教师群体间的理解和认同，给教师们带来职业的乐趣与成就感。

7. 视频录像

为更好地进行反思性教学，可以与他人合作，把课堂上教师与学生们的一言一行现场实录下来，供事后观看与琢磨，这便是课堂视频录像。这样教师们就可以耳闻目睹那些他们在无意识的状态下的教学行为或者他们一般不可能在上课现场看到的情形。当然，课堂录像既可以是自己的课堂，也可以是同事的课堂，即既可观摩自己，又可观摩他人。这种教学反馈手段生动、具体、形象，极易触发教师们的反思性思维，分析优缺，评判得失，从而更好地改进教师们的教学。

（二）反思性教学的操作过程

反思性教学是一个理性的实证性的系统化工程，其基本操作程序一般分为如下几个阶段。

1. 反思现状，发现问题

教学反思始于教学中的困惑和教学人员对教学现状的不满意，所以教师们开展反思性教学的起点是分析教学现状，他们通过回忆教学情景，检查分析学生作业、试卷，观察学生学习状态，与学生、同事沟通、交流等，从而发现问题，明确问题情况。

2. 调查研究，制订问题解决方案

发现问题之后，教师们还得深入分析和研究问题。一方面，教师们可开展实际的调查，如问卷、访谈等，以搜集与问题相关的信息；另一方面，教师们可查阅文献，学习理论，从教育学、心理学、社会学、学科教学等理论视角来审视问题。在以上的调查研究基础上，教师们就可以多维度地分析问题的特征和性质，探讨其存在的深层次原因，教师们就能以批判的眼光来反省自身的教学理念、情感、态度、价值观以及自己的教学行为，他们就能意识到自己的教学水平与先进理论之间的差距，这样问题的基本框架就形成了，由此教师们便可着手建立理论假设，制订初步的问题解决方案。

3.教学实践，监控记录

这是实施反思性教学最重要的一步。教师们按既定的教学方案开展教学实践，仔细观察整个教学过程和各阶段效果，并做好详细记录，收集完备反映教学情况的第一手资料，可采取多种教学手段，如听课、评课、教学录像、问卷调查、访谈等。但这是一个动态可控的过程，教师根据各阶段的教学反馈情况，可适时局部调整，促使行动朝着更可行、更有效的方向前进。

4.评估验证，反思总结

在这一个阶段，教师们要对方案实施过程中收集记录的各种数据、材料进行综合分析、比较，总结得失，评判优劣，并站在理论的高度验证此前教学方案的合理性，从而发现新的问题，为新一轮的反思性教学实践指明方向，奠定基础。经过若干次如此循环往复的过程，问题逐步得到更合理的解决，而教师们的教学理念、教学水平也不断迈向更高的平台。

第三节 体验式教学法

一、体验式教学的概念

关于体验式教学的概念，国内学者有多种不同的表述。朱秀峰在《寓教于乐体验教学——体验式教学法探析》中认为，所谓"体验式教学"是指通过教师科学地设置情境，使得学生参与课堂教学活动，通过自己积极地观察、主动地自我反思和感悟之后，从活动中发现问题、提出疑问并尝试寻求解决问题的方法，最终帮助学生习得内化的知识。王星在《浅谈体验式教学》中指出，体验式教学是指以课堂教学为中心，把学习活动延伸至课前课后，以体验为手段满足学生的需求从而帮助学生更好地投入教学活动的教学方式。阮小环曾在《探究体验式教学法在高校英语教学中的运用》中提出，体验式教学是指在教学过程中为了达到既定的教学目的，教师结合教学需要和教学内容创设符合教学实际的教学情景或者氛围，使得学生产生情感共鸣，帮助学生简单有效地理解所学内容，促进学生各方面共同发展的一种教学方法。

体验式教学就是指一种由教师预设或者模拟情境，将学生置身于情境之中，激活灵感，引发学生思索已经历的体验，激发兴趣，引导学生积极主动参与其中来获得感悟、探究知识的教学方式。

体验式教学的理论基础有三大主要来源：一是来自于教育家杜威的"在做中学"，二是认知心理学家皮亚杰提出的发生认识论，三是来源于社会心理学家大卫·库伯的"经验学习圈理论"此外，还有其他学者的一些相关理论。美国的体验学习专家大卫·库伯是体验学习的集大成者。

大卫·库伯从生理学、心理学和哲学等其他相关学科多方面详细阐释了对于体验学习的认识，他指出体验学习的内涵开始于具体体验，经过反思观察和抽象概括之后，再应用于行动所组成的一个完整的学习过程。在库伯看来，体验学习是一个过程，是一个通过体验、转换并创造知识的过程，而不是一个学习结果。因此，最大限度地改善学生的学习方式就是在具体的教学实践中，教师不应过分强调学生的学习结果，而是应集中主要精力引导学生参与到学习过程之中。

库伯把体验学习描述成一种以体验为基础的持续过程。在这个过程中，学习者通过参与体验——反思观察——抽象概括——具体体验的循环往复，在体验下不断修正，在修正中不断感悟，在感悟中不断升华，完成知识的内化和建构后再回到具体体验。也就是说，学习者首先必须参与到学习活动中，并借助原有的经验和知识储备，通过交流、讨论体验感受，分析、反思自己的得失：自己从活动中发现了什么、学到了什么或者是有什么不足和需要改进的地方，然后学习者需要进一步抽象反思结果，概括形成理论假设或结论，最后学习者需要检验所得出的理论假设或结论，通过在新的情景中的运用来验证其正确性及合理性。如果检验得到了证实，本次学习暂告一段落，即学习者可以把新发现的结论或理论假设应用到其他情景；如果检验没有得到证实，一个新的学习循环或者说新一轮的具体体验又将开始。因此，这一学习过程又有"体验学习圈"之称。其次，学习可以把任何一个点作为入口进入体验学习圈。最后，体验学习理论认为学习既是对知识、情感、意识和行为的统一，也是对知觉、情感、符号和行为的整合，同时还把学习看作是外部环境与学习者的内部经验不断交换的结果，是一个开放的系统。

美国人大卫·库伯早在20世纪80年代就体验式学习提出了完整的理论，他提出有效的学习应从开始体验并且在体验之后发表自己的看法，然后开始自我反思，再进行分析研究，做出有规律性的结论，最后在实践中应用这个结论。可见，体验式教学模式就是为了让学生在教师创设的教学情景中充分体验英语学习的过程，从中学会学习，掌握学习方法，提升学习能力，感受成功的喜悦，增强学习的信心。根据这一学习理论，在高校英语体验式写作教学中，教师应该根据写作话题和体裁，使用相关文字、图片、影像以及多媒体设备，多方位地创设教学情景，引导学生回忆起相关的情感和知识储备，激活学生已有的思维，调动学生参与学习的积极性和主动性，通过与同伴交流和讨论，然后进行自我思索构建成文，经由小组交流相互评估后，再次修改润色，最后由教师评阅。

二、体验式写作教学设计原则

教学设计是由教学目标、教学对象、教学资源、教学内容和策略以及教学评估组成的整体。吕必松、刘南、崔永华等多位学者从不同角度对教学设计进行了相关论述，结合英语写作教学的特点，体验式英语写作教学设计应遵循如下原则。

（一）系统性原则

教学设计各组成部分是相互制约的，只有将各部分有机融入教学系统，才能使教学效果达到最大化。刘倩认为，教学设计要从整体出发，协调每个部分之间的关系，保证整体与部分的辩证统一，使其更好地融入整个教学系统，最终达到教学系统的最佳优化。因此，教学设计过程中要综合考虑教学目标和教学内容的难易度和教学对象的特点。

（二）实践性原则

体验式写作教学最大的特点在于让学生在体验之后进行写作，因此实践性原则是体验式写作教学的重要原则之一。孙荔认为，教学内容的实践性越强，学习者的学习热情就越高。教师应鼓励学生以英语写作为社会交际手段融入当代社会，激发他们的写作动机，使其从"要我写作"实现到"我要写作"，从"没话可写"到"不吐不快"，因此，教学设计过程中语料选择、活动设计应尽量贴近当前生活，与时俱进，使学生更为准确地理解，进而完成写作任务。

（三）趣味性原则

课堂活动的趣味性、教学内容的趣味性直接影响课堂教学效果，教师在课堂设计过程中不仅要考虑教学内容的完成度，也要考虑教学过程的趣味性。教学设计中可以运用表演、游戏等方法丰富课堂活动，提高学生兴趣，增强教学效果。

三、体验式教学法的策略

针对高校学生"读不懂、写不出"的现状，相对于传统的"读写"教学方式，采用体验教学法能有效调动学生的学习兴趣。采用的"读写"体验教学关键在于正确地引导学生通过思维导图的方法构建信息，拓宽思路，从而熟练掌握英语阅读和写作的技巧，但是在具体实施高校公共英语读写体验教学的过程当中需要注意以下两点管理策略。

（一）教学时间的管理

读写体验课实操的重难点就是教学时间的问题。因为大学阶段阅读语篇较长，写作要求规范，而高校学生的英语基础较薄弱，要在课堂上完成高效的输入与输出难度较大。40分钟的教学时间非常有限，因此要适当延长读写体验课的时间，以保证学生在课上至少能够完成初步阅读内容架构和写作架构，给教师留出足够的时间进行点评和指导。

（二）读写材料的筛选

教师在构思讨论主题和活动时要考虑学生的专业背景，要选择与学生专业直接相关的阅读和写作材料进行讨论，以达到读写的顺向过渡，高效实现预设的教学目标。简而言之，在读后讨论环节，教师要有目的地从阅读话题直接过渡到写作话题，储备更多的写作素材，激发学生的写作灵感和思维，使写作完成得更高效。

第四节　互动式教学法

一、互动教学的定义

互动教学法是在 20 世纪 50 年代由语言教学研究者提出的，它是从交际教学法中发展而来的。通过互动，学生可以在他们听和读一些语言材料时增加自己的语言储备能力，甚至可以通过和同学讨论、完成任务、对话等的互动活动来增加语言输出。在互动过程中，学生可以使用他们所掌握的全部语言知识表达自己的意思。于是里弗将它定义为：互动教学法是一种语言合作活动，包括发出者、接受者和语言情境三方关系的建立。互动教学法是一种多方位的互动，包括师生之间、生生之间和学生与环境之间的各种互动活动。

互动教学法不是单纯地让学生完成互动任务，而是让他们在这个过程中建构自己的知识体系。对于教师来说，完成互动任务的过程就是和学生一同学习发展的过程。对于学生而言，互动教学法可以为学生创造更多使用口语进行交流的机会，互动教学法的本质就是发展学生的交际能力。教师和学生的互动交流必须在相互尊重的氛围中进行，在互动教学中，学生以协作的方式完成特定的互动任务，教师组织和促进学生在互动协作中完成交际任务。也就是说，协作是互动的核心所在，协作包括共享、鼓励和接收。

二、互动教学法的原则

首先，教师在教学准备过程中必须对学生进行全面的了解，比如学生的年龄、学生的背景、学生的学习风格、学习语言的目的以及获取知识的方式，因为这些都可能会影响到学生学习语言的动机和语言交际的水平。因此，教师需要根据这些特点认真地研究教学内容、教学设计、教学方法和教学过程，力图设计出操作性强的，适合学生的教学模式。当然，在此基础上教师所采取的教学组织方式还应该是有趣的、灵活多样的，努力营造出轻松、愉快、和谐的课堂氛围。

其次，教师应该根据近期的热点话题和学生的实际生活来设计互动活动。互动活动应该具有新颖别致的特点，可以调动学生的好奇心，激发学生对知识的探索欲望。与此同时，话题还需要贴近学生的学习和生活，这样学生才能从话题中找到共鸣，自发地产生交际的愿望和兴趣，迅速地参与到互动活动中去。

互动教学的过程必须重视培养学生的主动性。在完成互动活动的过程中，教师的作用只是促进和帮助，所以教师可以引导学生去探究问题，但不能直接帮助学生回答问题。当然教师也可以激发学生主动提出问题，解决问题，让每个学生积极参与到学习中来，将被动学习完全转变成主动学习。从另一角度来说，师生双方的这种交流互动可以实现教师的教学相长。师生之间在教学过程中相互启发、相互交流，能够形成一个学习共同体和发展共同体。

最后，在互动过程中，教师不能拘泥于正确答案的限制，对于学生做出不同角度的回答，教师不能一概否决，挫伤学生的自信心，教师的态度应该是鼓励的、肯定的，鼓励学生发散性思维，激发他们的创新意识，培养他们的创新能力。

三、互动教学法的基本互动类型

（一）师生互动

学生是互动教学法的主体，教师是组织者，是引导学生完成互动任务的活动纽带，师生之间是平等、和谐的互动关系。教师与学生的互动又可以分为师生互动、师班互动、师组互动。师生互动常表现为老师与学生个体之间的提问与问答、评价与反馈等，这种互动具有针对性，可以对个体学生的学习进行督促和测试；师班互动指的是教师和全体学生之间的互动，很多互动活动可以要求全体学生都参与进来；师组互动即教师和小组之间的互动。在小组活动后，教师对小组的提问、教师对小组的评价都是其表现形式。

（二）生生互动

新课标十分关注学生在课堂中的主体地位是否实现。让学生成为教学的中心，可以激发学生学习的内在动机，提高学生的学习兴趣，增强学生的自信，挖掘学生的学习潜能。生生互动的过程可以培养学生交流和合作的能力，关键不能忽视的是生生互动中依然需要教师来指导，同时，教师需要时刻谨记学生的主体地位，以免又走回原来的老路，失去互动的本质。

（三）人境互动

人境互动包括师生与教室环境的互动、师生校园环境的互动和师生与教学媒体的互动。师生与教室环境的互动可以通过教室空间的安排和制作知识角来体现。教室空间的安排是否合理对教学气氛的形成有着至关重要的作用。近年来对这个问题的关注度也在逐步上升，有利于学生面对面交流的多边桌的出现就是很好的证明。此外，在教室中张贴带有激励性的图片，陈列一些学习书籍和资料都可以为学生创造良好的学习环境，营造良好的环境互动效果。

师生校园环境的互动可以通过创设英语角，对校园内的招牌、简介等进行双语化来实现。学外语就像游泳，教师们必须提供给学生可以泡在水里的机会，而不是让他们偶尔沾沾水，因此教师们必须尽可能地为学生提供口语和写作练习的机会，帮助学生使用英语进行交流和实践，真正做到在实践中学习和运用语言。

教学媒体是传递教学信息，促进师生之间相互交流的重要工具。教学媒体与师生之间的良好互动可以使教学效果达到最佳。在互动式口语和写作课堂中，多种媒体的灵活运用会对教师的课堂教学起到积极的作用。

四、互动式写作教学课堂实际应用

写作是一个复杂的过程，并不是由作者一个人完成，而是需要一个群体活动的相互配合。在前人研究的基础上，可以把整个互动式写作过程划分为三个主要阶段：写作前、创作中、写作后。

（一）写作前

写作前是第一个阶段，即准备阶段。这个阶段主要有三个任务：划分小组成员、确定主题、收集资料，学习基本的写作技巧。在这个阶段，教师要充分发挥主导作用。在传统的课堂教学中，学生的座位总是按前后顺序排成几排，后排的学生只能看见前排学生的头，这种设置方式使学生之间缺乏必要的交流和沟通。因此，在互动式写作教学中学生座位的设置非常重要。在活动之前，老师可根据人数把学生分成几个小组，每组5~6名学生，小组成员各自担负一定的职责，如发言者、记录员、主持人、检查员等。为了方便学生的交流，在互动式教学中把学生的座位排成圆形。在学生落笔开始写作之前，教师要指引学生进行前期相关工作的准备：首先，教师要精心选择作文题目，所选题目既要与学生的学习和生活密切相关，又要让学生感觉有话可说；其次，教师应组织学生一起阅读作文题目，给予学生讨论和思考的时间，提供学生之间互动的机会，针对主题提出引导性的问题列出要点等。学生可以通过阅读范文来搜集资料，因为阅读范文能够扩大和启发学生的思路。在阅读的时候学生要善于分析和判断，积累素材时要认真思考和抉择。学生还可以利用网络资源来收集材料。

例如：在课堂上以"Traveling"为主题，要求学生以小组为单位进行讨论并提出问题，然后进行回答。根据这个主题，学生可能会提出下面的一些问题。

Questions：

Do you like traveling? Why?

How do you usually go traveling?

Where have you ever been? Which one impressed you most?

Is there anywhere that you would strongly recommend people to visit? Where and why?

For a long trip,how do you prefer to travel?

以"Traveling"作为话题来进行导入，首先激起学生的兴趣，自然地切入教学主题。如提出一个主题"I Love..."，学生们可自由选择一个地方来介绍，可以是自己的家乡，也可以是自己曾经去过的一个地方。在学生介绍时可能会遇到一些生词，比如有学生想要介绍北京的一些景点，提到故宫时，但是不知道故宫的表达方式，教师在这个时候要把学生无法表达的单词写在黑板上。当学生们介绍完以后，老师要求学生把自己的叙述记录下来。

在小组成员介绍的时候，其他成员不要因为叙述者的错误而中断介绍。当小组成员全部介绍完后，将进入下一个阶段。

在写作前阶段，教师应当指导学生了解体裁的类型与文章的主要作用。有别于其他语言，在不同交际场合下英语的使用风格不尽相同。根据霍依的研究，不同体裁的语篇模式可分为四大类型：特殊型、问题解决型、设定真实型、匹配比较型，而使用的体裁则涉及说明文、议论文、实验报告、科学论文、书信、记叙文等。对学生进行语篇分析观察能力的培养，能够使他们从微观角度对语言篇章进行理性把握，从而降低学生语篇的认知障碍。除此之外，教师在写作课堂上还应当指引学生学会使用各种策略来完成写作，例如：怎样把握作文的结构和层次，如何开头、结尾，段落内容应当怎样展开，怎样修改；如何加强句子之间的逻辑衔接、段落之间的自然过渡和意义上的递进或转折；怎样才能加强语言表达的精确性，如何更好地更正词汇、句子结构、语法等细节问题。根据教学实践提供了一些写作教学技巧，如：（1）How to Avoid Wordiness and Redundancy；（2）Patterns of Organization；（3）Ways of Organizing Paragraphs；（4）Degrees of Importance.

总之，在写作前阶段，教师需要指导学生分析不同体裁的语篇所具有的不同交际目的和语篇结构，更好地为以后的写作建立基础，写出合乎各种写作规范的语篇。

（二）写作中

在经过写作前的准备活动之后，学生进入实际写作阶段。此阶段主要的活动有：打草稿、评改、重写。在课堂教学中，教师必须能够有意识、有目的地进行角色之间的转换，激发学生间的互动活动，调动他们的参与意识，使学生成为课堂教学的主体。课堂上老师要组织学生对写作前搜集的材料进行筛选，因为搜集的材料不一定都能用上，要选取那些有价值的信息，告诉学生在写作时不要担心出现的问题。当学生独自完成初稿后，教师提供评分标准并组织学生进行修改。许多学生没有掌握修改的技巧，也不知道怎样才能修改好自己的作文，更谈不上能对别人的作文提出建设性的修改建议。因此在课堂上教师可以进行具体的示范，让学生明白修改应从哪些地方入手才能进行有意义和有成效的修改。在教学过程中教师提供了学生/同伴互评的参考标准，如表3-1所示。

表 3-1　学生/同伴互评参考标准

项目	标准	分值
主题	紧扣主题，中心思想鲜明、突出	8 分
篇章结构	段落分明，层次逻辑清晰	6 分
写作技巧	语句通顺，语言表达合理，语义连贯	8 分
语言知识	单词拼写、语法表达无误，标点符号使用规范	3 分

学生完成一篇作文通常需要经过多次修改，而修改是一个复杂的过程。写作评改有以下几个步骤。

1. 自我修改

自我修改指的是来自于学生本人个体的反馈，换言之就是学生根据写作过程中出现的错误进行自我检查、辨析和修正。学生阅读自己的文章并进行修改，可以从以下几个方面入手：单词拼写、标点符号的选用、段落文章的层次结构等。

2. 同伴互改

同伴互改的含义是指在学生之间或小组成员之间彼此对作文提出修改建议，同伴互改的根本宗旨是让学习者通过必要的交流完成写作任务，充分发挥他们在学习中的主体作用。研究者们一直密切关注着同伴互改这一方法在写作教学中的应用。学生写完作文之后，首先与同学交换、互相修改。学生把自己的作文交给同伴，这是他们的作品第一次见到读者，也是第一阶段工作的开展。学生相互修改既要检查并指出同伴的作文中出现的问题，也要肯定文章中出现的经典句子。通过对对方的作品做出反应，可以从中看出第一阶段的学生自我评估工作做得成功与否。这里的同伴互动，既是行为互动，也是思维互动，既促进了学生间知识的交流，又加深了他们的情感融合。

3. 小组评改

这项评改工作可在组内和小组之间进行。教师在小组评改前先公布本次评改的侧重点，小组的每一个成员轮流朗读自己的作品，使自己的作品与更多的读者见面。而小组作为一个团队共同评议每位成员作品的优缺点，可从多个方面入手：寻找作文的主题句、作文的逻辑顺序、文章的立意与选材，发现作品中的优缺点。最后把小组成员的意见进行汇总，并给出分数。等各个小组都完成任务后，再进行小组之间的交换，以便得到进一步的检查和修改，修改后上交给老师。因为学生互评是在平等的基础上进行的，有助于消除学生在交流时出现的焦虑情绪，通过小组互改，能创造出更积极有效的课堂气氛。写作成为同学之间交流和沟通的桥梁，而不再是等待教师评语的艰巨任务，这对于学生来说能够从心理上更加容易地消除他们的写作困难情绪。

（三）写作后

在学生经过相互评改之后，教师要及时收集学生的文本进行检查，根据学生互评的结果进行讲评和总结。教师对学生在互评过程中出现的共同问题加以分析和总结，引导学生对出现问题的形成原因进一步深入地认识，以及提出避免问题产生的有效方法，保证学生的互动活动得到及时的反馈和指导。最后学生在修改的基础上进行重写。在评价过程中，教师应对学生多一些关爱、鼓励，帮助学生认识自我，建立自信，让学生在教师的指引下愉快地进行英语写作，提高写作兴趣。

第五节 过程教学法

一、过程教学法概述

（一）概述

过程教学法始于 20 世纪 70 年代，是指把写作教学重点放在写作过程，关注学习者语言技能训练的一种教学方法。此方法把写作过程视为心理认知过程以及思维过程和社会交流过程，其中学习者为中心主角，教师扮演着指导者和监控者的角色，通过师生交流互动和学生间讨论合作来提高学习者的写作能力，获得良好写作成品的过程。过程教学法的实质是将语言教学真实化、课堂社会化，并把写作视为一个过程，其基本特征表现在：一是尽可能展示知识发生、发展的过程和情景，让学生在这种情境中产生认知的冲动，激发求知探索的内在动力；二是适度地再现人类的认知过程，渗透与知识有关的思想方法；三是注重暴露和研究学生的思维过程；四是适当推迟呈现问题的结论。

莱明斯认为，写作意味着表达思想，阐述意义，写作的过程就意味着思考的过程。在他眼中，写作离不开过程，而过程离不开思考。这不仅仅是对使用正确的语法结构、修辞的思考，更重要的是对写作内容的意义和写作过程中的逻辑思维的思考。实际上，写作的过程是一个思维能力提升和自我表达完善的过程。

特里布尔把过程写作法看成是强调个体作者创造力的一种教学方法。这种方法侧重于发展良好的写作实践能力，而不是对模板的模仿能力。从这个意义上讲，写作的重点就从结果本身转移到作者经历写作的各个阶段，即把写作分成各个阶段进行，更有利于二语学习者对写作任务的把握。

泰勒把过程写作描述成一种鼓励二语学习者把自己想说的写下来，逐渐发展读写能力的过程，而不是传统的注重学生单词字体、拼写、语法和标点等能力的发展。另外，二语写作的过程是培养学习者创造性思维的过程，也是一个极其复杂的认知过程。在这个过程中，教师们应该关注的是写作过程中学习者的内部运作，即在写作中要做什么，而不是只关注写作结果的外在特征。

综合各学者的意见可以看出，大多数学者都持这样一个观点，即写作是一个思维表达的过程，并且这种活动侧重于创造性能力的体现，而非模仿能力。过程写作就是把作者自己的创造性思维经历各个写作阶段完整或接近完整地表达出来，偏向于对写作过程中作者思维认知活动的关注，而非仅仅关注于结果，并且把重心放在学生的需要上，帮助各个层次的学生提高他们的写作水平。此外，过程写作法把写作当成激发教师和学生之间互动的一个创造性的方法，旨在帮助学生分享信息，做出个人选择，发展合作精神。在这个方法里，教师不再是主导者这一单一角色，更多的是发挥着脚手架的作用。

（二）特点

过程教学法的特点主要有以下五个方面。

1. 师生角色改变

写作过程以学生为中心，教师角色转变为指导者、监督者和参与者。然而，在传统英语写作教学中，教师的中心地位贯穿于整个写作过程，教师设置话题而学生进行写作，最后给出评价得出分数，学生始终处于被动接受写作的位置，导致写作热情不高。在过程教学法中，教师扮演的角色更多样，承担的任务更重，不仅要对学生写作过程中出现的问题予以及时纠正，指导学生修改完善，督促学生的写作活动，而且还要积极参与到学生们的讨论合作中，共同发现问题、分析和解决问题，最后教师以评分者的角色对学生的写作给出客观、积极的评价，帮助学生纠正写作中出现的错误，创作出优秀作品。

2. 引入反馈与评价，进行多项修改

相比于传统写作教学中教师对学生写作成品的一次性成果反馈，过程教学法的反馈不仅来自教师，还有同班同学，即同学商讨分析并互评反馈，发现错误与不足，找出优点与长处。另外，教师也可以对学生作品进行反馈评判，以指导者的身份点拨学生进行有效写作，从而提高写作效率。

3. 批改方式更加全面、合理

在传统写作教学中，教师批改评判重点放在单词拼写、语法运用是否正确，用词表达是否贴切。过程教学法则要求教师在兼顾写作的内容与结构和纠正语言知识点的同时，对写作的内容是否明确突出，结构框架是否清晰，分别给出意见和指导，其评分依据也不是学生出现错误的多少，而是以学生是否符合话题要求，是否达到写作教学目的为衡量标准。

4. 互动加强

师生、生生之间互动交流加强，使得学生积极性较高。教师反馈体现了过程教学法中师生、生生之间的积极互动性，这有利于使学生与教师之间的关系更加亲密，降低学生写作的焦虑，增进师生情感。此外，小组讨论合作也使学生之间能够互相了解、互帮互助、共同进步，学习氛围也更加轻松和谐，学生的写作积极性能够最大限度地发挥出来。

5. 写作前准备是关键

传统教学几乎没有让学生做好写作前的准备，而这一部分却是过程写作的重要组成部分。这就需要学生通过小组讨论、头脑风暴、搜索信息素材以及积极拓展思路等方式来联想出好的思路，为之后的写作活动打好基础。

（三）写作能力

写作过程所涉及的能力不仅仅是语言方面的积累能力，还需要学生具备综合写作能力。因此，要写出一篇好文章，教师必须要培养学生许多其他的能力，具体能力如下。

1. 构思能力

在学生动笔之前必须先要构思写什么，重点是什么，观点是什么，如何开头，如何结尾等，即使是一篇短短的文章也要构思很多东西。但现实中，有的学生看到作文题目提笔就写，往往会产生偏题或者是内容混乱等问题。同时，培养学生的构思能力，可以通过阅读课上有针对性的教学来进行。例如，教师在进行阅读讲评的时候，可以从文章的排篇布局与作者的构思等方面来分析，从而让学生有构思意识，并且在进行实际操作的时候也同样养成在下笔前先思考的习惯。此外，还应教会学生如何构思。方法有很多种，可以是单纯地从文章的角度出发进行分析，也可以是让学生自己来发现所阅读的文章构思的方法等。

2. 打草稿能力

对于学生来说，写英语作文前并不一定需要打一份详尽的草稿，由于大部分英语类考试的作文对篇章幅度的要求不是很高，学生甚至可以打腹稿。那这个步骤和构思之间有什么区别呢？实际上，打草稿就是更加详细的构思过程。构思的过程可以是一种"头脑风暴"的过程，在这之后的打草稿或者是腹稿就是更加详细地进行删减和修改，做到文章的整个内容心中有底，从而有效提高写作效率。

3. 写作能力

在经过了构思和打草稿或者是腹稿之后，学生就可以开始着手写文章了。在写作的过程中，学生应该注意到很多方面，小到标点符号的使用，大到句式结构的变化等。一篇好作文的产生并非一件容易的事情，也不是一朝一夕就能促成的。这种写作的能力更需要注意平时积累，加强训练。

4. 检查、修改能力

目前，许多学生在写完作文后从来不进行检查，更不用提修改了。这个步骤其实也是循序渐进的，即最初可以是检查拼写和标点符号，随着学生操练的增加，可以让他们在检查的时候从整篇文章的连贯性、说理的可信性和句式的多样性等方面进行检查，并做出适当的修改。经过一段时间的操练之后，学生的这种能力会越来越强，在检查的时候需要修改的部分也就越来越少了。

二、过程写作的教学原则

（一）学生主体性原则

在英语教学中，过程写作的主体应该并且也只能是学生，因而无论是在准备阶段，草稿阶段还是批改阶段，教师都应该将自己定位为解惑者而不是绝对的权威者。特别是在同学互评阶段，只有以学生为本，才能激发他们的学习兴趣，并能更有效地内化知识，提高写作水平。

（二）任务合适性原则

俗话说，良好的开端是成功的一半。因此，设计一个既让学生感兴趣又可以让学生有话可说的话题任务，是个重要的环节。开一个好头，使得学生对于任务的设计有投入其中的愿望。因此，作为教师应当认真设计每一次写作任务，创设合适的情境，激发学生的创新意识。

（三）监控科学性原则

由于学生的学习能力和判断能力都有限，特别是在同学互评阶段，教师应进行积极的引导，不能完全放手，不然很有可能导致任务混乱，达不到预期目标，或者在合作学习的过程中，学生可能偏离主题而导致效率低下。这些情况都需要教师合理地监控调节，并且教师在监控调节中应该正确运用正强化，适当的时候也可以使用负强化进行刺激。

（四）反馈针对性原则

一方面，在过程写作中，虽然同学互评代替了传统的教师批改，但教师的反馈也同样重要。但要注意，教师在评价时要具体并有建设性，以鼓励为主，不要总是批评和挑问题。另一方面，实际英语课时存在时长短的缺陷，对每个学生进行反馈是不可能的。因此，在同学互评后，教师可以在学生的作品中选出有代表性的文章全班进行反馈和点评,并且这种点评可以在每次写作活动中交替进行,有利于充分调动学生的参与积极性,使学生收获更多的学习机会,这样可以提高教师反馈的有效性,但是在具体评价时要注意评价方式,不能伤害学生的积极性和自尊心。

三、应用过程教学法的几点建议

为使过程教学法在今后的实际英语教学中发挥更有效的作用,我们经过客观分析后给出应用过程教学法的建议,具体为以下几方面。

(一)重视写作前的准备活动

写前阶段为过程写作的初始阶段,对学生之后的写作活动发挥至关重要的作用,即学生可以从中明确写作目的与主题,充分回忆已掌握的知识进行综合运用。纳代尔等学者归纳出写前准备阶段的三个主要优势:一是写前阶段技巧可使作者放松,帮助他们树立自信;二是写前阶段过程中暂不进行对技术性错误的修改,如果作者边写边改,这势必影响到题材的灵感挖掘;三是写前阶段要求学生进行联想,这也表明写作其实是一个不断发掘灵感的过程。写前阶段的关键是教师向学生提供多种技巧,以帮助他们顺利完成挖掘题材的任务。因此,教师应从长远的教学活动出发,鼓励学生平时背诵优秀文章或课文,且背诵内容不受限制,学生也可结合自身情况进行适度调整,平时的阅读课学习中注意让学生学习好的句型句式、借鉴好的写作思路和方法,这样不仅能减轻学生写作课堂中的写前准备负担,也可以训练学生的写作能力。

(二)充分发挥教师多种角色的作用

教师在应用过程教学法的整个过程中扮演着不同的角色,发挥着引导、组织、示范、监督、评价以及反馈等作用。在课堂前几分钟,教师可提供与本节写作课相关的文章,最好是不同体裁的文章,学生一起分析总结说明文、记叙文和议论文等不同文体的组织结构特点,并作适当的整理,为课上进行的写作活动做好准备。同时,教师应引导学生掌握不同文体的写作特点,在把握写作模式的基础上发表不同的观点。在学生无内容可写的时候,可提供一些知识帮助学生开拓思路，想出更多的创新点。然而，学生在小组合作中可能会出现小组交流偏离话题或无交流内容等问题，这就要求教师具备较强的组织管理能力，及时有效地解决这些问题，对过分活跃的学生稍加约束，鼓励加入积极性不高的小组交流中，促使写作活动顺利进行。此外，教师评价还应坚持宽容性原则，忽略学生的个别错误，着重发现学生写作的亮点之处，及时夸奖学生在课堂上的优秀表现或取得的巨大进步，在增强学生自信心的同时，也改善了师生之间的关系。

（三）科学分组，建立明确有效的评价机制

合作学习理论为过程教学法应用小组合作这一方式提供了理论支撑，同时也对小组合作提出了要求。鉴于班级人数较多的情况，教师可在课前就分好小组，节约课堂时间，每组都应充分考虑男女性别差异，以及学生英语基础参差不齐、性格差异等。基于实际情况的要求也可以进行适当调整，以方便学生在小组中更好地学习。

针对学生评价能力有限的问题，教师应建立有效的评价机制，以方便学生自评、互评。但由于许多学生在批阅同学的作文时，不知如何评价，对于老师制定的评价标准理解也不透彻，教师应给每个学生一份纸质的评价标准，此标准不仅要根据大学阶段各类英语考试作文的评价标准，还应考虑到不同文体的组织结构特点，具体可包括文章内容结构、语言表达等方面。同时，教师还应注意一旦同级评价标准确定就不要随意更改，否则会导致学生对评价标准产生怀疑，影响评价的有序进行。或者教师可事先给学生几篇写作作品让学生进行自评和互评训练，帮助学生理解评价标准的具体要求，熟知各个评价步骤，从而形成有效科学的评价机制。

四、过程教学法在英语写作中的启示

（一）积极影响

过程教学法强调以学生为中心，重视学生的写作过程，这能够充分激发学生的写作兴趣与热情，促进学生写作水平的提高，养成正确的写作习惯。同时，过程教学法的运用不仅提高了学生的写作积极性，提高了英语写作教

学质量，而且也为英语写作教学提供了新的思路与方法。综合来说，过程教学法在英语写作教学中产生的有利影响，主要有以下几方面。

1. 有利于发挥学生的主体地位，激发写作兴趣

传统英语写作教学中教师扮演主要的角色，而学生被动地进行英语写作，即一般是教师提供范文并给予说明，学生进行模仿后，教师批阅打出分数，最后进行集体讲评。这一过程中教师控制着整个写作过程，学生在写作时毫无创造性，缺乏思考和创新的能力，写作的关注点放在写作成果，即分数高低上，学生积极性低，处于较被动的地位。而过程教学法注重写作过程和学生写作技巧的培养，学生成为写作活动的中心角色，教师则成为指导者和帮助者，引导帮助学生成为写作课堂学习的主体，学生积极参与到写作过程中，进行师生之间、学生之间的交流互动。学生在教师设计的写作活动中获得大量有效的信息，真正地发挥自身能动性进行写作，成为写作活动中真正的主人。

2. 有利于形成良好的师生、生生关系

过程教学法重视师生、学生之间的交流互动，在写前阶段的准备工作方面，借助多媒体可以直接地激发学生的好奇心，头脑风暴则使学生努力搜寻自身掌握的信息，快速回忆尽可能多的相关内容，学生的积极主动性增强。同时，教师以指导者的身份鼓励学生说出自己的答案，不论是否正确只要能够给予合理的解释就行，进一步减轻了学生写作的心理压力，增强了写作的自信心。此外，通过学生小组合作中互相评价，从中获得同学的肯定，这既满足了学生的成就感，也激励学生努力写出更好的作文。教师评价反馈也像同学互评一样，积极地影响着学生的写作。但需要注意的是，教师不能过多地强调学生的分数，而是结合评价标准从不同方面给予反馈，针对学生的优秀或进步之处，及时进行鼓励和表扬，减轻学生害怕写不好的顾虑，让学生敢于向老师提出问题、寻求帮助，形成和谐的师生关系，进而使学生在良好的学习气氛中最大限度地努力学习。

3. 增强学生合作学习意识，提高学生的口语交际能力

过程教学法的写前阶段，学生须经过小组讨论获得大量的信息资料，学习他人的不同见解，从而开拓写作思路，帮助解决自身存在的疑惑与问题。同学互评时，学生相互阅读他人的作品，指出他人的问题并给予修改意见。

同时，赞赏同学优秀出彩的句子或段落，既可以增强他人写作的自信心，也能促使自身汲取他人之长来丰富写作成品。学生之间密切合作，就要求他们形成团队合作意识，反过来合作学习也能促进个体能力的发展。因此，进行过程写作时，学生不再是独立的个体，学生要与老师、其他学生进行讨论，产生互动，用清晰的语言表达自己的观点或提出合理的修改意见，这需要学生平时注重加强口语训练，掌握有效的交际策略，面对不同意见能通过有效的交流方式达成一致，实现与他人分享经验的目的，并锻炼自己的口语交际能力。

（二）局限性

虽然前面对过程教学法在英语写作教学中的积极作用进行了分析与总结，但在具体实施过程中，教师们也发现过程教学法存在一些局限性，主要表现为以下几方面。

1.要求教师知识储备量大

过程教学法在强调学生写作过程、关注语言技能的同时，也强调对学生语法、词汇等语言基础知识的输入，这是因为语言基础知识的学习是提高英语学习的基石。这就要求老师结合写作教学的实际情况进行调整，适当补充必要的语言知识点以弥补其不足。

2.耗时长

过程教学法具体实行需要花费较长的时间，各阶段的学习占用的课时也较多，并且还需要学生有充足的时间合作讨论。此外，学生的时间意识也就相对薄弱，许多学生进行评价时，可能因为各种原因不愿指出他人的缺陷，许多观点就没能表达出来，从而影响了同学互评活动的有效进行。

3.教师压力大

虽然过程教学法鼓励面对面的交流互动，但由于班级人数众多，教师不可能在实际教学中对每个学生进行帮助，关照到每个学生，有些小组善于提问题，给予的指导时间自然也就相对多一些。鉴于此，教师应多鼓励各小组成员提出问题，主动询问不善于发言的小组，尽量照顾到每个学生。

4.学生知识结构混乱

写作课上，学生要学习不同体裁的文章，而不同体裁的作品依其差异就需要应用不同的写作教学方法。如果不同体裁的文章都采用同一过程写作方法，就易导致学生在组织文章框架结构时容易出现思维混乱的现象，这就需要教师在学生写作之前对不同的作文体裁进行适当说明，使学生了解各类文章的一般结构特点，从而实现有效的写作。

第六节 任务型模式

由于目前英语教材内容广泛，题材多样，表达方式灵活，这无疑给英语写作教学提供了很好的范文，为任务型写作教学提供了丰富的素材。

一、任务型模式概述

（一）概念

基于一种以任务为核心单元来计划和组织语言练习的方法，即称为任务型教学模式。任务型教育源于交际语言教育的理论，是交际语言教育的逻辑发展，它执行特定的任务，并以完成任务的过程作为学习过程，这是其进行教学的动机和推动力。另外，任务型教学法是一种以学习者为中心的教学方法，可以反映学习成果，而不是传统的以学生考试成绩来评判教学方法是否合适。在这种教学法的有效推动下，进而编写语言教学大纲和编写语言教材的教学和学习目标，并按照特定的顺序列出或介绍语言项目逐步变革的一系列任务。具体来说，就是学生在特定的课程中应完成各种交流任务，而无须单方面地学习每种语言知识。因此，如何正确理解"任务"的内容与意图，并正确实施基于任务的培训是教学中的关键。但是，不同的学者对"任务"有不同的表述，有的人注重结果而有的人注重过程。大部分学者认为任务是"特殊形式的技能"，但这仍需要进一步讨论。

（二）任务类型

根据研究分析得出，培养学生的语言综合技能是任务型教学模式的出发点和归宿。首先，这就要求教师为学生讲解语言的含义；其次，有必要帮助学生学习语言形式；再次，在语言形式掌握的基础上还要强调语言的流利性，并注意语言的正确性；最后，促进学生应用结合语言和形式的方式发展语言能力。换句话说，在完成各种任务的过程中，学生的语言技能得到了充分的发展。当然，教学任务的设计取决于教师和教学活动中目标实行的具体情况，这些因素是不可忽视的。此外，由于活动是基于任务培训的关键要素，而活动设计的成功直接影响培训的有效性。威利斯从基于任务设计便利的角度对任务类型进行了划分，具体包括以下六种任务类型。

第一，列表型任务。列表型任务可以产生大量的语言使用，如头脑风暴、寻找事实。这类任务可以全班进行，也可以分小组或结对进行。

第二，排序与分类型任务。这类任务要求学习者按照事情的时间或逻辑关系排序，按照某种标准排列等级，并按照种类将事物分类，这需要学生具备一定的分析、归纳和综合能力。

第三，比较型任务。学生对类似事物进行比较，找出相似和不同之处。

第四，解决问题型任务。这类任务主要是用英语来应对现实交际活动中出现的问题，但要求学生具备一定的知识和推理能力。另外，这是一种开放型和创造型任务，因而解决问题的答案并非是唯一的，一般容易完成，常常给人以满足感和成就感。

第五，分享经验型任务。这一任务类型普遍适用于人们的日常生活，任务活动具体来说就是学习者就某个话题进行讨论、交换意见，最终可以达成统一意见。这类任务也属于一种开放型任务，在一定程度上通过学习者自由使用所学过的语言讲述个人经历、体验，促进了英语交际水平的提高和发展。

第六，创造型任务。这类任务常常是以较多的子任务结合而成的项目形式出现，从而进行任务型探究活动的全过程，具体完成方式是一种以学生体验"条件＋输入 f 过程体验 f 产出"为主的经典探究方式，在现实生活中帮助学生运用语言解决实际问题，并体验解决问题的这一过程。

根据上述六种类型的任务可以得出，虽然威利斯进行的分类还不够完善，但仍旧让教师们清楚地了解了针对各种主题的学习活动。另外，他的所有六个任务类别都反映了学生的认知过程。显然，它们都遵循从容易到困难、从简单到复杂的原则。在课堂上，教师可以将这些任务类型作为教学任务的依据，并根据学生的实际情况进行教学任务设计。

简而言之，面临各种挑战，我们可以从各种角度和目标设计任务，这是因为任务本身就具有多样性。同样，尽管任务的目标有所不同，但其关键目标还是专注于语言学习与使用以及实现学生综合素质的提升。

（三）本质特征

基于任务的教学没有权威性和普遍接受的教学原则，因此，以英语为第二语言，教学界中一些具有国际影响力的学者提出了相关的教学原则、教学理念和教学特点。

彼得·斯基汉在其著作《语言学习认知法》中详细描述了基于任务的教学模式，并更加客观地提出了其具备以下五个特征：一是任务活动必须具备意义，这是首要条件；二是任务类似于现实世界中的某些联系；三是必须解决信息传递等问题；四是某些任务存在优先完成性；五是在任务结束后需要对任务结果进行评估。

根据彼得·斯基汉提出的理论特征可以得出，任务型教学侧重于学生如何通过交流和互动来解决实际交际过程中存在的难题，而不是强调学生具体去使用哪种语言或者哪一种语言形式。实际上，任务的设计与日常生活相关，任何一种类型的任务都可能出现在现实中，并不是凭空构建的。同时，学生也应专注于如何完成任务，这是因为任务是否成功完成是进行评估的基础条件。

此外，纽曼根据调查研究也总结出任务型教学的五个基本特征：一是通过与目的语言的互动来强调学习；二是将文本与现实生活相结合；三是不仅要让学生注意语言，还要注意学习过程机会本身；四是提高学生的个人经验，这实际是促进课堂学习效率提升的重要因素；五是努力将课堂语言学习与课外语言联系起来。

（四）构成要素

纽曼在《交际课堂的任务设计》一书中提出了交际语言任务的框架。这个框架包含了任务构成的五要素，即目的、输入、活动、师生角色和环境。借助大卫·纽曼的一幅图来说明任务构成的要素，如图3-1所示。

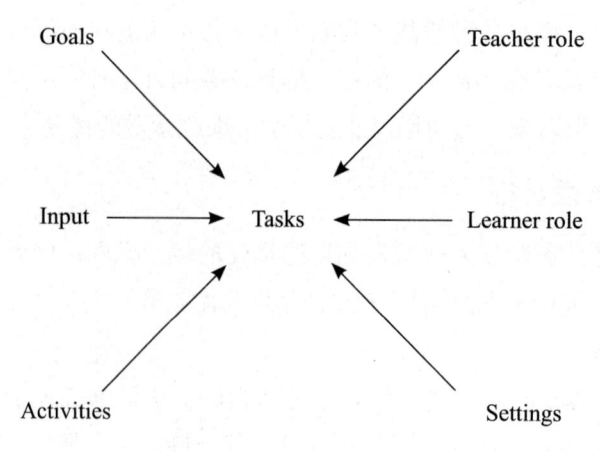

```
         Goals                    Teacher role
           ↘                         ↙
  Input  →        Tasks        ←  Learner role
           ↗                         ↖
       Activities                 Settings
```

图 3-1　任务构成要素

1. 教学目标

目标是指学生希望通过完成某些任务来实现某一特定想法。其中任务型教学的目标与英语教学的目标存在相关联之处，即都要培养学生的语言交流能力，具体是指学生以正确的语法进行口语和写作能力、交际能力以及语言和文化的理解能力等。

2. 输入

在设计任务时，需要引用大量信息资料，这些资源即为输入资料。其中，输入资料可以是文本资料，如教材等；可以是非文本资料，如与任务输入有关的活动、视频或图画。同时，进行信息输入的形式也是多种多样的，包括报纸、小说、电影和电视、广告、文本、学生作品、诗歌和歌曲等载体，但它们之间都有一个共同特征，即具备真实性。此外，输入材料还应有趣且与人们的生活密切相关，这样才能引起学生的学习热情。

3. 活动

基于输入材料设计的任务，即称为活动。其中，任务活动的组成要素具有三个特征：一是社会交际活动中的锻炼，反映了真实性和互动性，这是社交活动的具体体现；二是协助语言的获取和使用；三是关注交际语言的流利性、准确性和结构性。

4. 师生角色

教师在教学中承担着重要角色，他们既是学习计划者和任务组织者、学习指导和资源提供者，又是语言和语言行为的演示者、任务活动的评价者，有时甚至可以参加任务完成活动，成为学生任务实现中的活动者，从而为学生提供任务经验。而学生作为实现任务的主体部分，也是学习活动的交流者，主要任务是传达（发送和接收）信息，其中学生在进行任务的过程中具备使用学习策略的自主权和学习的自主性。一般来说，学生在学习过程中主要通过经验交流、问题讨论、任务协作和困难询问等方式，并在借助其他资源的条件下发展听、说、读、写结合而成的综合语言技能。

5. 环境

环境指的是课堂教学组织形式，包括任务完成的方式（是个人操作还是两人或小组合作）和任务时间的分配，也包括课堂教学和课外活动等。

二、任务型教学的任务设计原则

根据任务的结构，教师在设计任务时应遵循以下几个基本原则。

（一）任务应具有明确的目的性

学生活动必须有明确的目标和特定的操作要求，这就要求在进行学习与练习的过程中，学生的大脑始终保持活跃，只有这样才能促进自己掌握语言技能和语言知识。此外，随着学生学习任务的持续深化和语言能力的不断提高，目前的语言学习过程逐渐自动化且自主化，这一现象表现在学生在写作过程中能够创造性地传递自己的思想和信息。

（二）任务应具有趣味性、真实性

对学习感兴趣的学生在课堂中获得的知识和取得的进步比普通学生要多。这就表明学习兴趣与教学效果密切相关，并且在进行任务型教学过程中任务活动必须具有真实的意义，即在现实生活中要与学生的活动相互关联。这是由于与学生日常不相关联的任务在一般情况下不会引起学生对学习的兴趣，也无法达到使用英语进行交流的目的。因此，在设计课堂活动时，教师应以学生的生活经历和兴趣为出发点，使他们更加清楚地意识到英语学习与现实生活的紧密联系和重要性，并努力促进学习的发展和培养良好的英语学习习惯。

（三）任务应具有整合性

在完成任务的过程中要完成多个步骤，主要包括接收、处理和传输信息等过程。具体来说，这一过程就是指学生完成任务活动中提出问题、设计解决方案并最终解决问题的过程，不仅要求学生应具备听、说、读、写等综合技能，还要锻炼其英语实际应用能力，而且还要为学生提供思考、决策、适应和协作的机会，从而增加了他们学习英语的兴趣，这对学生改善管理信息和知识的能力十分有利。此外，任务实施过程还有助于培养学生的个性和情感，以及发展社会交际能力，甚至促使人们更加注重整体和终身发展。

（四）任务应具有可行性

任务型教学的主要目标不是完成任务，而是增加学生在完成任务的过程中使用英语的机会，这实际就是任务型教学模式的核心。完成任务后，学生还必须进行英语思维动机、思维空间和思维结果的反馈，表明任务完成的重点不仅是任务结果，而且还包括对任务过程的思考与总结。为此，教师需要根据当前的语言知识、学生的身体和心理特征来设计任务，并充分考虑语言困难或学习水平一般的学生，从而使得作业和任务完成过程与学生的能力水平保持一致，以便众多学生的学习任务都能得以实现，从而增强学习信心。此外，为了让学生自然地使用英语，并认识到英语在日常生活中的必要性和实用性，教师在任务设计和分配时需要避免任务烦琐性和完成任务过程中的复杂性，以免造成这一教学任务达不到预期效果。

（五）学生应通过做事情完成任务

任务型教学模式要求学生通过从头到尾地完成特定任务，以此来进行语言的学习，实现用于特定学习目的的特定语言行为，并通过完成特定任务来获得或积累相应的学习经验，从而使得学生可以充分享受成功的喜悦，增强学习热情与积极性。

三、任务型教学模式的教学框架

英国语言学家威利斯根据自己对任务型教学的实验，在《任务型学习结构》一书中详细介绍了综合任务型教学的实施框架，如图3-2所示。该框架的目的是为语言学习者创造一个实质性的环境,从而提高学习者语言运用的流畅性和准确性,充分体现学生自主学习、合作学习、创新学习的精神和以学生为主的教学理念。

```
TBI
前任务(PRc – task)
介绍话题与任务
(Introduction to topic and task)

任务环(Task Cycle)
任务(Task Planning)
计划(Planning)
报告(Report)

语言点(Language Focus)
分析(Analysis)
操练(Practice)
```

图 3-2 综合任务型教学的实施框架

在以上实施框架图的基础上再增加导入、检查评价和家庭作业三步,形成了导入、任务前、任务环、语言点、检查评价和家庭作业这样的一个教学框架,使课上课下浑然一体。具体内容如图 3-3 所示。

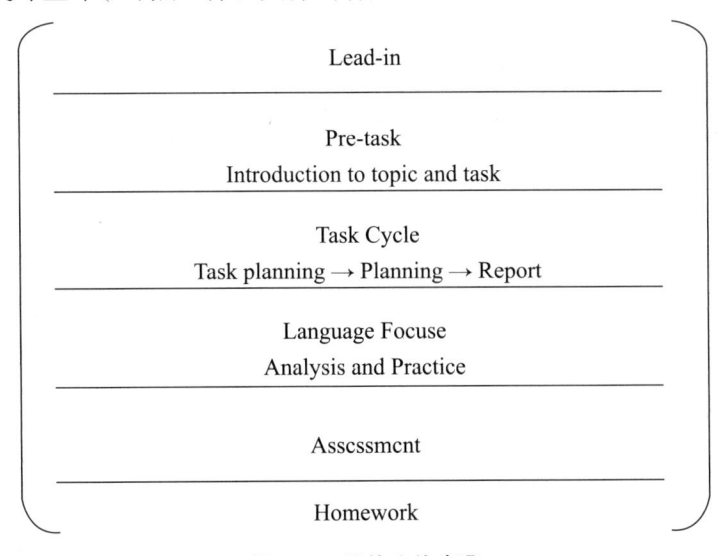

```
Lead-in

Pre-task
Introduction to topic and task

Task Cycle
Task planning → Planning → Report

Language Focuse
Analysis and Practice

Asscssmcnt

Homework
```

图 3-3 具体实施步骤

第一，导入。是这一模式开展的前提条件，尤为重要。具体是由教师采用英语歌曲、视频观看等形式导入课题，以吸引学生的注意力，创造学习英语的氛围，从而让学生产生学习兴趣，最终引发学习英语的渴望。

第二，任务前。在这一步骤中，老师不仅要向学生介绍学习任务所需的语言知识，而且还要介绍任务的要求和完成任务的步骤，甚至还要向学生提供或解释对写作有帮助的语言结构。具体来说，教师在这一环节向学生提供有用的信息，以帮助学生熟悉该主题并识别新单词和短语，其主要目的是突出任务的主题，激活相关的背景知识，最终达到减轻学习者认知处理负担并提升学习效率的目的。

第三，任务环。任务环是学生组织所有信息材料并草拟写作任务的过程，这一过程主要包括任务、计划和报告三个重要组成部分。在这一阶段，教师可以设计一些小型任务以便形成任务链，这可以帮助学生充分利用他们学到的语言知识，并以个人或小组的形式完成各种作业。具体实现过程为：首先，学生根据教师发布的任务进行组合完成，甚至可以采用小组合作的形式来进行活动，以表达自我；其次，在完成作业的过程中，如果学生遇到困难，如语法问题、生词问题以及结构问题等，可以根据情况通过猜测、互相询问或查找字典的方式来进行；最后，每个小组选择学生代表，他们将以口头或书面形式向课堂报告学习结果，并比较结论，分享经验，最终促进学生与学生之间的良性发展。但需要注意的是，从每个小组中选出的代表每次必须是不同的学生，只有这样才能使每个学生都有机会得到锻炼。此外，当学生完成此任务时，老师有必要对学生的任务结论进行评价和指导，提出结论，解决存在的问题，最后还应总结一些建议。

第四，语言点。这一环节的目的是帮助学生在教学中能够探索语言、提高对短语的认识、系统地学习短语组成结构、如何使用词汇以及系统地描述语言等。此外，由于学生通常都在一篇有意义的语篇中学习新知识，从感觉到理性，从关注语言形式到关注语言内容和含义，即表明学生的感知是从知识的外部性质变为知识的内部联系的一个活动过程。在这一阶段中，采取的方式可以是学生先讨论，教师再指导他们进行归纳、小结，然后各小组向全班展示任务成果。

第五，检查评价。这一步骤主要是检查学生任务完成情况的好坏和语言知识掌握程度，采取的形式可以是学生自评、小组互评或教师总评等。

第六，家庭作业。在这一教学阶段中，老师可以根据课堂作业的内容为个别学生或小组分配相关任务。当然，面向任务的培训阶段不是一成不变的，这也使得任务的设计和完成程度有一定的差异。但是，无论设计和完成的成果如何，最终目标都是使学生能够享受任务完成后的成就感，形成积极的学习态度并提高他们的语言技能。

四、任务型教学模式在英语写作教学中的实践

（一）任务型写作教学与传统写作教学的策略对比

1. 教学主体

传统型写作课堂教学中的教学活动以教师讲授为主，而任务型写作课堂教学以学生为主体，并设计阶梯式递进任务来培养学生的综合技能。

2. 教师角色

传统型写作课堂教学中教师为传道者、讲授者，是主导者的角色，而任务型写作课堂教学中教师则为监控者、帮助者、策划者、促进者、评估者。

3. 学生学习状态

在传统的写作教学中，学生缺乏积极性、主动性和创造性。不少学生为了完成任务而写作文，写作无激情，不愿主动去写作，有时为了应急，草草了事，不愿在这上面花时间而宁可将本应该用来写作的时间花在做客观题上。在任务型写作课堂教学中，学生充满激情和自信，让学生在写作过程中感到有话可说，有内容可写。

4. 学习方式

常规写作教育没有合作学习和小组交流等教学方式，大多数学生被动地接受并完成写作任务。在这种课堂模式下，教室气氛僵硬，学生们无法学习彼此的长处。其中学习能力较差的学生因为无法获得帮助，导致写作仍然存在障碍；而优秀的学生则无法在普遍的任务中充分发挥他们的创造热情和创造感，逐渐对英语写作失去兴趣，甚至造成写作水平降低。在面向任务的写作教学中，传统的写作方式正在发生变化，即学生普遍通过思考、讨论、交流和协作等方式来学习和使用英语，从而完成写作。同时，学生不再在写

时独自进行创作，而是以小组互动和协作的形式一起工作，这在一定程度上减小了写作难度。此外，小组合作写作使学生可以通过互相分享和表达自己的写作经验，使语言输入和输出量加倍，这不仅可以提高写作技巧和综合的语言能力，而且还能提高听说等与人交流的语言综合能力。

5. 教学方式

由于传统写作课堂教学只注重语言知识的教学，一方面有利于学生形成扎实的基础语言知识，另一方面也会造成学生知识面较窄的困境出现。然而，基于任务的写作课堂教育不仅可以提供语言知识，而且还提高了学生的口头和书面表达能力，并改善了学习策略，最终可以实现提高学习效率的目标。同时为了完成这项任务，学生必须阅读大量的各种相关信息，这可以扩大他们的知识面并提高跨文化意识和世界意识，对英语教学十分有效。

6. 反馈方式

在传统写作教学中，反馈方式主要集中在表达中的语言错误和语法错误两方面，这使得教师可以方便地理解和分析学生的错误，但是花费的时间太长，教师普遍不采用。另外，有些老师也采用上课前在黑板上提及学生作品的方法，这样既可以让全班学生在课堂上学习重点内容，又可以让老师和学生共同纠正错误，但这样的机会并不多。同时，在写作过程中，由于考试的影响，学生主要关注字母和单词，而不关注文本的结构，导致学生容易出现急功近利的心理状态，甚至有可能影响学习进度。实际上，在任务型教学中撰写反馈可以采用学生相互评估和自我评估等方法，即表明在评价过程中学生既是作者又是读者，通过批判地阅读他人的文章，可以了解他们在任务实施中的长处，发现他人的错误，获得启发并最终去其糟粕取其精华。这一反馈方法的有效利用可以使学生能够更深入、广泛和生动地进行学习，并提升学生校对、组织和总结的能力。当然，老师可以对典型论文发表评论，但需要注意，在教学中需要教师饱含教学激情和积极性，同时还要提出针对性的意见。简而言之，必须及时进行基于任务的写作教学书面评估，并且必须有相应的针对性意见，只有这样才可以指导和启发学生。

（二）具体应用方式

1. 仿写任务

教材是教学之本，也是学生接触最多的书面材料，理应成为开展写作训练的首选素材。就像刚学英语时模仿标准的语音语调很重要一样，模仿课文中的规范词句同样也不容忽视。

2. 设计自主决策型任务，激发写作热情

该任务要求学生根据自己的知识和推理能力，并通过各种手段，实现用英语解决现实生活中可能遇到的问题。例如，提出有关因特网的话题，以辩论的方式展开，话题是"Talk about the advantages and disadvantages of surfing the Internet."其中，任务目标是用英语就上网的利弊这个比较现实的社会问题进行辩论，操作过程具体如下。

（1）任务前写作

众所周知，辩论或演讲对学生来说要求较高，所以教师要做好引导与铺垫。例如，教师可以先以一份调查问卷的方式引入，其中问卷涉及的问题主要有：Do you have a computer at home? How often do you surf the Internet? How much time do you think a student should spend on the Internet each day? Is it good or bad for a student to surf the Internet? 并在黑板上给出辩论常用的短语和语言结构，如：I think surfing the Internet is ... ,in my opinion/as far as I'm concerned, From for ... I don't think ...,It's good / bad for us to...,What's more/moreover, What's worse / worse still to make the matter worse 等，然后将学生进行分组，并在小组内或小组间展开自由辩论。

（2）任务编写时

在辩论赛开始时，确定正方和反方，采用"Brainstorming"的方式让正方和反方分别列出上网的利与弊，并且让小组中的记录员在黑板上列举出来，这样就激发了他们的学习思维，充分调动了他们的写作积极性。

Advantages（优势）：Gain all kinds of information, learn something on the Internet, make oneself amused,be convenient to get in touch with family members or friends, be in fashion.

Disadvantages（劣势）：waste of time and energy, waste of money, be harmful to one's health; have a bad effect on one's study; encourage violence.

（3）任务后写作、检查

学生在辩论中各有各的理，不分高低，情绪高涨，并根据辩论的内容和信息，写出各自的作文。随后，各组之间互相交换作品，并将初稿进行修改、完善，然后由教师对部分学生的作品进行点评，在表扬优秀作品的同时也指出不足和可以改进的地方。

（4）家庭作业

紧接着教师要趁热打铁，让学生给学校报社写一篇有关上网的利与弊的文章。由于学生在课堂辩论中已经获得了足够的信息，文章写起来就会得心应手。这是因为任务的设计紧密结合课本和紧贴实际生活，为学生提供真实的写作目的与动机，从而激发学生的写作热情，让学生有感而发，有话可说，有内容可写，从而使写作对于他们而言不再是一个无法完成的任务。

3.设计思维整理型任务，培养写作方向意识

学生在写作过程中通常只将自己的观点简单表现，缺少一定的逻辑结构和思维，所表现的内容容易让人困惑，这是学生普遍存在的问题。因此，关于写作过程中的布局和语言组成的教学是重要的环节。这是一种改进文章结构的有效手段，以便教师熟练地设置学习任务以应对学生的书面问题。同时，写作课程教学中的核心包括三个内容，具体为如何组织和总结小组讨论中提供的信息，如何鼓励学生在检查时自由交流，以及最终写作前的准备条件。此外，通过设计课程中的思维和分类任务，学生可以理清课文的上下文并改善课文的结构。

4.设计创造性任务

目前，教师在教授英语写作时，应用文的写作如书信、邮件、简历、报告等等是锻炼学生写作能力的重要环节。这是由于除了对应格式的特殊要求外，这种格式的写作任务与其他类型的目的、语言风格、读者对象等都不同，这就要求学生必须具备组织思想和语言的能力，使用写作符合相应要求，并可以进行恰当的回应。此外，通过参加课外的自由写作任务，如写英文剧本，创作英文广告等等，学生可以将课堂上学到的知识与现实生活联系起来，激发学生的创造性思维、分析能力和语言能力。

第七节 形成性评价法

一、形成性评价的概述

（一）形成性评价的定义及构成因素

1.形成性评价的定义

1967年，著名学者斯克利温提出形成性评估这一理论，然而在那一时期主要用于写作产品的评价上。虽然"课堂评估""学校评价""成绩档案评价"等名称在国外也可以用来表示这一评估方式，但最常用的叫法还是"形成性评价"，目前，形成性评价广泛应用于教育活动中，甚至成了教师教学和学生学习的重要指南。形成性评价的优势主要有以下两方面：一方面，根据形成性评价的结论，教师可以帮助学生了解学习进度，并及时进行教学内容调整，或者对教学方法进行调整，以满足学生任意阶段的学习需求，逐步提高教师自身的教育质量；另一方面，形成性评价可以为学生提供认知、情感、沟通和自我管理等方面的认识，并在此基础上进行学习过程的观察、评估和监督，从而促进了学生独立学习技能的形成，最终成为学习的主体。

从本质上来说，评价就是一次价值判断活动，若是应用在教育和教学活动中，即表明通过评估教育和教学活动的潜在价值，进而改善教育和教学活动，这是一种反馈或者是一种实现教育增值的手段，十分有效。此外，到目前为止，学者们对于形成性评价的定义还没有达成统一认识，但形成性评价是指在教育教学过程中教育者通过多种形式对学生的各个方面进行的评价活动，这一说法受到了普遍认同。其中，评价有助于激发学生的学习动机，从而让学生既能够努力学习，又能够更加有效地掌握学习方法，提升学习效率；具体的评价内容包括学生的学习行为、态度和学习策略等方面；评价过程则是一种持续性行为。综上所述，在形成性评价方式下进行教学，有利于培养学生的合作精神和自主学习能力。

2.形成性评价的构成要素

通常教师、学生、学校、社会、家长、课程教材、评价方式和手段等可以构成一个完整的形成性评价体系。但需要注意的是，每一个构成要素都是相互关联，而不是单独存在的，这些要素在一定条件下可以进行有机结合，并且在形成新评价中共同发挥作用。其中，评价体系中的教师主要是评价活动的组织者、设计者和引导者，也是结果评价中的参与者和分析者。然而，在设计课堂教学时，应充分考虑学生自身发展的需求，同时兼顾学生知识的学习过程以及成果，结合学生的学习能力以及对知识的理解速度来调整自己的教学方式和进度。另外，学生不仅是评价的对象，也是主动的参与者，在形成性评价体系中，学生可以通过自评和反思来形成自身的学习策略和方法，学会自主学习。家长、社会和学校等则是形成性评价体系中的第三方，在体系的运营过程中起到重要的作用。其中，学校是教育教学活动的组织者，而家长是孩子学习活动的直接参与者，同时也是教育的责任者。为了更好地开展教学的形成性评价体系，需要兼顾三方的意见。

此外，在形成性评价体系中，评价主体应当多样化，除了学生是评价对象之外，教材的选择等方面也是评价的主要组成部分。这是因为根据课程教材的大纲要求评估，教师可以对学生的学习效果进行评价。另外，形成性评价的关键理念是它不仅要注重学生的学习成果，也要重视学生学习的过程，同时还要考虑形成性评价体系的各个因素。

（二）我国形成性评价的研究概况和发展趋势

我国对形成性评价的研究始于 20 世纪 80 年代，在 80 年代后期逐渐发展起来，主要是采用小组研究的方式，在全国很多地方都成立了研究小组和相关的机构。由于西方教育思想的引入，我国教育学界越来越重视教育评价的影响，各种有特色的教育评价体系纷纷呈现，出版了很多期刊，如《教育评价》《中国高等教育评价》等，虽然形成性评价得到了很好的重视和研究，但在传统的教育方式和升学压力的影响下，仍然没有一个较为完善的评价体系对学生的学习行为做出客观的评价。为了解决这个难题，教育部门陆续颁布了一些方案，在新出台的改革文件中指出，在教学评价活动中要实现形成性评价和终结性评价相结合的手段,既要重视学生的学习结果,又要重视学生的学习过程。

近年来,我国在形成性评价的改革上取得一定的成就,学生学习行为的评价不再只是以考试成绩来决定,但是学生学习成绩在评价等级中还是占有较大的比例。虽然学生的其他方面也有所体现,如学生的学习进步、努力程度和各科学习的稳定程度等,但是总的来说,没有达到预期的目标,需要在今后的研究中提出更多更科学的措施来促进学习行为评价的全面性,使学生在良好的学习环境中健康地成长和学习。

二、形成性评价在英语写作教学中的应用

(一)形成性评价在英语写作教学中应用的可行性分析

1. 英语写作教学及评价体系中的问题

写作是英语教学中的一个重点,同时也是一个难点。随着英语测试的改革,英语写作能力必定会受到越来越多的关注,但由于各方面的原因,英语写作教学仍是教学中的一个薄弱环节。为了更好地解决这个难题,需要根据英语写作教学的现状来分析原因。例如,根据历届全国四、六级考试学生成绩来看,其中英语写作及格的人数仅占参考人数的较少部分,其原因在于以下几个方面。

第一,低要求和低期望值。很多学生在面对英语写作时,已被写作难的观点所迷惑。首先,一旦认为英语写作很难,学生就不会尽心尽力研究写作技巧,这种畏难心理妨碍了学生的发挥;其次,写作的分值在英语考试中的比例较小,很多学生就觉得没必要花费时间精力来钻研,导致学生放松写作练习,把重点放在了词汇和阅读能力的提高上,对英语写作的积极性越来越低。

第二,学生缺乏基本的英语写作常识。英语写作和中文写作并不一样,这种差异不仅表现在写作布局上,而且还表现在语句和关键词的衔接上。如果学生不懂得中英文写作的差异,就会在英语写作上采用中文写作的模式来写,显得不伦不类。因此,要写好英文作文,最为基本的就是了解英语写作的技巧和常识,了解外国人思考问题的方式。

第三，英语写作和英语教学脱节。实际上在日常教学中教师教授英语时，对于英语的听说读写是分开教授的，很少将这四个方面联系起来，但实质上这四个方面是一个有机的整体，不是单独存在的，因而为了能更好地学好写作技巧，需要在读上寻找技巧。此外，写作是一种重要的语言输出形式，也是一种语言能力，需要结合各个方面来提高英语写作的技巧，培养学生的语感。

由此可知，学生的英语写作水平普遍不高。根据学生们英语写作技能的普遍现状，研究有效的策略，并且探讨提高学生英语写作水平的有效措施至关重要并且尤为迫切。此外，我国现存的英语课程评价体系大体还停留在客观测试的阶段。随着时代的发展，我国英语课程的评价体系受到了各方面的质疑，具体表现在以下几个方面。

第一，英语写作评价系统中的评价概念过于狭窄，不能帮助教师和学生正确地认识英语写作课堂教学的评价目的。现行的英语教学评价中，大部分教师将教学评价单纯地理解为教学阶段的测试，往往通过期中考试或者是期末考试来测试学生的掌握程度，用分数来简单地评价学生在某个阶段的学习成果。然而，教学评价不应仅是对于英语写作学习成绩上的评估，还应有整个课程的教学效果、课程的设置等方面的信息和数据的收集，并根据这些客观的资料来对学生的学习行为和教师的教学行为进行全面的评估和判断，这样才能更好地改进学生的英语学习策略及教师的课程设置和英语写作技巧的训练方式。

第二，英语写作评价系统的评价主体过于单一，教师没有理解课程改革中英语写作教学评价应该遵循的原则。就目前英语写作教学而言，实施评价的主体是任课的教师和相关的行政部门，而作为被评价对象的学生却只能作为客体，很少有学生能够参与英语教学活动的评价，这种评价主体的单一化在很大程度上忽视了学生在学习中的主体性和能动性。因为培养学生的自主学习能力、自主管理能力和创新精神是新时代对当代学生的要求，所以在制定评价标准的时候，要充分参考学生们的想法，调动他们的学习积极性，保障他们综合素质的提高。这种评价方式与教育的最终目标相契合，同时也能让教师更加清楚地了解学生的需要，便于教师调整英语写作课程内容的安排和教学进度。

第三，英语写作评价体系的评价功能缺乏激励的作用，不能明确评价内容和评价手段。虽然教学活动评价的最终目的是提高学生的学习积极性，就目前而言，英语教学活动的评价只注重检验的功能，没有采取适当的措施来激发学生的英语写作积极性，让很多学生害怕和抵触英语写作的学习和训练，起到了负面作用。因此，需要教师在讲授内容的过程中注重学生的学习主体性，遵循以学习为中心的原则，让学生积极地参与学习内容的分配，以及英语写作教学的评价，最大限度地给学生提供学习机会，这样才能使学生积极参与英语写作教学，并激发学生学习英语写作的热情。

第四，英语写作评价体系的评价方式过少。目前，我国英语写作教学中的主要评价方式是依靠教师对学生在平时和期末考试中写作方面的打分，从而来评定学生在这门课上的表现，即大部分的英语教师对学生的英语写作教学活动凭借终结性评价的方式来判断学生的学习行为。这种评价方式不仅不能激发学生对英语写作的热情，还会给学生带来一些负面的压力，让学生对于英语写作这门课程更加不感兴趣甚至产生逃避心理，阻碍了学生英语写作能力的提高。

2. 形成性评价在英语写作教学中的应用契合点

形成性评价是针对传统终结性评价的弊端提出的，在国外被称为课堂评价、学习评价等。与终结性评价相比，形成性评价是一种过程性的评价，是指在教育教学活动的进行中，为了让教学活动能够更加顺利进行的评估，其最终目标是充分发掘学生们自主学习的潜力，同时对现存能力进行优化，改善学生的学习方法和策略，而评价的内容包含的层面很广泛，如学习过程中的表现、情感态度和学习策略等。从这些内容的评估过程中，学生能更加清楚地认识到自己的学习情况，从而选择适合自己的学习方法和策略，获得成就感，增强学习的动机和信心。

形成性评价的意义在于，在一定程度上能够促进学生自主能力的培养，而这些全新的理念刚好能被应用到英语写作教学活动中去。从英语写作教学的现状和存在的问题中可以看出，英语写作教学在对学生的个性发展上没有很好的认识。但如果将形成性评价应用到英语写作教学活动中去，能够帮助教师更透彻地了解学生的学习进展和薄弱知识点环节，从而有针对性地调整英语写作课程的设置和计划实施，并在师生合作的基础上促进学生的英语写作能力的发展，这是一种具备良好效果的英语教学评价方法。此外，教育部门也提出，在英语写作教学活动中运用形成性评价是很有必要的，也是势在必行的，但是形成性评价在英语写作教学中的运用有一定的原则。具体原则可以体现在以下几个方面。

第一，主体性原则。教师要将形成性评价应用到英语写作教学活动中去，需要重视其主体性的原则，就是将学生纳入主体范围，让学生自主地探索学习评价活动，用形成性评价的多种方式来提高学生学习的劲头和兴趣。

第二，多元化原则。形成性评价的方式是多样的，包括观察、问卷调查、学习档案和测试等多种方式。同时，在形成性评价活动中，写作教师要从"考官"的角色向与学生合作的角色发展，这样多样性的评价方式和内容才能使学生的自主性得到充分的发挥，有利于学生学习积极性的提高。

第三，科学性与可行性原则。英语写作教学活动的评价不仅包括语言知识和技能，还应当包括学生的情感态度和价值观等，对于学生学习行为的评价要有一定的科学性和可行性。因此，在英语写作教学评价活动中，教师应该明确认识到学生的不足，并且能够给出有效的意见，从而指导学生掌握一定的写作技巧。

依据以上原则可知，将形成性评价应用到英语写作教学应有以下几个契合点。

（1）注重全面发展

形成性评价倡导关注学生全面发展而不仅是关注学生的学习成绩，这点能很好地运用到英语写作教学中去。现阶段，英语写作教学开展的评价活动主要体现在期中考试、期末考试以及国家级的英语四、六级考试，英语专业的专四、专八考试中，教师仅仅通过这几次的考试来评估学生的英语写作能力，这样的评价结果非常的片面化，不能全面地评价学生，是一种终结性评价体系，这种评价体系不能够很好地对学生的英语学习起到促进作用。因此，需要教师从形成性评价的理念出发来重新考虑英语的评价体系，这种理念要求英语写作教学评价活动既要关注标准的制定，也要注重过程的评价，不要用刻板的标准来要求所有的学生，而是通过学生在日常学习生活中的具体表现来衡量每一位学生的英语写作水平和质量。因此，在英语写作教学评价中，需要教师们全面关注并分析学生的学习行为，比如考查学生平时的英语作文写作情况和任务的完成程度以及努力程度等，同时，教师们平时也可提醒学生用一些小测试来促进学生对自己学习情况的了解，便于及时改进他们各自的学习计划，激发学生的英语写作积极性，从而很好地利用形成性评价体系促进学生英语学习的全面发展。

（2）师生合作

形成性评价中对于评价标准的制定要求学生与教师一起协商，既能很好地调动学生的积极性，又能让评价标准更加合理科学化。然而，在英语写作教学评价活动中，评价标准一般是教师或者是相关行政部门确定的，很少有学生参与其中，这样不但忽视了学生的主体性，而且使得教师的制定标准很难切合学生的实际情况，学生也不能很好地理解评价标准的内容和要求，很难达到教师的评价要求。因此，只有让形成性评价标准的制定成为师生共同协作的结果，这样才能有效调动学生的学习积极性。此外，如果在英语写作教学评价中让学生能够自主地参与标准的制定和评价，学生能深入地了解学校教育对英语写作的具体要求，那么在日常的写作活动中学生也能有针对性地改善自己的薄弱环节，提高自己的英语写作能力。比如在教学过程中，教师可以与学生站在对等的地位共同讨论学生的成绩如何提高，能力如何增强。在评价中多听取学生的意见，不仅可以增加学生学习的积极性，而且还可以促进他们进行学习经验心得交流，从而使用形成性评价模式优化英语写作评价系统，调动同学们积极参与的热情。

（3）多元化评价系统

多元化形成性评价体系，不仅有教师评价而且也包括学生自评、互评和学习档案以及总体评价等。不同于传统单一的教师评价，多样化的评价方式能在一定程度上调动学生对自己学习的重视，同样也能在与其他学生的互评中了解自己的不足和优势所在，做到取长补短。同时，由于英语写作活动是一种知识积累的过程，关键是要增强学生的语感和句型以及英语文章的常识等，一般依靠自己一个人的力量是很难完成的，而如果英语写作教学活动的评价活动能够实现方式的多样化，让学生进行自评和互评，这样学生之间的交流就更加有针对性和频繁。这种合作学习形式就能很好地促进学生之间的互动交流，培养学生的自主学习能力和探索精神等。因此，有必要在英语写作教学中采取多种多样的评价方式。比如，老师可以让学生自己准备写作素材,并让学生相互交流,同时利用自己与别人交流后所获取的经验进行写作,或者让学生相互交换写作文章并进行修改,学习他人的长处,看到自己的不足。这样不仅可以拉近学生与老师之间的距离,而且还培养了学生自身的创新能力。

(二)形成性评价在英语写作教学中的教学实践框架

1. 教学实践的目的

鉴于形成性评价对于学习过程的重要性,笔者在写作教学过程中进行了形成性评价的教学实践,此次教学实践的目的是通过形成性评价在英语专业写作教学中的应用,帮助学生更好地了解英语写作的全过程,通过安排不同的学习任务,结合评价清单,让学生关注到每个过程中的评价要素,使写作的评价过程更加直观并清晰地呈现在学生面前,进而改变学生对英语写作教学的刻板印象,探究更加科学有效的评价方法。通过形成性评价的实施,笔者希望帮助学生们熟练地掌握各种写作技巧,进而锻炼他们的语言组织能力和思维能力。另外,形成性评价在英语专业写作教学中的实践也可以全面了解学生英语写作学习的过程,能够很好地促进学生间的沟通和交流,同时其倡导的理念给予学生更多的机会来展示自己的个性和特征的发展,让学生们通过对写作作品的评价,了解其思维方式特点,帮助他们进行合作学习,促进学生之间的深入讨论,拓宽思路。与此同时,在形成性评价的过程中,基于评价对教学的反作用,教师在详细了解并明确了学生在英语写作方面所遇到的困难之后,可以有目的地转变教学方式,调整教学内容,结合形成性评价的过程,真正做到以学生的学习为中心,形成良性教学循环,从而改善课堂写作教学效果,帮助学生通过评价来提升他们的写作能力。

2. 教学实践的对象

本次形成性评价教学实践对象为某高校两个班级,其中 A 班 32 人,作为实验班,B 班有 31 人,为对照班。本教学实践的对象均来自英语专业普通班,学生们的总体英语水平并无差异。另外,所选取的这两个英语专业普通班由同一位英语教师执教。

3. 教学实践的评价数据搜集

在进行此次教学实践的过程中,对写作的评价不再是基于学生交上来的作文，而是充分利用课堂观察、调查问卷、访谈、学生写作任务等方式将学生的表现呈现出来，更客观公正地对学生的写作过程和作品进行评价。教师在整个教学实践过程中，首先通过访谈，了解学生对于写作课程评价方式的基本看法，然后教师会详细观察并记录学生在写作课堂上的表现，之后再通过调查问卷，调查形成性评价对学生学习态度、学习效果等方面的影响。

（1）访谈

学生对写作评价的认识通常停留在写作成果阶段，即他们上交作文，教师批改后给出分数，然后学生根据分数衡量自己写作能力的高低。本次教学实践开始前，为了更全面地了解学生对于写作评价的看法，教师在两个班级分别选择了英语水平不同的学生进行半结构式访谈，从学生们的视角，深入了解他们对写作评价的感受和期望。

（2）课堂观察

在课堂教学过程中，课堂观察是教师了解学生学习状态的重要途径。教师的课堂教学通常都是根据教学内容按照既定的步骤进行，既要检查学生对于所学知识的掌握情况，又要跟进学生对新知识的理解情况。教师可以通过课堂巩固练习，掌握学生课后的学习效果，这就完成了对之前教学内容的课堂评价，同时，教师通过观察学生的课堂表现，可以及时了解学生对教学内容重难点的掌握情况，可以直观地看到学生在完成课堂学习任务时的表现，也就完成了对当前学习效果的评价。教师课堂观察的主要侧重点在于学生的学习态度、学习任务参与积极性、互动情况、课堂任务完成情况等。

英语写作是一个复杂的过程，在动笔写作之前有很多准备工作，而准备工作的效果则直接关系到学生最终的写作作品质量，因此，在写作课堂上进行形成性评价时，教师可自行设计课堂观察记录表，对课堂教学活动和效果进行详细记录，作为写作能力评价的重要依据。由于写作教学是一个基于写作技巧的循序渐进的过程，在形成性评价的过程中，教师可以结合各个阶段的教学内容和目标，调整课堂观察的主要内容，使整个评价过程紧跟写作教学的过程，遵循形成性评价的特点和要求。

（3）学生写作作品

在实施形成性评价的过程中，学生英语写作能力的评价除了涉及他们在写作学习过程中的具体表现，也要落实到对他们英语写作作品的评价上来。

在课堂教学过程中，学生除了参与课堂活动，完成教师安排的各类写作语言知识、思维互动等任务外，也要完成与教学内容对应的写作任务。学生写作任务完成的情况，在某种程度上可以直接反映出他们的写作能力，因此，学生的写作任务是形成性评价的另一个重要构成元素，对学生写作任务的评价是形成性评价必不可少的一环。教师可以通过安排同伴评价、小组评价、自评等评价方式更全面地对学生写作任务进行评价，最终再结合教师评价，对学生的写作作品给出客观评价，符合形成性评价中突出评价过程的特点。

（4）问卷调查

在教学实践开始前，访谈的目的是大致了解学生对写作评价的认识，为形成性评价的实施提供参考。完成了某个阶段的写作教学任务之后，教师要及时结合课堂观察，结合学生完成写作任务的实际情况，对其表现进行评价，并且这一过程会在写作教学过程中多次进行，最终教师通过多次的评价情况，对学生进行写作能力评价。在结束了形成性评价之后，使用调查问卷的目的是对比形成性评价对实验班与对照班的学生在写作态度、写作自我效能感以及写作方法方面的影响，用数据直观、清晰地对比出两个班在写作积极性、自我效能感、写作策略使用以及写作能力变化等方面的差异，凸显形成性评价对教师写作教学以及学生写作能力的反向作用。

（三）形成性评价在英语写作教学中应用的教学实践过程

1. 教学实践前的准备工作

（1）对学生进行动员

根据上述内容可以看出，多数教师长期以来在英语写作教学中使用的是单一的终结性评价方式，而学生也习惯了这种评价方式，且对其他评价方式知之甚少。这是因为与单一的终结性评价相比，在写作教学中运用形成性评价方式耗时多，而且实施过程相对复杂。为了教学实践的顺利开展，笔者先向学生介绍了形成性评价这一方式的特点，让学生认识到在写作教学中进行形成性评价的必要性和好处，这样学生才会对即将进行的写作课充满期待并全力配合。

（2）合理分配小组，明确小组任务

要进行写作课的形成性评价，就会涉及学生小组间的分工与合作，即合理分配小组、确定小组任务也是确保形成性评价教学实践顺利进行的重要一环。

①合理确定小组人数。在教学开始之前，根据写作教学的内容和评价要求，可以将学生分为 8 人一组，也可以将学生分为 4 人一组，并通过教学实践过程中呈现的效果选择一个合适的分组人数标准，帮助学生们更好地开展小组评价活动。经过摸索，发现 4 人小组比较适合形成性评价的实施，在讨论学习中可以有效地促进学生在写作能力上的进步。

②合理分配小组成员。小组成员之间的讨论在整个形成性评价过程中是非常重要的，因此，在分配小组时，一定要确保小组讨论能够顺利进行而且有一定成效，每个小组成员都能参与其中。同时，每个小组的学生英语水平最好能互补，即英语好、中、差均衡搭配，英语水平高的学生可以带动小组讨论，英语水平较低的学生也能够通过形成性评价这一过程得到促进和提高，同时激发他们的写作兴趣，提高他们的写作动机。

③要明确小组成员的任务。要保证小组活动有效，就要给小组分配明确的任务，让每个小组成员都有事可做。具体步骤是：在评阅过程中，每个小组成员都拿出自己的作文及学生作文自评、互评表，先对自己的文章进行自我评价。然后，每个小组成员轮流负责并主持小组成员集体对作文进行小组评阅。其中，每个小组选择一人担任组长，从而确保小组活动的有效开展。在小组讨论结束后，小组长要总结汇报本组讨论情况、本组所评阅作文的总体情况、作文中存在的较为普遍的错误或问题以及合理的修改意见。但需要注意的是，小组组长的选择不应该是固定的，而应该由组内成员轮流担任，这样每个学生都有更多的机会和更大的兴趣参与小组评阅，从小组评价中能得到更多的收获，通过反思自己在写作中出现的问题，更有助于提高他们对英语写作的兴趣和写作信心。

（3）确定评价主体和评价方式

英语写作课程的评价体系要体现评价主体的多元化和评价形式的多样化，也要体现学生在评价中的主体地位。同时，学生是学习的主体，无论是教学还是评价都应以学生的综合语言运用能力为出发点。写作评价应有益于学生认识自我、树立自信，应有助于学生反思和调控自己的学习过程，从而促进他们语言能力的不断发展；写作评价应是教学活动的有机组成部分，通过评价使学生学会分析自己的成绩与不足，明确努力的方向。此外，教师应使学生认识到评价对于学习能力发展的意义，并学会自我评价的方法。在各类评价活动中，学生也应是积极的参与者和合作者。

在传统的写作教学中，教师是评价的主体，教师和学生长期以来都习惯于"教师评、学生看"这一单一的评价方式。然而，要在英语写作教学中运用形成性评价，就要扩大评价主体的范围。针对学生英语写作的特点，教师应采用学生自评、小组互评、教师评价以及建立档案袋等多种评价方式，将形成性评价与终结性评价相结合，做到以人为本，以学生的写作学习为中心，注重情感因素的作用，注重对写作过程的评价，以激发学生的写作兴趣与热情、提高学生写作的自主能力为目标，更多地关注学生自身写作能力的发展。

（4）明确评价内容，制定评价量表

要对学生的写作进行评价，首先要明确对学生写作的要求，具体描述如下：一是能用英文书写摘要、报告、通知和公务信函等；二是能比较详细和生动地用英语描述情景、态度或情感；三是能阐述自己的观点和评述他人的观点，文体恰当，用词准确；四是能在写作中恰当地处理引用的资料及他人的原话；五是能填写各种表格，写个人简历和申请书，用语基本正确、得当；六是能在以上写作过程中做到语句通顺. 格式正确。

写作技能评价方式和评价标准有：一是短文写作（日记和小故事等），二是实用性写作（卡片、信件、电子邮件、说明、留言和填写表格等），三是图文信息转换（图表描述、信息解读和书写配图说明等），四是接续完成文段（记叙、说明、描写、议论）等。对学生的作文主要从内容要点、语言使用效果、结构和连贯性、格式和语义以及与目标读者的交流等五个方面进行评价。

2. 教学实践实施阶段

曹荣平认为，评价应存在于教育教学活动的所有环节，即贯穿于写作教学的每一个阶段，而不只是在教学活动之后进行，但每个阶段应该对学生进行何种可与之相契合的评价方式值得语言教育者研究。此次教学实践的具体实施过程主要分为以下几个步骤。

（1）布置写作任务

首先，教师给学生布置写作任务。例如：在讲授这一常见写作技巧时，为更好地帮助学生理解教学内容，教师选取四级英语作文"手机给人们生活带来的利与弊"这一写作任务作为一次课堂实例进行具体的写作能力训练。

（2）教师有选择性地批改

教师挑选出部分学生的作文进行批改，在批改过程中只画出学生作文中出现的语言错误，不进行修改，也不给出分数。对部分作文给出适当评语，具体包括"用词方面存在问题""书写应加以改进"和"篇章结构还可以更好"等，即只点出学生哪些方面存在问题，并不给予具体的指点。

（3）整理素材，制作课件

从学生的作文中搜集出典型材料，包括书写及卷面优秀或较差的作文、学生作文中好的用词或好的句式、段落层次条理清晰或混乱的作文、语言错误极少或满篇语言错误的作文、一篇有代表性的学生作文等，将这些素材制作成PPT或拍成照片。

（4）指导学生进行自我评价与小组互相评价

第一步，课前将学生作文发给学生个人，告诉学生形成性评价的重要性和必要性，引起学生的重视，并要求学生按照之前已经分好的小组进行合作。

第二步，首先向学生提出三个问题：

例1：What is a good composition in CET-4 exam?

例2：How can you improve your writing ability?

例3：Do you want to use self-assessment,or peer-assessment?

然后告诉学生本节课的教学目标：

例4：You will be clear of the ranking criteria for writing in CET-4 exam.

例5：You will know how to write and revise your compositions.

例6：You will know how to make self-assessment and peer-assessment.

通过上述三个问题的设置以及学习目标的展示，引发学生思考，提高他们对本节课的兴趣，激发他们的求知欲，以及对本节课的期待，唤醒他们已有的知识，为下面教学环节的开展充分做好知识和心理上的准备。

第三步，在大屏幕展示学生的一篇作文，带领学生一起批阅并进行评价。对于这篇写作，让学生围绕下面的7个问题展开小组讨论：

例1：Are all the points included in the composition?

例2：Are there any beautiful words or sentences?

例3：Is the structure of the composition reasonable?

例4：Are there any transitional words or sentences?

例5：Are there any language mistakes?

例6：Is the handwriting clear and beautiful?

学生在针对这几个问题进行小组讨论的时候，实际上是对作文的评价标准进行了巩固，并且已经初步注意到该作文中语言、结构以及内容等方面的使用情况，为下一步的评价打下了基础。

第四步，引导学生结合之前制定的评价内容和评价表，对本次作文的评价标准展开讨论。例如，在审题方面要注意什么问题？可能出现的错误或问题有哪些？文章可用到哪些好的词汇和句式？并通过所搜集的素材向学生逐一展示，让学生真正体会作文的评价标准。

在教学过程中，通过讨论引导学生找出语言错误，让学生从用词、句式、语篇结构以及卷面等各个方面进行评价，并让学生依据之前制定的学生作文评价表以及教师提供的作文评分标准给这篇作文打分。然后，请几组同学汇报一下小组讨论结果，教师再对学生小组讨论的结果加以评价，以及给出这篇作文评分规则，让学生有所参考。

第五步，将学生作文自评及互评表发给学生。按照刚才的步骤，学生先对自己的作文进行自我评价。

第六步，进行小组互评。按照评价标准，小组成员以认真、客观、公正、对同学负责的态度对组内作文进行讨论和评价，并认真填写评价表。

第七步，小组长要总结汇报本组讨论情况、本组所评阅的作文总体情况、作文中存在的较为普遍的错误或问题以及合理的修改意见。

第八步，将作文及评价表上交教师。

3.教学实践的后续工作

（1）教师评价

由于大部分学生可能是第一次尝试作文的自评和互评方式，加上学生英文水平有较大差异，难免在标准的把握上有差异，因而学生的作文上交后教师应再次对作文进行评价，给出分数并写出评语，填写作文评价表中教师评价部分。值得注意的是，教师在填写评价表时，要注重语篇层面的评价，以及对学生写作成长过程的评价；要考虑到学生的个体差异和写作能力；评语要以激励性评语为主，因为这样的评语才既能激发学生的写作热情，又让学生明确自己在哪些方面还需要改进。

（2）学生修改作文并建立写作成长档案

每次写作评价结束后，学生按照评价意见认真修改自己的作文，把自己的写作原稿、修改稿以及作文评价表订在一起，并进行保存，建立写作成长档案袋。通过建立档案袋，学生可以看到自己写作水平成长的过程，从而使自己对英语写作更有信心，更感兴趣。同时，这也有助于提高学生自主学习、合作学习的能力。学生将每一次英语作文的修改情况进行记录和保存，也有利于教师更好地了解学生英语写作能力的变化，更好地落实形成性评价在写作教学中的运用，将形成性评价和终结性评价进行有效结合，兼顾写作教学目标的同时也能帮助学生提高写作应试能力，从而真正全面提高学生的英语写作水平。

（四）对英语写作教学的启示

目前，要求教学建立采用旨在促进学生全面发展的多元化评价体系。其中，评价既要有利于学生的发展，对学生的学习起到诊断和促进作用，又要有助于学生监控、调整自己的学习目标和策略，帮助学生增强英语学习的信心，不断进取。因此，教师要转变教学理念，不断进行自我深造，认真学习语言教学相关理论，用新的理念和知识武装自己，对课堂教学设计进行大胆的尝试，促使课堂设计能够突出学生的主体地位来适应新课的要求，满足学生的要求。

由于形成性评价是一种有效的英语写作评价手段，它的运用不仅能激发学生的英语写作热情，提高英语写作信心和能力，而且有助于培养学生的自主学习能力和合作学习能力。因此，教师要根据自己学生的实际情况以及教学要求制定适合自己学生的评价内容和评价方式，将学生自评、小组互评和教师评价相结合，切实将形成性评价运用到英语写作教学中。

第四章 高校英语写作教学的实践性研究

第一节 以读促写

英语阅读作为主要的语言输入渠道，对于学生吸收信息、打好词汇语法基本功、扩展思维等都是极其重要的，而这些都是英语写作能力必不可少的保证。因此，英语写作能力与阅读能力息息相关、相辅相成，英语阅读为英语写作打好基础，而英语写作则会引导学生进行深入阅读，在这个过程中，学生的阅读和写作能力都会得到提高。

一、读原著

英文原著是各位作家语言和思想的精华，一直都是英语学习者推崇的优质读物。学生通过阅读英文原著，可以在阅读过程中，为自己营造一个小型的目的语言和文化的真实环境，通过和作品中的文字、故事、思想、情感、写作技巧等方面的互动，积累语言表达能力，拓宽并加深自己对目的语文化的了解。另外，这种深层次的互动，可以帮助学生在深入理解文字的基础上，对作家要表达的深层意义和内涵进行系统梳理，有利于更好地培养学生的思维能力。

虽然读英文原著的意义重大，并且高校大学生经过长时间的英语学习，有了一定的语言知识和能力作为支撑，但是他们在面对英文原著的时候，依然有很强烈的畏惧心理。大部分学生其实都非常清楚阅读英文原著对于他们学习英语的重要性，但是鉴于他们自身的各种顾虑，真正能通过阅读英文原著提升英文能力的学生寥寥无几。不少学生害怕自己词汇量不足，句法分析能力弱，导致他们对英文原著望而生畏，不敢开始阅读英文原著，也就无法培养阅读英文的兴趣。相对于阅读英文原著，学生更倾向于观看英文电影和英文电视剧，因为这些影视作品画面感直接、丰富而生动，并且主题和类型各异、情节生动，能深深地吸引他们。从语言学习的角度来看，影视作品中的台词通常都是日常生活类用语，不太符合正式的文体风格特点，对提升英语写作能力的效果有限。

为了更好地引导学生阅读英文原著，英语写作教师可以通过各种形式加以引导。比如，在选择和设计写作课程的教学内容时，教师可根据所要讲授的写作技巧，选择适量的英文原著中的片段，标注重点词汇、句子以及信息，为学生搭好语言和信息支架，这样学生在课后阅读的过程中，畏难情绪会大大减少，会根据老师所选择的英文原著片段设计的学习任务进行深层次赏析所读内容。在这个过程中，学生与文本进行了深层次的互动，不仅理解了文字的表层意思，还能结合文字信息对文本进行写作层面上深层意义的赏析。

除了阅读英文原著，写作教师也应鼓励学生阅读经典优秀的中文著作。相对于英文原著，学生在阅读中文著作的过程中，能够更快速地理解著作中的信息；在提高阅读速度的同时，也能对著作中的内容进行比较有效的处理。对于基础的语言文化知识以及背景信息，学生可以通过阅读中文著作来获取，以减少心理压力。写作教师在平时的教学过程中，针对比较基础的语言文化差异等知识，可以引导学生通过母语阅读能力的训练和积累，获取更为全面而丰富的信息和思想，提高吸收相关语言文化知识的效率，并且鼓励学生通过母语的优势思维能力更深入地理解所阅读的材料，培养批判性思维的习惯，再将这种深入剖析问题的思维习惯迁移到英文阅读过程中，从而提升学生的思维能力。

在充分认识到阅读英文著作和中文著作的必要性和重要性的基础上，学生们还面临着著作类型筛选的疑惑，而写作教师们则面对着跟进学生课外阅读进展的难题。为了更有效地提高以读促写的效率，保证学生真正地能从阅读中获取写作相关的技能和灵感，教师需要进行比较详尽而深入的学生学习需求分析，结合学生的个人兴趣和专业背景知识推荐相关的英文和中文著作。这就意味着写作教师要了解学生们所在专业的相关学科基础知识，因此教师也要不断加强学习，熟悉相关著作的主要内容和思想精髓，这样才能给学生设计符合他们学习特点和语言能力的学习任务，保证他们从阅读中能够有所收获，并将这些收获运用于写作过程中。通常来说，英文小说是学生比较感兴趣的类别，教师可组织学生共读某一个作品，逐渐培养学生的阅读兴趣。此外，教师可以根据写作课程的教学内容，分阶段地安排小型的读书会或者组织学生加入读书小组，鼓励学生们积极分享自己的读书心得，在这一过程中，帮助学生巩固所获得的信息和思想内容，为后续的写作任务做好充分的心理准备以及语言知识和思维方面的准备，为正式写作训练打下牢固的基础。

英文原著体裁众多，内容丰富，学生通过研读自己感兴趣的英文原著，可以深入体会作品里的背景信息，形成生动形象的立体语言文化知识框架，了解不同风格的写作形式，激发写作的灵感。在鼓励学生阅读英文原著和中文著作的过程中，教师可以安排写读后感、写人物评价、写事件或故事综述等写作任务，及时带领学生巩固阅读过程中的收获。分阶段式的写作任务，也可以帮助学生树立阅读信心，按照各自的阅读计划，逐步完成各个阶段的阅读任务，最终完成整本原著的阅读，并且将阅读中的思考用文字进行记录，丰富了英文写作的体验。

二、读教材

英文原著和中文著作是原汁原味的语言素材，能够为学生提供比较丰富而生动的阅读语境，帮助学生更好地吸收语言文化知识。然而，在实际的一线教学过程中，限于写作学时的安排，再加上学生实际英语语言能力的影响，读原著的活动依然只能在数量非常有限的学生中进行，且影响力非常有限。英文原著的选择也对写作教师提出了非常高的要求，需要写作教师付出大量的时间和精力去重新学习与学生所在专业相关的学科基础知识，给教师带来了沉重的负担。因此，相对于英文原著，现阶段比较可行的以读促写的途径是鼓励学生认真阅读自己的英文教材。

相对于英文原著，大学阶段的英语教材编排合理，体系科学，难度循序渐进。教材中的语篇信息通常简洁明了，这些语篇的语言都由编者进行了精挑细选，编者还对部分语篇进行了语言上的润色和调整，使其更加符合学生的真实语言水平和理解能力，从而更好地保证学生能在阅读的过程中有扎实的词汇、语法等方面的收获。英语阅读教材里的语篇所涉及的话题都是编者从教学指南和课程教材大纲中的具体培养目标出发，结合当代大学生的认知特点挑选出来的，覆盖了各个通识话题，融合了写作方面的技能训练，是以读促写的优秀素材。

但是如果要保证通过阅读教材实现学生写作能力的提升，就需要将阅读课程和写作课程进行整体规划，将教学内容进行重新安排，结合各门课程的学时和教学目标，将教学内容融会贯通，这样才能充分提高以读促写的效果。阅读课程和写作课程的教师要进行紧密合作，通过明确的分工来改进课程设计。负责阅读课程的教师，除了训练学生的阅读技能，学习相关的词汇、语法知识外，也应从英语写作的技能培养出发，融合语篇写作技能的剖析，带领学生赏析语篇里的写作技巧。阅读课程的任课教师，可以结合所学语篇的主题内容和相关知识安排写作任务，并与写作教师进行及时沟通，将阅读课程上的写作任务延伸到写作课程中，让学生的读写能力有渐进式的衔接。与此同时，写作课程的任课教师也可以通过学生在阅读课程中的写作任务，了解学生在阅读课程中的所思所想，了解学生在写作任务中体现出来的典型语言错误，找到学生思维方面的欠缺，然后再结合写作课程中的写作技能训练，带领学生修改此前在阅读课程中完成的写作任务，充分利用阅读素材，实现深入的阅读和写作训练。

对于非英语专业的学生来说，他们通常没有专门的写作课程，写作技能的训练通常在阅读课程里完成。他们所学习的阅读教材中的语篇较多，但是课时有限，无法保证有足够的写作技能训练时间。此外，大学英语教材每个单元通常安排两个语篇，语篇的体裁明确，主题突出，框架结构清晰，非常适合学生进行仿写训练，但同时，阅读课中的写作训练通常未深入细致地开展。面对这一实际问题和挑战，阅读课程的教师应充分认识到写作能力与阅读能力相辅相成的典型特点，根据每个阅读语篇的写作特点，进行有针对性的讲解，然后安排学生结合各个单元没有精讲的语篇，引导学生分析语篇结构特点，剖析写作技巧，完成语篇结构以及内容的大纲，最后根据这个语篇的框架，写出自己自主学习语篇时所获得的信息和感悟。

教材是学生在学习英语时的支架，这个支架体系明确，难度适中，既可以帮助学生在课堂上更好地理解重要的语言知识，也是学生开展课后自主英语学习的优质素材。学生在结合教材进行阅读训练时，更加关注的是对词汇、语法、句法知识的学习和训练，而这些也是写作能力必不可少的构成要素。因此，将阅读与写作进行有效融合，既能保证学生对于语言输入的理解和学习更为全面而深入，又能保证学生在掌握了一定的背景信息和语言知识之后，有内容可写，减少心理层面和思维层面的压力。

以读促写的目的并不是衡量学生的写作能力，而是帮助学生通过阅读给他们提供一个真实的语境，更好地理解英语语言文化知识，结合语篇里呈现的信息进行批判式阅读，从而激发他们的思考，将母语与目的语的语言层面和思维层面进行对比学习，培养写作兴趣。对于英语写作能力欠佳的学生来说，也应鼓励他们用母语将自己在教材里所学习的语篇知识进行总结，鼓励他们充分表达自己的想法，然后再借助同伴、小组和老师的帮助，进行英文写作训练，由易到难，培养学生的写作兴趣和信心。

学生阅读英语类教材并完成教材里相应的语言学习任务，不仅可以获得扎实的语言基本功，更重要的是基于教材感知教材内容循序渐进并且科学系统的推进模式，跟着教材逐渐搭建起相应的语言文化知识框架，为自己的语言学习和英语写作做好相应的语言知识准备。

三、读新闻

新闻是学生每日都可以获取的素材，更新速度快，内容包罗万象，覆盖了各个领域的信息和知识。在互联网时代下，学生通过电脑和手机可以获取实时新闻，不断更新自己的知识储备，是他们自主学习的主要途径。高校大学生思维意识相对成熟，并且他们能结合自身爱好和专业学习，比较明确地锁定自己感兴趣的领域，并进行跟踪式学习，目的是深入了解某一专业领域的知识，拓宽自己的视野。

对于语言学习者来说，英语新闻因其非常强的时效性，遣词造句的精准性，是学习英语的优质素材。学生通过读英语新闻可以了解最新的信息，更新自己的知识储备，同时，通过解读新闻信息，学生需要熟练掌握新闻"倒金字塔"的结构特点，即重要的信息先呈现给读者。此外，学生还需要详细学习新闻里各类的语言基本知识，才能更好地理解新闻内容。因此，学生在读新闻的过程中，其实是完成了一个又一个简短语篇的阅读任务，也同时更新了某一些领域的知识，增加了知识积累，拓宽了视野。

除了更新信息以及学习基本的词汇表达以外，读新闻的另一个重要意义在于学习其写作手法。新闻通常短小精悍，因此其语言表达也相对简练，不给读者造成格外的认知和理解负担。但是要达到这样的目的，英文新闻里的词汇和句法以及意义的选择就需要撰稿人精雕细琢，谋篇布局。虽然呈现相对稳定的"倒金字塔"结构，但是要有效地支撑新闻的导语，在信息和意义的筛选和呈现上就要额外仔细，句子之间的逻辑关系以及对导语的支撑度都需要认真考量。这些因素和技巧都是在写作训练中，教师会重点训练的内容。

学生通常在写作的过程中，会抓不住重点，不能很好地拿捏重要信息和次要信息，支撑信息的挑选不够有针对性，而通过大量的新闻阅读，学生会更加直观地体会到英语新闻的组织构架，逐渐理解信息的呈现特点和方式，然后再运用到自己的写作过程中，慢慢学会筛选有用信息，过滤无关信息，使写作成品衔接得当，语义连贯。

除了剖析并掌握英语新闻的结构特点和遣词造句的方式，学生还可以通过阅读英语新闻提升自己分析问题和解决问题的能力，在某种程度上提升思维能力。新闻通常是对某一事件或者现象的报道，写作教师可结合新闻的这一特点，安排学生观察身边的人和事，然后针对英语新闻的结构特点进行仿写训练。在完成仿写任务的过程中，学生需要再次巩固英语新闻的结构和语言特点，然后结合自己要汇报的事件或话题内容，搜集相关的词汇和表达句式，用流畅的语言进行汇报，这一过程就是帮助学生学会自己分析问题并努力解决问题。在完成教师根据特定话题所给的写作任务的过程中，当遇到有较强争议性的事件时，学生可以结合事件本身，选取恰当的语言来发表自己的观点和看法，与持不同观点的同学们进行深入的交流，这一过程就会帮助学生注意到不同的观点和思想，在一定程度上会引发他们对自身观念的反思，达到取长补短的目的。

虽然对于一部分学生来说，阅读英语新闻有一定的难度，但是目前有很多英语类的学习软件可以帮助他们更快速地解决词汇的障碍，让他们将更多的精力放在理解新闻内容以及深入思考新闻内涵上，有助于他们更好地开阔视野。学生可以充分利用各类学习软件，在课下大量阅读英文新闻，积累更加丰富的背景信息，为英语写作积累和储备语言知识。新闻作为各类信息的载体，能够帮助学生在短时间之内获取相关领域的信息精华。学生在应对各类写作任务的时候，都需要调动自己已有的信息储备和相关话题的背景知识，在某种程度上，学生积累的背景知识越多，其写作过程中呈现的内容就会越丰富，思维也更流畅，体现在语言上，文字就会更连贯。

为了更好地理解新闻内容，不少学生会选择阅读双语新闻，这样可以通过母语的帮助快速掌握新闻里的主要信息。在阅读双语新闻的过程中，学生可以通过中英对比，深入剖析中英文词义和句法上的差异，并通过差异分析自己英语表达里的缺陷然后加以改进，也不失为一种可取的英语阅读和写作的学习方式。以读促写的重点在于将阅读素材里的内容，通过写作的方式加以巩固。学生在阅读完新闻之后，可以选择自己感兴趣的新闻内容写新闻事件评论，通过仿写或自由写作的方式，深入巩固从阅读素材里积累的语言知识，表达自己对某些事件的观点，锻炼批判性思维的能力。

鼓励学生阅读新闻，除了从语言和内容上进行补充学习和积累以外，也可以让学生通过仔细斟酌英语新闻的文体特点，体会新闻里严谨、正式的写作风格。学生通过这个过程的学习，结合自身的写作体会，加深对不同体裁写作的认识，熟悉正式写作的语言、内容、结构等方面的特点，再辅以他们自己或者教师根据英语新闻的内容安排的写作训练，有利于他们学术英语语言知识的积累和学术英语写作能力的培养。

四、读同伴的写作作品

英文原著、中文经典著作、英语类教材、英语新闻或者双语新闻的阅读，能够帮助学生吸收到全面而深入的信息，让学生充分体会到语言中蕴含的文化和思维魅力，对学生写作能力的提升影响深远。然而，不少学生没有培养良好的阅读习惯，面对长篇幅的著作和生词量以及句法较复杂的新闻，学生需要较强的自律，需要教师通过教学内容的调整加以精心的引导，才能从中吸收到精华，再运用到自己的写作中。

除了这些素材，学生根据教师安排的写作任务完成的每一次写作作品也可以成为他们的阅读素材。在平时的写作教学过程中，结合阅读课程和写作课程的内容，学生完成的作品形式可以多样化，不拘泥于作文，教师可以鼓励学生创作剧本、小说、诗歌等体裁，给学生充分的机会锻炼写作能力，通过不同形式的体裁训练，帮助学生找到自己比较擅长的写作方式，增加他们用英文进行写作训练的信心。学生的写作作品，虽然没有英文原著中优美的表达，没有新闻里及时更新的信息，但是这些作品是学生对于某个话题自己进行的创作，里面是学生自己语言能力的展示和思维的体现。在阅读自己同伴作品的过程中，学生结合自己的写作体验以及教师的写作任务要求，可以非常直观地看到该同学写作作品里的闪光点和不足，然后对自己的写作作品进行反思，这样的学习方式更加直观。

在阅读自己同伴作品的同时，除了与文本语言和信息的互动，学生们也可以直接与同伴开展交流和沟通，对写作作品中的用词、句法、内容、结构等进行详细的分析和探讨。在这个过程中，学生们能够更加直接地了解其他同学的写作能力，也可以给自己的写作能力一个比较客观公正的评价，更加全面地看待自己在写作中的短板。通过与其他同学的互动，学生们可以降低写作过程中的焦虑，缓解紧张情绪，提升英语写作的信心。

虽然高校大学生的年龄和认知水平差异不大，但是他们的思维方式各异，这些思维差异会清楚地体现在他们的写作作品中。学生的写作作品通常语言更加浅显易懂，内容的深度和广度也易于被他们的同伴理解和接收。通过阅读同伴的写作作品，学生之间对于彼此的思维特点会有更加深入的了解，再针对彼此的思维差异进行深入的交流，相互学习。

有一部分学生自身英语语言水平较高，在阅读同伴写作作品的过程中，能够准确地找到对方作品中语言能力和内容上的短板，并给出明确的修改建议，对于他们本人是对其思辨能力的锻炼，对于其同伴是非常直接的写作指导和帮助。不可否认的是，还是有不少学生因为自身英语水平有限，在阅读其他同学的写作作品时，没有能力一针见血地找到作品里的问题，但是他们能较好地欣赏其他同学的作品，找到作品里的闪光点，对于其他同学也是一种鼓励和支持。

因此，在学生阅读同伴的写作作品时，教师要引导学生们以鉴赏为目的来阅读这些作品，因为这些作品是学生的直接创作，是真实的语言输出素材，值得他们花更多的时间和精力进行学习和交流。学生根据写作任务在创作的过程中，肯定会遇到各种各样的问题和疑惑，然后他们会采取不同的策略来解决这些问题，最终写出自己更为满意的作品。阅读同伴写作作品的重要性就在于深入了解他们在处理自己写作中遇到问题时所采取的应对方法，通过深入的沟通，他们可以掌握更多解决写作过程中各类问题的方法，为自己以后的写作任务提供支撑。

学生在阅读同伴写作作品时，除了读到了他们的语言表达和内容，了解了他们的思维特点，其实也可以通过这种阅读方式了解其他同学的经历，可以直观地体会到其他同学的学习态度，直接了解到其他同学的学习状态和学习效果。这些方面的沟通和交流，对于学生的触动更大，可以让他们直观地看到自己与其他同学之间的差异，反过来可以驱使他们反思自己的学习，找到学习动力。因此，读同伴写作作品，会让学生从语言到思维，再到学习状态，都有比较全面的了解，帮助他们更加客观合理地定位自己的写作能力，找到继续努力的方向。

第二节　以写促写

写作是衡量学生语言能力的重要输出形式，但是由于写作过程中有大量的关于学习者认知方面的因素，导致写作输出的质量受到很大影响。此外，正如前文所述，目前高校大学生对于英语写作能力的重视程度不够，不少学生对英语写作还有畏惧心理，因此，学生的写作能力一直得不到实质性的提高。英语写作能力的提高，离不开大量的写作训练。在平时的教学过程中，阅读课程和写作课程的任课教师通常都会根据教学内容，安排一定量的写作任务，这些写作任务通常都是基于某一个特定的写作技能的理论知识，然后帮助学生用写的方式加以巩固。

写作的过程其实是写作者的创作过程，大量的写作训练是提升写作能力的必要保障。在完成写作任务的过程中，学生需要在写前阶段调动自己储存的与所写话题密切相关的背景知识，在写中阶段需要运用自己掌握的语言知识将内容进行准确而流畅的表达，在写后阶段要运用自己对于不同写作作品框架的理解对作品的结构进行调整。在这三个阶段中，学生都需要进行复杂的脑力活动，主观能动性得到充分的调动，因此，不同形式且适量的写作是提高学生写作能力的必经之路。

一、创作型写作

大部分学生在面对英文写作时，都是非常紧张的，这种紧张通常会贯穿整个写作过程。如果学生总是处于紧张和焦虑的状态，可能不利于他们更好地调动语言和知识储备，出色地完成写作任务。因此，写作课程的任课教师可以鼓励学生自由创作，让学生将自己所思所想进行自由表达，写作作品形式可以多样，鼓励他们尽可能更详细地表达自己的想法。

在安排创作型写作或者自由写作时，学生不必拘泥于某个特定的作文话题或题目，可以从生活、学习、社会、世界等话题中选择自己熟悉的话题，用自己熟悉的例子或者亲身经历进行切入，开启写作的过程。一旦没有了过多的压力，学生通常都可以更详尽地表达自己的想法。同时，他们在表达的过程中，也会不断调整自己的想法和表达，对自己的写作过程进行有效的监控，提升元认知策略。

在进行创作型写作或者自由写作时，学生们选择的话题通常是围绕他们的家人、朋友、同学、兴趣爱好、学习、生活等，这些话题他们非常熟悉，因此他们写作时不再紧张或焦虑，能够进行流畅的表达。这样的自由表达通常涉及的话题都比较常见，学生对于这些话题的理解通常都是从自身感受出发，结合具体的事例进行反思，内容会比较清晰详尽，他们可选择的英文表达也比较多。虽然可能他们写出来的句子不是很复杂，表达出来的内容也不是很深刻，但是在自由写作的过程中，学生处于放松的状态，教师是以鼓励的态度激励着学生用英文进行表达，这些做法能够帮助学生建立起写作的信心，培养他们用英文进行写作的兴趣。

也有一部分学生能够将自己关注的社会热点话题加以利用，在自由写作时加以表达。这类学生通常关注社会发展，知识面比较宽，善于思考，乐于了解新的观点，思维比较敏锐，思辨能力较强。他们选取的社会热点话题紧跟时事新闻，通常他们会根据自己感兴趣的领域，结合典型的事例，发表自己的见解。在写作过程中，他们需要梳理事件的发展过程，需要分析此类事件对其他公众的影响，因此，他们需要搜集并整理相关的信息，才能获得对他们有用的内容。在这个过程中，学生分析问题的能力得到了锻炼。

整理好自己的思路之后，学生还需要选择相应的语言进行表达。相对于他们熟悉的话题，社会热点话题更为复杂，写作风格更为正式，因此在选择语言时，他们不能太过随意，而是要经过语言的筛选，这其中就包括对词义的判断，对语言搭配的选择，对句式的灵活运用等。最终，他们的英语语言能力得到了锻炼。社会热点话题关注的人众多，观点和评论可能也千差万别，因此，学生在选择此类话题进行自由写作训练时，也需要整理自己的思路，才能更清晰地呈现自己的想法。在这个过程中，学生需要系统梳理和客观评价别人的观点，因此，对于他们的思维能力也是一种锻炼。

学生在进行创作型写作时，并不局限于写自己熟悉的体裁和内容，还可以根据自己的所思所想，创作剧本、诗歌、小说等，通过不同体裁的尝试，学生可以更深入地体会到英文写作的乐趣，从而激发写作兴趣。在进行自由写作时，不排除有部分学生虽然针对相关话题，有自己的见解和思考，但是因为英语语言能力有限，不能准确而流利地进行表达。针对这样的学生，教师应该加以鼓励，让学生尝试用中文进行表达，再通过小组合作的方式进行英文表达。为了让写作课堂更为活跃，教师也可以基于教学内容，采用小组合作的方式，鼓励学生进行自由创作，充分调动学生的写作热情。

相对于正式写作，创作型写作或自由写作给学生提供了更为真实而丰富的写作话题和素材，能够让学生真正按照自己的需求进行英文写作，激发他们写作的主动性。同时，学生完成自由写作后，并不是束之高阁，他们可以将作品与其他同学进行分享，与写作教师进行探讨，得到多方面的反馈后，他们能够有机会结合这些反馈，改进自己的创作作品，从而增长英文写作兴趣，在反复的创作和打磨过程中，提升英文写作能力。

根据写作课程的教学目标，学生应该做到能根据不同的写作任务要求，真实地展现自己的写作能力，自由写作是学生进行写作训练的主要途径之一，是学生写作能力的重要准备过程。创作型写作或者自由写作虽然在内容和形式上有优势，但是学生如果长期处于无拘无束的写作训练状态，其选择词汇或组织句子结构的能力可能得不到规范的训练，久而久之，可能也会影响到他们在考试过程中的写作作品质量,因此学生在完成自由写作后,教师应针对他们创作的内容,给出专业的指导建议,帮助学生更好地提高语言表达质量,在自由写作的轻松状态下,也能掌握正式写作或者学术写作的相关规范和要求,能轻松应对不同的写作任务。

二、考试型写作

创作型写作或者自由写作是为了激发学生的英文写作热情,引导他们进行自主式的写作训练,逐渐提高写作能力。作为高校大学生,他们在平时的学习中,频繁接触的是考试型写作。因为工具性学习动机的驱使,学生们也会根据各类考试的写作任务,进行写作训练。因此,考试型写作是学生比较积极付诸实践的写作任务。

考试型写作的主要目的是测评学生的写作能力,因此写作任务的语言质量和内容的要求比较明确,学生在准备考试的过程中,会针对这些要求进行写作训练。考试型写作的特点是要求考生在规定的时间内,根据所给写作话题用规定的字数写出语言流畅、内容充实的作文。在这种限时作文的模式下,学生往往会集中精力,应对这种压力型写作。

在完成考试型写作任务的时候,学生通常比较紧张、比较焦虑,因为他们需要在短时间之内,完成写作的构思、内容准备、语言表达、框架结构等多方面的任务,如果没有比较扎实的写作技能和丰富的背景知识储备,学生很难在短时间内写出高质量的作文。实际情况是,即使在考试过程中,学生处于压力倍增的状态,他们依然非常重视考试型写作训练,因为写作成绩在每一类英语测试中都占据着非常重要的地位。学生因为想要取得高分、获得学位、获得就业机会、出国深造等,会在考试型写作上花费较多的精力进行准备。有了这种工具型动机的驱使,他们通常会愿意配合写作老师完成各类写作训练任务。

学生如果想要在考试型写作中获得高分,就需要熟悉这类考试对学生写作能力的明确要求。通常学生的写作作品需要根据考试的题目要求完成,做到充分理解作文题目内涵,内容充实,语言表达准确流利,意义连贯。这些要求明确对应着学生的语言能力、知识积累以及思维能力,每一个要求对大部分学生来说都具有一定的难度。为了在考试型写作中获得高分，学生通常会提前背诵一些常用词汇和表达，会积累一些常用的句型，但是这些内容都是他们通过死记硬背获得的，并不能真实体现他们的写作能力，在考试中往往适得其反。

作为写作教师，激发学生的写作兴趣极其重要，但是帮助学生切实提高写作能力，满足他们各类写作需求也是重中之重。当学生面对考试型写作任务时，他们往往会面对语言表达缺失、内容匮乏等方面的问题。在平时的教学过程中，教师可以为学生详细剖析各类考试型写作任务的具体评分要求，讲解这些要求对应的写作技能，然后合理安排一些课内外的考试型作文题目的写作任务，帮助学生更好地将理论知识付诸实践，通过写作训练来提高写作速度。在训练过程中，可以引导学生总结常见写作类考试的话题，让学生有目的地积累相关话题的语言表达。对于比较陌生的话题，可以鼓励学生通过头脑风暴、小组讨论等形式梳理紧密相关的内容，拓展学生对于此类话题的认知。

适量的考试型写作训练，不仅可以帮助学生在心理上逐渐适应写作考试的压力，也可以通过反复的写作训练，让学生真切地体会到写作过程中他们遇到的各类问题以及他们解决这些问题的方法，帮助学生熟悉考试要求，积累应试经验。教师要引导学生多进行思维导图或者头脑风暴的训练，拓宽学生的思维，也可以基于这些活动，再安排学生进行列提纲、搭框架等写前任务，帮助学生学会在短时间内更清晰地整理自己的想法。教师也可以在平时的写作训练中增加常用词汇和表达的替换用语练习，帮助学生积累更多的语言表达能力，使其语言表达和内容更加多样化。学生有了一定的语言储备，理解了主要的写作技能，明确了考试要求，在考试的过程中就不会太过于紧张，其写作作品质量也会有所提升。

有了考试型写作的相关训练，学生会更加关注自己英语写作能力的变化，为了提升英语写作能力，可能会更加主动地与教师和同学进行沟通和交流，目的是获得更全面的反馈，以便他们更明确自己写作中的短板，然后再进行针对性的改进。为了弥补自己在英文写作中的短板，他们可能会去阅读相关的书籍，完成相应的语言层面的练习，积极进行自主写作训练，反复修改自己的写作作品。在这个过程中，工具型的写作动机可能会转变为他们内在的英语学习动机，为他们的英语写作训练提供心理上的保障。在内在动机的驱使下，他们可能会越关注自己的语言能力变化，因此投入的时间和精力可能也会更多，进而实现良性循环，最终形成自主式的英语学习模式，再加上教师的写作技能指导和反馈，学生的写作能力极有可能实现从量变到质变的转变。

考试型写作虽然能较好地满足学生的学习需求，但是也存在固化学生写作思维模式和语言表达方式的隐患。因此，在实际的读写课程或写作课程教学中，教师应该以培养学生的写作兴趣以及激发学生的写作热情为出发点和教学目标，在平时的写作训练中，以提升学生的语言表达质量和内容的深度和广度为重点，辅以适量的写作测试，观察和记录学生词汇和句法层面复杂度的变化以及内容和思维广度和深度的变化，更好地掌握学生写作能力的发展情况。教师在教学过程中，要充分掌握并理解学生不同阶段的学习动机，努力满足学生外在学习动机的同时，逐渐激发他们的内在学习动机。毕竟写作教学课时有限，而学生要面对的各类写作任务会随着他们学习的推进而变化，因此，学生如果要在各个阶段的写作考试中都有良好的表现，还是需要他们具备强烈的内在学习动机，切实提高自己的语言能力和写作水平，才能在考试型写作中取得良好的表现。

三、竞赛型写作

相对于考试型写作，并不是每一位同学都会参加竞赛型写作，因为竞赛型写作对于学生的英语语言运用能力和思辨能力要求更高。竞赛型写作对于提升学生的写作能力之所以重要，就在于通过竞赛型写作的训练，学生的思辨能力会得到发展。

考试型写作的话题通常比较贴合大部分大学生的生活，这些话题相对简单，篇幅要求和语言质量的要求也相对比较容易达到，因此大部分学生面对考试型写作话题，都可以表达出自己的看法和见解。但是竞赛型写作重在于对学生的思辨能力进行考查，通常都是英语语言能力比较高的学生会参加此类写作活动。在语言能力差异比较小的情况下，思辨能力的高低就会变得更加重要。

语言与思维紧密相关，语言表达流畅的学生，通常思维也比较清晰，因此写作作品的结构框架层次清楚，衔接自然。竞赛型写作通常是以比较宏观的话题为考题，要求学生选择某一个视角进行切入，阐述自己对此话题的理解。在这个过程中，学生如果想要脱颖而出，就需要跳出大众化的思维，结合自己对话题的深入理解，另辟蹊径进行写作。这就要求学生能够非常熟练地驾驭各类写作技巧，熟悉不同的框架搭建形式，在层次清晰的前提下，以出色的辩证性分析问题的能力，凸显自己对话题的理解。

当然，跳出大众化思维，并不是要求考生毫无根据地发挥想象；相反，竞赛型写作其实是要求考生能够从自己对于所写话题的基本认知出发，对该话题进行深入剖析，找到自己的立场，然后有理有据地进行阐释。在阐述的过程中，学生也要注意遣词造句，语气不能太过犀利，事例不能太过生僻，论证不能停于表面，这些都是对学生思辨能力的综合考验。想要在竞赛型写作中取得良好的表现，学生需要有大量的阅读输入和大量的思辨类写作训练，才能提高自己扎实的思辨能力，应对不同的写作话题。

学生可以用辩论的方式来训练自己的思辨能力，在正反方观点下，学生需要明确地找到对方论证过程中的疏漏，训练自己缜密的思维能力。在平时的学习中，学生也可以有针对性地选取观念相左的话题进行思维导图训练，锻炼自己短时间内整理信息的能力。对于常见的话题，学生可以在常规的认知框架下，尝试着用多个视角来分析话题，结合相关的事例，批判性地看待话题背后的成因或者影响。这些方式学生可以自己在课下进行自主训练，但是教师的指导至关重要。教师可以选择具有挑战性的话题，让学生站在社会发展、世界发展和人类发展的高度来审视话题的内涵，培养学生的国际视野，以此来引导学生从宏观层面对话题进行剖析，在微观层面对自己的立场加以阐述。

参加竞赛型写作训练的学生通常思维敏捷，语言表达能力出色，经过一段时间的思辨能力训练，能熟练掌握竞赛型写作的要求。竞赛型写作的话题多样，体裁多样，学生也需要有扎实的写作体裁、风格方面的知识去应对不同的写作竞赛话题。虽然大部分学生基于自身的语言能力和思维能力而畏惧竞赛型写作，但教师依然可以在平时的写作过程中，增加一些难度较大的写作话题，通过组织课程活动和安排写作任务，引发学生对于相关话题的思考，说不定会有意想不到的收获。竞赛型写作与普通的写作任务其实没有本质性的差别，其思维训练的方式值得写作教师在平时的教学中加以借鉴，可能会给学生带来不一样的体验，从而激发学生的讨论和思考，让学生在交流的过程中，拓宽自己的视野，获得与传统写作训练不一样的体验。

四、学术型写作

提高学术型英语写作，大部分同学都会将其理解为撰写科研论文、专著等，属于科学研究范畴，需要通过缜密的科学实验或推理之后才能获得抽象的数据，再通过写作的方式进行汇报，因此，大部分学生并不认为这一能力与他们有密切的联系。然而，实际情况是当学生学习英语，用英语进行学科知识的学习和交流的时候，他们就已经在进行学术英语学习了，而学术英语的特征则主要是通过写作能力得以体现。鉴于此，高校大学生除了应该具备基本的英文写作技能外，还应该具备一定的学术英语写作能力。

学术英语写作能力与学生的专业知识紧密挂钩，是他们对自己所学知识的总结和汇报。因此，相对于平时的写作任务以及考试型写作任务，学术英语写作在语言、内容和思维层面上的要求要高。学术英语写作要求学生熟悉学术类写作的结构特征，并不是简单的导入、主体加结论的方式，而通常要包括导入、研究设计、研究结果、数据分析和讨论、结论等部分。不同学科以及不同选题方向对于学术英语写作的篇章结构可能要求不一样，但是都要求学生做到结构层次清晰、条理清楚。学术型英语写作要求学生能够对其中心论点进行逻辑鲜明的论述，而不是零散的陈述，这就要求学生能够清晰地展现整个分析或论述的过程，支撑信息要有理有据，要翔实而连贯。在分析或论述的过程中，学生要选择恰当的方法来解释说明，比如对比对照、因果分析、举例、下定义、分类、归纳总结等，使整个分析过程井井有条、环环相扣。学术英语写作需要学生用清晰明确的语言呈现信息和内容，对学生的语言基本功要求较高。

学生在大学期间需要完成的学术英语写作任务主要是论文、演讲稿等，对于英语专业的学生来说，他们需要完成几千字的英语毕业论文，对于非英语专业的学生来说，他们也需要完成自己所学专业的相关学科英语论文或者英文演讲稿等。面对学术英语写作任务时，学生需要将之前学习的英语写作技能的相关知识进行重新梳理，同时也需要重新学习学术英语写作的特殊结构要求、方法要求以及语言特点。与普通的写作任务类似，学术英语写作也需要学生做到语言表达流畅、段落和句子间衔接自然，但是学术英语写作更加强调论证过程，因此学生需要掌握相应的论证方法。在锁定了论证方法之后，学生应尽量不按照自己的主观意愿发表看法，而是应该选择有理有据地进行剖析和论证，这些理据的获得，就需要学生进行大量的文献阅读或者严谨的科学实验或者细致的调查，在这些一手数据的基础上，再进行论证的剖析。

基于上述分析，不难发现，这个过程比传统的写作任务更加复杂，需要学生了解学术英语写作的相关要求，比如特定的结构要求，每个板块的主要内容，语言层面的时态、语态、人称等，内容层面的主次、过渡、衔接、阐述、支撑等。由此可见，学术英语写作对学生的语言和思维能力要求更高，对学生分析问题和解决问题的能力要求也更高，学生需要条理清晰地汇报他们的收获。这些方面的要求与学生平时的写作训练要求差别较大，学生通常难以较快、较好地吸收和消化，因此教师可以结合典型的例子，向学生更直观地呈现学术英语写作的基本要求，让学生通过对比更好地理解学术英语写作的特点，更顺利地完成学术英语写作任务。

五、实践型写作

写作课程的教学目的并不是单纯地培养学生的写作应试能力，而是以全人教育的理念全面夯实学生语言能力的同时，重点关注学生在写作作品中呈现出来的情感、思维等方面的变化，通过对写作能力的培养，提高学生分析问题和解决问题的能力，拓宽学生的视野，提高学生的书面沟通能力。学生在进行写作活动时，其个体思维的差异明显，作为教师，应该充分尊重这些思维差异并且提供更多的机会让学生展现自己的思维差异，带领学生相互学习、共同进步。

基于这一目标，写作教师除了可以让学生完成适量的考试型写作任务，也可以结合不同的写作技巧，鼓励学生通过实践活动，完成相应的写作任务，丰富学生的写作体验。比如，在写作教学中，教师为了更好地培养学生的写作规范意识，可以让学生深入了解不同的写作任务的特点和要求，如安排学生写英文简历、小型的调查报告、电子邮件等。

在安排学生设计英文简历之前，带领学生复习写作技巧中的分类法，即根据特定的工作岗位需求，将自己的求学经历以及实践经历进行分类，使其更好地满足该岗位的需求。学生熟练掌握了分类法后，带领学生学习英文简历常见的模板样式，让学生清楚地了解英文简历的语言特点以及写作规范，如不使用完整语句，只呈现重要信息片段，个人经历的倒叙排列，字体大小的对比，排版的格式要求等。学生除了掌握这些与英文简历相关的特点以外，还通过设计和制作自己的简历深刻反思自己在大学期间的生活和学习状态，找到自己的短板，明确自己在下一阶段的学习和生活中需要努力的方向。

在学生完成自己英文简历的设计和制作后，教师在写作课堂上组织了以小组为单位的模拟面试活动，不同小组成员的简历进行互换，然后小组成员根据岗位要求，结合其他组成员简历中的信息进行筛选，最终选择一位同学进行模拟面试。担任面试官的小组成员们需要对面试者的简历信息进行浓缩，然后再设计相应的问题，了解更多信息。有幸作为被面试者的同学，则需要详细回答面试官提出的问题，再以便针对自己简历中的要点和信息展开解释说明。在这个过程中，学生其实又再次巩固了要点和支撑信息之间的关联。通过这个活动，很多学生反映，通过阅读其他同学的简历，认识到了自己的短板，简历没有被选中，心理落差比较大。这些都是学生真实的心理和情绪上的体验，让他们通过写作实践，获得更加真实而丰富的体验，对学生的影响比较深刻。

除了写英文简历，教师在教学生说明文的相关技巧时，要给出备选的阅读素材和话题，如共享单车的改进措施、塑料垃圾袋的使用现状、大学生偏爱的英语学习软件等，以供学生参考。同时，在给阅读素材后明确调查的内容和要求，安排学生选取自己感兴趣的话题，开展小型的调查。鼓励学生自己设计问卷，并发布在问卷星上，尽可能搜集更多的反馈信息。在学生搜集到相应的信息后，再教他们如何整理数据，如何更好地呈现数据，如何根据数据进行深入的分析，比如可以使用对比对照、因果分析、举例等常见的说明文写作技巧，来更好地呈现问卷里的信息。通过完成这个实践型写作任务，学生需要跳出自己的思维模式，通过问卷去调查更多同学对某一话题的看法，这样他们就可以拓展自己对于某些话题的认知，培养他们分析问题和解决问题的能力。

此外，通过该写作实践，学生可以全面地巩固说明文的特点，并且学会了用表达呈现数据以及分析数据的能力，学会有理有据地剖析和解释问题，培养他们严谨的思维习惯，并且也再次加深了他们对于写作过程中支撑信息重要性的理解。这类小型的调查报告其实就是学术英语写作训练的一种重要途径，写作教师可以根据教学内容，安排类似的活动，结合所带学生所学的专业，从学生的专业学科知识出发，鼓励学生通过小组协作的方式，拟定调查话题，科学分工，帮助学生熟悉学术英语写作的特点，通过让他们进行实际的调查，熟练掌握此类活动的特点，了解在撰写调查报告时，他们应该注意的语言特征变化，以及调查报告的结构特点。学生们通过这种小型的实践调查，也可以加深对本专业相关知识的理解，一举多得。

电子邮件作为学生接触较多的写作形式，他们并不陌生，但是有不少学生其实并不了解英文电子邮件的写作规范。因此，在学生中开展了互发互写英文电子邮件的活动。写英文电子邮件与写英文信件类似，学生需要注意称呼、格式等要求。针对不同的收件人身份，学生需要变更对收件人的称呼，邮件的内容也需要进行相应的变更。这就需要学生具备较强的沟通能力，能够针对不同的邮件主题和内容做出恰当的回应。在写英文电子邮件时，学生需要再次复习正式文体和非正式文体的特点，需要根据不同的文体风格选择语言表达，需要有较强的读者意识，才能较好地完成英文电子邮件的写作任务。学生在写英文电子邮件的过程中，用语常常过于正式，不够简洁，不能明确表达自己的诉求，对于主次信息的处理不够得当。最后，选择比较典型的学生作品，进行集中点评，让学生们直观地发现问题，再重新写邮件，加以改进。不少学生反映，看似简单的英文电子邮件，原来对于语言表达和写作规范有很严格的要求。他们通过英文电子邮件的写作实践，对其特点有了直观的认识。

实践型英语写作不仅仅只有这些形式，写作教师还可以结合自己学生的兴趣，合理规划教学内容，为学生提供尽可能多的机会，让他们开展实践型写作训练，以帮助学生在实践的过程中巩固所学的理论知识。学生只有通过亲自动手去做，才能体会写作过程的不易之处，这样才能更好地培养学生严谨的学习态度，帮助学生在实践的过程中不断提升分析问题和解决问题的能力，提高他们口头和书面的沟通能力，在写作训练的过程中，要兼顾学生语言能力和思维能力的共同发展。

第三节 以评促写

在写作教学过程中，教师主要关注写作技能的讲解，通常会选择范文进行剖析，给学生呈现优秀作品的同时，再次分析所学的写作技巧相关的理论知识，然后安排写作任务。学生通常在写作课程上处于被动接收信息和知识的状态，跟着教师一起学习范文，积累范文中的一部分语言表达，熟悉范文的结构特点。根据教师的讲解和要求，学生课上或者课下完成写作任务，然后将写作作品交给教师批阅。学生在拿到教师的反馈后，比对一下教师给他们的作品提出的修改建议，然后就将写作作品束之高阁了。

这样的写作教学过程是比较典型的结果导向型教学，在写作教学的过程中比较常见。教师和学生通常认为，只要所教和所学的写作知识能够写出一个作品，就算完成了一个写作教学的全过程。然而，对于教师和学生来说，写作教学的重点应该是围绕学生的写作作品进行详细而深入的评价并，给出具体的、有建设性的反馈，才能帮助学生认真反思自己在写作过程中需要改进的部分。教师往往因为时间和精力有限，只能给学生提供整体性评价，通常用分数来对学生的写作作品质量进行衡量。学生在拿到教师所给的分数后，并不知道自己的写作作品需要进行哪些方面的完善，因此，他们也不会对自己的写作作品进行修改。这就形成了写作教学中的恶性循环，教师批阅学生写作作品耗费了大量的时间和精力，但是学生写作能力不见提高；学生根据要求完成了写作作品，但是得不到有效的评价，写作能力也得不到长足的发展。鉴于此，写作评价作为最能帮助师生进行深入沟通的重要渠道，应该得到充分的重视。写作评价不止教师书面评价这一种，学生还可以通过自评、同伴评价、小组评价、机器评价以及师生共评等来全方位地获得反馈建议，提高写作作品的质量，进而逐渐提高英语写作能力。

一、自评

在写作评价阶段，学生通常更加依赖教师，但是学生自评也非常重要，并且学生自评其实是贯穿在学生的整个写作过程中的。学生从拿到写作任务开始，就需要进行写前准备，针对写作任务进行构思，这中间其实就包含着学生自己对自己所掌握的与话题相关的背景知识的评价，对自己写作思路的评价，对自己列出的篇章结构进行的评价，对自己可能用到的语言表达进行的评价。在写中阶段，学生需要选择恰当的语言来表达意义，这其中其实就包含着学生对自己语言水平的评价。在写后阶段，学生则需要对自己的作品给出全面评价，这其中就包含学生对于自己写作作品整体结构、句子和段落意义的连贯和衔接、遣词造句、写作规范等方面的评价。

理想状态下，学生在完成写作任务的过程中，通过自评不断调整自己的写作框架，调整自己的语言表达和内容，这就是比较清晰的元认知策略的体现，表示学生对于自己的写作过程进行了全面的监测。然而，实际情况是，英语语言能力较好的同学，听说读写各个方面的能力比较均衡，对于语言的认知和理解也会更加细腻和深刻，这些学生的表达意愿更强，写作中呈现的内容更丰富，通常自评能力较强，能够比较精准地发现自己写作中的问题，然后做出有效的调整和改进，提高写作作品的质量。有不少学生因为本身英语语言能力欠缺，对英语语言文化理解不够透彻，不能熟练运用相关的语言知识表达自己的所思所想，所以，他们只能勉强完成老师布置的写作任务，而无法在写作过程中进行有效的自评。

学生在自评阶段面对的困难通常是找不到评价焦点的，不知道该从哪里进行评价。这种情况的出现，通常是因为学生并未能很好地掌握教师在写作课程上讲解的相关技能。究其原因，不少学生认为中文写作和英文写作类似，进入大学前他们已经完成了无数的中文和英文写作，自认为比较了解写作这一技能，于是并未能认真学习、仔细揣摩、深入剖析教师所讲解的相关写作术语的内涵，因此他们在完成写作任务后，就认为已经完成了所有环节，在自评阶段自然就找不到与教师要求相对应的评价焦点，导致他们缺乏自评意识，自评能力弱，自评效果不理想。

为了帮助学生更好地进行自评，教师应该在布置写作任务时，为学生详细讲解该任务中包含的具体教学和学习目标，再次带领学生们巩固复习该任务中包含的比较抽象的术语和其他教学内容，帮助学生巩固与该写作任务相关的知识框架，这样学生会更加细致地理解他们在完成写作任务时需要注意的层面。此外，教师也可以就每次写作任务要达成的目标跟学生进行沟通，告诉学生并不是每一次的写作任务自评时，学生都需要兼顾写作能力的各个层面。有的写作任务可能主要考查学生的思维能力，有的写作任务可能偏向于考查学生对某一个写作技巧所涉及的结构框架的掌握情况。教师可以尝试与学生一起，结合具体的写作任务，列出学生在自评时重点需要评价的要点，这样学生就会更加清楚自己在自评阶段需要完成的评价任务，使自评更加细致，发现的问题也更加有针对性。

学生自评确实会受到学生自身语言能力的影响，但是教师可以通过为学生开展自评培训来帮助学生逐渐熟悉自评的过程，更加清楚地锁定每一次自评中他们应该关注的评价焦点，并逐一理解各个评价焦点。自评结束后，学生会对自己的写作作品有一个更加全面的认识，有利于学生在后续的其他评价阶段与其他同学、教师开展深入的沟通，提高写作评价的意识和质量。

二、同伴互评

相对于学生自评，同伴互评因为融入了另外一位同学的观点和建议，能够为学生提供更多的评价建议，学生与同伴通过沟通和交流对彼此的写作作品的理解更为深入，对于有疑惑的地方可以相互探讨，从而找到更好的表达方式，提高写作作品的质量。

与自评不同的是，同伴互评过程中，学生拿到的是对方写作任务的成品，只能通过阅读该同学的写作作品本身去了解该同学的思路，熟悉其语言表达的特点。因此，同伴互评给学生提供了机会，就自己在阅读写作作品中遇到的疑惑与同伴开展交流，可以更好地了解对方的写作过程，是一种比较理想的相互学习的过程。

但是在同伴互评的过程中，评价质量也受到很多因素的影响。首先，学生的性格特征可能会直接影响他们的沟通意愿。性格内向的学生，通常不太愿意在其他人面前表达自己的看法，面对同伴的写作作品，他们可能发现了需要改进的部分，但是不会明确地跟对方提出来。即使向对方指出了需要改进的地方，他们可能也不太愿意详细解释改进的方法。其次，学生的英语语言能力也会直接影响他们在同伴互评中的表现。语言能力较好的同学，在阅读同伴写作作品的过程中，发现的问题可能会更全面，给出的建议也更加明确，对其同伴的帮助也会更大；英语语言能力较弱的同学，可能无法及时找到写作作品中的不足，也无法给出更好的修改建议，对其同伴的帮助比较有限。此外，学生的学习态度、对课堂教学的配合意愿等，都会影响同伴互评的质量。如果学生积极配合开展同伴互评活动，他们会更加投入评价过程，更加乐于认真阅读其他同学的写作作品，并以客观公正的态度来评价作品，给出的修改建议也就更加易于被其同伴采纳。如果学生因为性格、学习风格或者其他原因，比较抵触同伴互评这种评价形式，那么他们就不会全身心地投入到评价活动中去，就不能保证同伴互评的质量。

学生在自评阶段，只能结合自己对自己作品的理解，找到有限的改进部分，但是同伴互评的目的是为学生提供更多机会去获取不同的评价反馈意见，帮助他们更好地改进自己的写作作品。这里的同伴互评并不局限于固定的两个学生之间的写作作品评价，同伴是可以变化的，目的是帮助学生在一对一式同伴互评的基础上，尽可能获得更多的评价建议。如果同伴互评总是在相同的两位同学之间开展，那么他们对彼此的写作能力和思维能力很快就会非常熟悉，给出的评价建议也就有可能越来越单一，反而不利于他们各自写作能力的提升。

教师在组织同伴互评的过程中，要充分考虑到学生的个体差异，尽量调动学生的学习积极性，保证学生都能积极投入同伴互评中。此外，与学生自评一样，教师在安排同伴互评时，也要结合写作任务，给出相对明确的评价焦点或者评价清单，以减少学生在互评过程中的心理压力，让他们能有机会就比较明显而集中的问题进行探讨和改进。教师也可以留出比较充足的时间给学生进行同伴互评，让他们在理解同伴给的评价建议后，能够及时对写作作品进行修改，然后进入下一轮同伴互评的环节。教师要带领学生慢慢体会到写作作品评价的动态、反复的特点，让学生慢慢养成认真评价写作作品的习惯，并且有充足的耐心去完成写作作品的反复修改，在不断完善中逐渐提高英语写作作品的质量。

三、小组评价

学生自评由学生个人完成，同伴互评通常是两人配合完成，小组评价则通常是多人合作完成写作作品的评价，其涉及的学生更多，因此评价过程也更加复杂。

首先，在小组评价模式下，每位小组成员的作品都要被几位同学进行评价，被评价的同学可能面对着更大的心理压力，他们在评价过程中可能会更加紧张。学生在过于焦虑的学习状态下，其评价效果和评价建议采纳效果可能都会受到影响。其次，小组成员性格差异比较大，性格开朗的学生更愿意投入到小组评价活动中，他们的沟通和表达的意愿更加强烈，因此他们在小组评价过程中的收获可能更多，而性格内向交际意愿比较低的学生在小组评价过程中的收获可能比较少。与学生自评和同伴互评一样，在小组评价过程中，学生也存在语言能力参差不齐的情况，直接影响他们对被评价作品给出的评价质量。

小组评价除了有小组成员的个性、语言能力等影响因素外，小组评价成员的数量、小组分组的方式等都是需要教师进行慎重考虑的。小组成员数量过多，学生会各自为政；基于性格或者语言能力等因素组成新的小组，又不利于学生间开展有效的沟通和交流。此外，一个小组内成员过多，就意味着每位成员需要评价的写作作品数量比较多，他们在评价过程中可能就会比较仓促地完成写作作品阅读和分析的工作，给出的评价也建议比较粗糙，甚至会比较雷同，影响评价质量。小组评价的分组形式也会对评价质量有影响，如果教师采取固定分组的模式，小组成员经过较长时间的沟通和交流，对彼此的性格和写作能力会比较熟悉，在评价过程中可能也会更加放松。但是，如果采取固定分组模式，那么该小组的同学们在较长时间内都在同一小组开展评价活动，熟悉了每位成员的写作特点之后，他们在小组内的交流意愿可能会降低，不利于他们找到小组成员作品中其他方面的问题，给出的评价建议就会比较单一甚至会出现马虎应对的情况。在小组评价的过程中，还存在分工不明确的问题。多个小组成员在讨论的过程中，大家都在发表自己对某个小组成员写作作品的看法和建议，其他同学在等待自己的作品被评价的过程中，可能不会完全投入到对其他同学写作作品修改建议的整理和总结中，因此会出现意见雷同、耗时低效等问题。

虽然小组合作评价面临着上述这些可能存在的问题，但是写作教师可以发挥教师的引导者角色，统筹安排小组合作评价的过程，让每位同学都能积极参加到小组评价过程中，努力让每位同学都能获得多位同学的反馈意见，以便更全面地修改自己的写作作品。

开展小组评价活动时，每个小组的成员数量最好维持在4位同学，这样学生们阅读和评价的作品数量不会太多，对他们造成的心理压力较小。在阅读了3位同学作品的基础上小组成员其实已对彼此的写作作品中出现的问题有了比较全面的了解，在给出评价建议时，也可以通过归纳总结给出更加具有针对性的评价反馈建议。教师可根据学生们的个性特点，让每个小组既有性格外向的同学，也有性格内向的同学，同时兼顾学生英语写作能力的高低，这样每个小组的成员之间就可以进行互补，在开展小组活动时，成员不至于无话可说，出现中断。另外，教师可以跟学生进行沟通，鼓励小组成员之间更加明确地分配角色，如性格比较内向的同学可以担任记录员，将其他成员对不同写作作品的反馈建议进行记录和整理，这样就可以帮助性格内向的同学加深对这些评价建议的理解，给他们更充足的消化吸收的时间。性格外向的同学可以作为小组评价讨论的领导者，安排大家有序发表看法，给出建议。语言能力较好的同学可以负责在语言层面结合每一位小组成员的写作作品给出反馈建议，而思维活跃、思辨能力比较强的同学，则可以重点关注每一个小组成员写作作品中的结构层次、支撑和论述的逻辑等层面，然后给出相应的修改建议。这样，小组成员在有明确分工的情况下，会认真完成各自的评价任务，提高评价效率，从而保证他们在语言知识和思维上有更多的机会进行深入沟通和交流。

鉴于写作作品的反馈呈动态的特点，小组成员可以基于其他成员给的评价反馈建议，对自己的作品进行修改，然后再在小组内进行分享，让其他同学评价其是否有效完成了上一轮的修改。于是，教师需要考虑在完成一轮小组评价后，可以采用固定分组，因为学生得到小组成员建议后会对作品进行修改，而其修改的质量，可以经由向该同学提出建议的那位小组成员进行再次评价，这就给学生提供了多次深入的交流机会，保证学生能充分理解这些评价建议，并能做出有效的改进，提高写作作品的质量。完成一轮小组评价后，教师可以安排学生重新进行分组，这样学生就有机会在下一轮评价过程中，获得新的评价建议，进而进行新的修改。由此可见，在小组评价的模式下，教师不直接参与学生作品的评价过程，而是作为小组评价活动的组织者和引导者，给学生提供必要的帮助，让学生在与小组成员充分讨论的基础上，完成对自己写作作品的修改。

四、机器评价

随着互联网的普及，加上科技领域日新月异的变化，教育领域也发生着深刻的变化。写作作为学生基于写作任务的主观观点的表达，带着比较鲜明的学生个体的思想特征，主观性较强，通常都是教师对学生的写作作品进行人工评价，再结合学生的语言表达、篇章结构、内容等给出相应的分数。然而，随着科技的不断进步，越来越多的学习软件可供教师和学生们选择，帮助教师进行语言教学，提高学生语言学习的效率。外语教学和研究领域也在不断发展，语料库的不断完善为语言研究带来了新的视角。

基于以上发展成果，智能机器评阅系统被研发出来，并被应用于各类大型的英语考试阅卷中。刚开始，智能机器评阅系统主要负责批阅客观题，大大提高了阅卷效率，减少了出错的可能性。随着科技不断发展，作文的评阅可以由智能机器评阅系统完成，评价的质量也越来越高。同时，智能机器评阅系统基于庞大的数据库和语料库，可以实现逐句评阅，提示句子中的各类错误，如单词拼写错误、时态错误、语态错误、标点错误等，并给学生提供相应的可供他们参考的语言表达，大大提高了作文的评阅效率。

在写作教学中，可以尝试让学生将作文提交到智能机器评阅系统，然后搜集学生对智能机器评价的反馈。经过与学生的沟通，大部分学生都愿意将其写作作品提交到智能机器评阅系统，因为他们提交写作作品后会收到机器给出的评价。这些评价覆盖了学生的语言表达质量、篇章结构的层次、意义的连贯等，学生可以第一时间得到比较全面的评价。除了整体评价，智能机器评阅系统还将学生的写作作品按照句子进行了意义切分,并逐句给出了评价反馈和修改建议,对于句子中的语言表达,智能机器评阅系统还给出了类似的表达,甚至对近义词进行了辨析,供学生在修改写作作品的过程中参考。智能机器评阅系统会自动提示学生在标点、语法等方面可能存在的错误,比如学生首次使用智能机器评阅系统时,可能未注意标点符号空格等问题,而这些问题都会被智能机器评阅系统识别,并给出修改提示。

有一小部分同学反映,他们不太熟悉电脑键盘或者手机键盘输入英文的方式,导致他们花费了较多时间将写作作品输入智能机器评阅系统,但是他们表示愿意继续提高自己文字输入的效率,愿意使用机器评价,以得到第一时间的反馈。此外,学生还能在智能机器评阅系统上反复修改自己的写作作品,直到自己比较满意为止。学生对智能机器评阅系统的使用体验是比较积极的,因为他们可以不必等待教师的反馈,就可以第一时间获得比较全面的评价建议,还可以在智能机器评阅系统里反复修改,这其实为学生提供了一个自主写作训练的良好机会。

不过也有学生反映,智能机器评阅系统主要是针对写作作品语言、结构方面的评价,给出的评语也不是完全精准的。此外,智能机器评阅系统缺乏对学生写作作品内容方面的评价,也就是对学生写作作品中呈现的复杂思维能力无法做出客观公正的评价。教师给学生布置写作任务,或者学生自己进行写作任务的自主训练的主要目的,不仅是帮助学生巩固已掌握的语言知识,更重要的是帮助学生形成良好的思维习惯。通过写作,让学生掌握看待问题的不同角度和方法,从而反思自己的思维过程,提高思维能力,而这些目标在智能机器评阅系统上暂时还不能有效地实现,因为智能机器评阅系统缺乏读者意识,也就意味着机器与学生之间缺乏有效的互动,其评价效果通常是一次性的,不足以保证对学生的写作作品做出全面而客观的评价。

通过使用智能机器评阅系统评阅学生写作作品,写作教师们可以节省大量的时间和精力。因为系统已经明确地指出了学生在语言层面上的错误,并给出了改进意见,在学生将语言上的问题修改完善后,再将写作作品提交给教师进行批阅,这样教师就可以集中关注学生的写作内容,就学生呈现出的信息和思想进行评价。同时,智能机器评阅系统为学生们提供了一个自主修改写作作品的平台,在这个平台上,他们可以根据系统给出的修改建议,反复修改自己的写作作品。在这个过程中，学生可以更加细致地关注自己语言表达上的缺陷，并结合机器评价给出的修改建议进行修改，还可以将系统呈现出的语言知识和表达进行积累，为之后的写作训练打好基础。

不难看出，虽然智能机器评阅系统目前还存在一定的缺陷，但是不可否认的是，机器评价确实提高了教师评阅学生作文的效率，使得写作评价更加有针对性，是教师评价的有力辅助。同时，学生在机器评价过程中，能及时获得语言层面的修改建议，结合系统给出的学习参考材料，得到了比较有效的语言支架的帮助，养成自主写作训练的习惯，逐渐提高写作能力。随着科学技术的不断发展，智能机器评阅系统也会不断完善，与人工评阅相互补充、相辅相成，为学生提供更加全面的评价反馈。

五、教师评价

近些年，对于英语写作反馈的研究从未中断，学者们针对各种形式的反馈，做了大量调查研究。不少学者们发现，虽然自评、同伴互评、小组评价以及机器评价有其优势，能够帮助学生与其他同学进行沟通和交流，能够给学生带来比较及时的反馈，但是学生们依然比较信任并依赖教师对他们的写作作品做出的评价。

教师在评价学生写作作品的过程中，不仅会认真阅读学生的语言，而且会根据学生的思维特点，仔细衡量其写作作品中呈现出来的信息和内容，关注学生写作作品中句子间的意义衔接和过渡是否自然、是否顺畅，因为语言和意义层面的问题，通常会反映出学生思维上的能力。同时，教师在评价学生写作作品的过程中，会充分利用他们扎实的专业知识，给学生提供精准的修改建议，让学生非常清晰地了解自己写作作品中需要改进的部分。

通常，写作教师面对大量的学生写作作品，在有限的时间和精力下会在学生的写作作品中标注需要修改的部分，并给出分数，供学生们参考。为了帮助学生更好地从反馈建议中吸收到知识，写作教师可以使用一些特定的修改符号，如用圆圈表示简单的语言错误，用横线表示句子层面的语法错误或逻辑错误等，并给学生详细讲解这些修改符号的含义。这样学生拿到教师批阅的写作作品后，会更加清楚地知道自己在哪些方面存在问题，以及该从哪些方面进行改进。如果写作教师所带的班级不是很多，学生数量不是很多，那么就可以在学生的写作作品上给出书面评语，明确地告诉学生其写作作品在哪些方面需要重点修改。

教师在批阅学生写作作品时，如果是学生的自由写作作品，通常会根据学生所写的话题，用文字与学生进行沟通和交流。其对这种自由写作的评价重点并不是在语言质量上，而是更加关注学生思维的变化，关注学生在学习和生活中的感受，因此，在评阅过程中，通过文字反馈，也可以与学生们进行深入的沟通和交流，同时，学生也可以看到教师做出的语言示范，在下一次的写作任务中，会有意识地改善写作质量。如果是批阅学生的考试型写作作品，可以在班级组织批阅标识培训，让学生熟悉教师的批阅符号，明确不同符号所针对的问题和修改建议。这样就不需要写出大量的书面评语，也可以达到与学生有效沟通和交流的目的。

除了书面反馈，教师还可尝试给学生口头反馈，将针对学生语言表达、句子复杂度、意义衔接和连贯等方面的评价，用语音的形式发给学生，然后再要求学生根据教师的口头反馈，以书面形式整理出自己写作作品中存在的问题以及调整的措施。相对于教师的书面反馈，口头反馈要求学生自行整理一遍教师的反馈意见，能够加深学生对自己写作作品的理解评价，并且能够更加有针对性地对照教师的评价，逐条进行修改。

教师进行书面反馈，需要做出大量的标注，虽然学生看起来更加直观，但是教师工作量比较大，学生可能过度依赖教师，也有可能出现部分学生不会认真对待教师反馈的隐患。如果学生不能根据教师反馈认真地修改写作作品，那么教师的努力和付出就不可能达到预期的效果，学生的写作能力也不能得到有效的提升。教师进行口头反馈，不需要大量的文字批注，就能缩短教师花在反馈上的时间。此外，学生则需要根据教师的口头反馈，自行整理反馈建议中的重点内容，在这个过程中，写作的修改任务落实在学生身上，学生必须学会对自己的写作作品负责，根据教师所给的反馈建议进行修改。为了更好地保证学生修改写作作品的效果，教师可以在学生修改完之后，再针对之前给出的修改意见，对比学生修改的效果，了解学生在修改过程中所关注和学习到的知识，与学生之间形成不间断的沟通，保证学生能够按照教师的修改建议，认真修改写作作品。

教师反馈对于教师来说，是直接而全面了解学生写作能力的重要渠道，对于学生来说，是他们获得全面而权威的评价建议的重要途径，因此，写作教师应该充分意识到教师反馈对于学生写作能力培养的重要性。教师如果布置大量的写作任务而不提供充分有效的反馈，那么学生只是进行了机械式的写作训练，甚至有可能把他们常犯的错误不断重复，加大学生纠正错误的难度。同时，教师反馈不能流于形式，教师可以通过带领学生学习批阅符号内涵，使用书面反馈或者口头反馈等方式，让学生充分参与到写作作品的修改中来，让学生对自己的写作作品负责，将学习的主动权交还给学生，这样他们才能从教师的反馈中获取有用的知识，通过反馈与教师进行主动沟通和交流，提升英语写作的质量，最终提高自己的英语写作能力，而学生写作能力的提高，无疑是教师写作教学有效性的直接体现。

六、师生合作评价

师生合作评价是文秋芳于2016年提出的写作反馈的新模式，该评价模式以学生的写作能力产出为导向，将各种类型的评价贯穿在写作教学的课前、课中和课后三个阶段，明确了各个阶段的教学内容与教学目标的对应关系，也明确了教师和学生在写作评价过程中的角色与分工。

根据师生合作评价的模式，学生在课后根据教师所给的写作任务完成写作，然后交给教师。教师需要根据学生的写作作品，结合针对该写作任务需要完成的教学内容和达到的教学目标，在批改学生写作作品的基础上，挑选出符合该教学内容和教学目标的典型学生习作样本，供师生在课堂上进行深入分析。学生在课前完成习作，教师在课前批阅学生习作并选择典型样本，这就完成了一个小型的写作任务产出，但是这个写作任务产出的目的是帮助教师更加清楚地发现学生在写作中出现的问题，让教师能够更加细化教学内容和目标，为课堂教学做好准备，尽可能提高写作课堂教学的效率。

教师根据学生的课前习作发现的问题，能够帮助他们更好地找到教学的重难点。教师在完成课前的典型样本选择之后，会详细针对这些典型样本里的问题进行评价，之后再重新整理出自己针对这些典型样本所需要完成的教学内容。如果学生针对某个教学内容，普遍掌握得比较好，那么教师就会压缩这个教学内容的课堂授课时间,把时间留给学生习作中反映出来的比较难理解的教学内容,这样就可以充分利用课堂教学时间,在很大程度上解决课堂教学学习和教学内容之间的矛盾。

课前阶段,教师根据典型样本锁定了教学内容之后,还要针对典型样本里出现的问题,调整教学内容,补充相关的巩固练习,方便在课堂上带领学生完成学习和复习。到了上课阶段,随机将学生分成若干个小组,然后各小组针对典型样本进行评价。学生在小组内,可以先从同伴互评开始,再将评价反馈到整个小组,这样可以提高小组反馈的效率。学生在进行小组反馈时,教师会记录各小组对典型样本的反馈意见,之后再邀请各个小组向全班同学展示他们最终的评价反馈。在这个过程中,学生实际上对典型样本里的问题进行了多次分析和总结,并对此次教学内容已经有了比较清晰的认识,教师只需要做简要总结即可,节省了大量的理论知识讲授的时间。

在学生们充分理解了典型样本中出现的问题之后,教师结合教材内容再快速梳理一下针对这些问题的解决方案,并且再为学生提供课前设计好的巩固练习,帮助学生们更好地掌握教学内容。之后,教师会针对之前挑选出来的典型样本中的问题,给出自己的评价,引导学生关注教师评价的重点和对典型样本的修改方式,给学生提供直观的写作评价示范。

通过分析典型样本以及完成巩固练习,学生已经很好地掌握了该次课程的教学内容,然后教师就会邀请学生对自己的课前写作作品进行自评,这个时候,学生在自评过程中并不是盲目进行,而是会结合之前在评价典型样本中找到的评价焦点以及教师的教学内容,对自己的习作进行评价,这样的自评就会更加有针对性。学生完成自评后,教师可组织学生再次进行同伴互评和写作评价,此次评价的文本是学生各自的习作。当学生们在之前的典型样本评价中已经了解了评价焦点的要求后,在同伴互评和小组评价的过程中,他们就找到了评价的标准,能够做出准确的评价。当学生在课堂上获得了充足的反馈意见并了解了教师反馈的示范后,他们在课下的自主评价阶段,依然可以通过机器评价、同伴互评等方式对自己的习作进行全面修改。

师生合作评价确实为写作教师和学生带来了不一样的评价体验,在整个评价阶段中,都紧密围绕"以学习为中心"的理念,给学生提供支架,帮助学生完成口头的以及书面的产出任务,锻炼学生的语言输出能力。但是这种评价方式对教师的要求更高，需要教师非常熟悉写作的教学内容，能够通过典型样本的筛选精准地找到评价焦点，同时也要求教师具备出色的课堂组织和管理能力，能够充分利用课堂时间，完成相应的教学内容的讲授以及学生写作作品的评价。师生合作评价对学生的要求也比较高，需要学生课前、课中和课后都能积极配合，这样才能保证扎实的评价效果。师生合作评价既能提高课堂教学的效率，也能调动起学生评价其他同学写作作品的积极性，但是如何更好地落实学生课后对各种评价反馈的采纳效果，依然需要教师进行协助。

此外，在师生合作评价的过程中，评价焦点并不总是会与每一次的教学内容一一对应，因为学生的写作能力呈现动态发展的特点，有些问题可能会反复出现，并不能成为每一次的评价焦点，但是这些问题可能是学生较难克服的问题，那么就更加需要教师加以引导。教师在每一次选择评价焦点的过程中，并不是根据写作技能，从词到句再到段落篇章进行推进，而是根据学生习作中真实呈现的问题来进行选择，因此在评价过程中，就会有动态调整，这些都需要教师结合学生的写作能力变化进行考量。对于语言层面的问题，学生通过师生合作评价通常都可以有比较全面的认识，也能结合不同的评价反馈进行改进。但是对于思维层面的问题，教师在选择典型样本的时候，就会遇到较大困难，因为学生的思维特点各异，教师需要结合学生的写作作品，挑选出能够代表学生不同思维特征的习作进行讲解和分析，这个挑选过程对于教师本身的思维能力就是一个考验。

因此，如果教师想要通过实施师生合作评价来帮助学生夯实写作能力，那么教师本身的专业素养就要不断提升，要加强对英语写作教学与研究学习，通过学生的写作作品充分了解学生的语言和思维能力的发展变化，这样才能在挑选典型样本以及锁定评价焦点的过程中，真正满足学生不同的写作学习需求。为了真正落实学生课后在采纳不同的评价反馈建议之后能够对自己的写作作品进行有效的修改，教师需要通过安排学习小组、建立学生写作学习档案等方式，更加有效地跟踪学生对写作作品的修改情况，监督学生重视评价过程，通过对写作作品的反复评价，不断打磨自己的写作作品，在修改中强化自主写作意识，提升写作能力，从而保证教师写作教学的有效性。

第五章　大数据时代高校英语写作教学改革与创新

大数据是当今世界发展的趋势，人们在存储、分析和利用巨量、高速、多变的数据的同时，自身的行为方式、思维方式也都在发生着改变。在大数据、人工智能、技术支持驱动下的外语教育改革不可避免。在今后的二三十年里，外语教育（主要是英语教育）会发生根本性的变化：教学模式、学习模式、教师认知和学生认知等，包括科研方向和重点也会有根本性的改变。大学英语写作教学毫无疑问会因为大数据时代的到来面临新的变化、挑战与机遇。

第一节　大数据为英语写作教学带来的变化、挑战与机遇

一、变化

大数据的时代特点为大学英语写作教学，包括写作资源、写作目的、写作内容与组织、写作手段、写作评估以及写作能力的内涵带来从观念到行为等多方面的变化。

1. 写作资源丰富化

传统的英语写作教学"一支笔""一本书""一张嘴"的模式不复存在。英语写作教材也不再是唯一的教学辅助工具。互联网上丰富的写作资源和数字化材料应有尽有，包括文本、音频、视频、课堂录像等，其为英语写作提供了大量的、多样化的指导。写作语料库及强大的数据检索引擎能在英语写作内容方面提供如词汇选择、词语搭配、单词使用频率、语境使用等个性化

的帮助。跨学科、跨课程的信息资源又能帮助学习者极大地拓宽视野，丰富写作材料。

2.写作目的明确化

英语写作的思维方式不同于中文写作，长期习惯于中文思维的中国学生在英文写作过程中往往容易受母语思维的干扰，写作过程不注重语言形式和思想性，更多关注内容和语言表达的正确性。写作总体缺乏目的性，写作的态度往往被动，是为了写而写，为了完成任务而写。大数据时代自动写作软件和智能写作平台帮学生解决了语言形式和细节上的问题，使学生有更多的精力可以放在内容组织、逻辑架构、语篇思想等方面。同时，作为数据和信息的产出者和使用者，写作者成为写作行为的中心，写作者与读者的间隔被打破，写作者同时也是读者、他人习作的评估者和反馈者。写作不再是作者一个人的自言自语，任何作品都可以由写作者传到面向公众的数字化平台，通过双向的反馈和对话，实现写作者、读者、评价者与反馈者之间的有效互动。这种身份的互换无形中会增加写作者的写作兴趣，使写作者通过阅读、欣赏他人作品更明确自己写作的意义和目的，促使写作者更加注重提升自己的写作能力和思辨能力。

3.写作内容可视化

这里的内容不仅包括写作者自己的习作内容，还包括通过计算机网络与他人共享的写作内容。网络使信息数据具有开放共享性，也搭建了相互交流、互动学习的桥梁，而这种交流互动是产生内容的重要途径。通过师生之间、生生之间、网友之间的讨论交互，更多的想法和创意得以产生。数字化写作平台又能提供各种语言内容信息，各种文字记录、绘制流程图和脑图的软件还能帮助写作者用图表形式把写作内容直观化和可视化。

4.写作手段智能化

传统的写作手段无非是一张纸一支笔。计算机和笔记本电脑的普及使文字处理系统代替了纸和笔，从而减轻写作者的劳动量，提高人们的写作效率。大数据时代各种应用软件、智能写作平台、自动评估系统、移动写作系统、语料库系统、在线搜索引擎等从词汇、语法、句型结构、作文体裁、语篇欣赏等角度提供全方位的写作辅助。这些系统和技术支持极大地丰富了写作手段。写作者可以打破传统写作教学时间和空间上的局限，在任何时间、任何地点展开写作。

5. 评估和测试方式多样化

长期以来，英语写作教学都是学生写、老师改、老师反馈的单一评估过程。同伴反馈、生生互评的尝试丰富了评估主体和反馈方式，但是大数据时代才能把写作教师从评估和反馈的重担中解放出来。信息技术和数字化智能平台已经能在一定程度上将学生作文中的语言特征和系统语料库里的标准特征进行对照，实现自动评估，并及时给出同步反馈。互联网又进一步实现评估者和反馈者的身份互换，人机互动、生生互动、师生互动都改变了单一的评估反馈模式，丰富了评估反馈的内涵。测试方式不再只限于纸笔测试，机测、网测已经大规模出现并得以运用。

6. 写作结果数据化

在传统的英语写作教学中，学生完成习作后提交，老师批改反馈后返回给学生。少数学生根据修改建议进行修改，多数学生则从此就将写作作业束之高阁，使写作无成果可谈。在大数据时代，写作已经是社会交际的一部分。写作活动从确定主题和内容，到如何写、怎么写好、互评反馈、修改完善、分享发表等，每一个步骤都可以是交际活动的一部分，都可以作为数据保存在网络或共享平台上。对写作结果进行的数据分析，又可以作为分析学生语言能力、评估写作能力发展情况的重要依据。

7. 写作教学社会化

大数据时代的写作教学已经不再局限于校园内的传统课堂教学。大学校园的界限会变得模糊甚至被打破。数据共享、技术支持、智能互动等已经极大地延伸了课堂的时间和空间。移动写作、协作写作、同题写作等新的写作模式把教师的教学活动和社会有机连接起来。教师利用微信、微博等社交媒体，将其作为写作工具，发布写作任务、分享教学内容、鼓励生生互评、激励成果发表等行为都促成了写作教学与社会环境的无缝对接。此外，社会环境也可以成为写作教学课堂外的有益补充。比如，国内外主流媒体的门户网站都设有读者反馈与讨论的专门栏目，鼓励学生参与这些真实性和实时性的讨论，能满足学生的认知需求，提高学生的阅读和写作能力。各个学校的国际交流交际活动无论是交换生项目、国际学术交流，还是国际展会或体育赛事志愿者等都会涉及写作任务，能为英语写作教学提供丰富的参与计划，全面培养学生的英语写作能力和思辨能力。因为慕课平台课程的共享，学生只要拥有上网的机会，就能使用数据、生产数据，来自世界不同国家的学生都可以在网络上相遇、互动，成为学习伙伴，地域限制因此已被打破。当学习行为变得社会化，教育公平就有机会实现。

二、挑战

大数据和外语教育技术相结合具有的高速度、高效率、高性能、高体验的特点，把单调、固定、封闭的传统课堂转换成一个多媒体、多模态、多情境、多资源渠道的综合立体、开放式学习系统。慕课平台对优质教学资源的开放共享，网络交互式、集体式、开放式、即时性的激发型互动学习体验让教师丧失了知识的权威地位。大数据时代为人们的学习方式带来新的理念与突破，也无疑为英语写作教学改革带来新的挑战。教师的技能和素养必须与时俱进，才能应对大数据带来的挑战。

1. 课堂翻转，挑战英语写作教学课程内容

在大数据时代背景下，英语写作教学的教学资源呈现海量网络化的特点。慕课平台名师、名课程的共享开放性给学生提供更多获取专业知识的途径。如果教师仅仅依靠传统的纸质教材，采取面授方式，课程计划因循守旧、单一扁平，授课内容照本宣科，那么毫无疑问，会受到学生的质疑。因此，面临这样的挑战，英语写作教师要构建多元化的教学方案来适应数据化网络环境下的写作教学。对教学目标、教学模式、教学内容都须加以提升、扩张和完善。写作教学的内容可以扩张到网络精品视频资源、语料库检索共组、写作辅助手段等多元化的教学资源。教学模式可以把课内讲授、课外自主学习、师生交流、生生互动等结合起来。教师通过给学生分享慕课优质写作课程，充分探索翻转课堂，采用个性化教学模式，鼓励学生的写作热情。比如，教师可以和自己的学生们一起登录 Coursera，学习美国杜克大学的英语写作课程 English Composition I：Achieving Expertise，作为自己课程内容的补充，然后与学生一起讨论自己的收获与学习感受。教师允许质疑、鼓励求证的平等互动态度是"教学相长"的最好例证。

2. 角色翻转，挑战教师写作评估方式

长期以来，写作教师都是采取单一的评估方式。学生完成作文上交、教师在一定时间内批改返回。如果教授的写作班级人数多，写作数量大，那么作业的批改实在是件费时低效的苦差事。有时教师花费心思在学生作文上留下的密密麻麻的批注和修改意见，学生不一定会仔细阅读。有的学生看到布满红色批注的作文还会失去对写作的兴趣，根据教师建议主动做出修改的少之又少，除非老师要求提交二稿三稿。教师一直扮演着绝对权威的评估者和反馈者角色。在大数据时代，传统的教师角色受到挑战。自动在线写作评改系统、智能写作平台都能提供作文评估和反馈，并根据语料库对比数据提供修改建议。写作者提交作文后，可以及时通过数字化平台的自动评分与评语系统获得反馈信息，并根据评改建议修改完善。想要看到自己分数不断提高的写作者还可以根据及时的反馈和建议多次修改、多次提交。迅捷的在线反馈、人机互动、同伴互评使教师作为评价者和反馈者的权威身份在这一过程中被削弱。当然，自动评估系统由于自身的不足，如前文介绍批改网时提到过的缺点：不能评估文章内容切题与否，不能识别结构复杂的句子，对文章修辞没有反馈，尤其对文章的内部逻辑和关联性、文章的流畅性无法给出反馈等，这些都意味着教师的评估方式还是有着不可替代的优势。所以在应对这一挑战时，最好的做法是把教师评改和反馈与在线反馈、同伴互评、师生互改结合起来，打破师生之间身份的界限，使评估方式更多元化、立体化。

3. 挑战教师知识体系建构

英语写作教师目前所处的教育教学模式，是基于传统的课堂教学：固定的教材，灌输式授课，教案是经过不断的教学经验提炼而成的知识结晶，具有重复性。教师作为资源的占有者和知识的传播者，知识体系相对固定。大数据时代给这种有边界限制的知识传授方式带来冲击，固有的知识体系安全模式被打破，不变、不更新知识体系意味着被信息化社会的飞速发展所淘汰。当学生已经开始习惯用网络和现代技术搜索数据、观看视频课程、网上阅读、评论互动、获取最新资源等时，教师如果还停留在照本宣科的年代，就不能给学生提供教科书外的训练和知识，不能激发学生的创新思考和思辨能力，那么毫无疑问，是无法被新时代的大学生们所接受和认可的。程云艳在研究新教育范式下大学外语教师的机遇与挑战时指出，学校最受学生欢迎的十佳教师多数是35岁以下，善于把新的技术和理念融入教学中的人，而他们的学生的创造能力和批判性思维能力也远大于教师的预期。在大数据时代，如何利用现代科技获取知识和相关信息，如何更新教师的知识体系，实现教学方式重构，是教师们不得不面对的挑战。

4.挑战教师信息技术应用能力

大数据时代教育技术与英语教育的深度融合变革了英语写作教学方式，英语写作教学的新生态环境也给英语写作教师信息技术应用能力带来了挑战。大数据技术让教师角色发生了颠覆性的变化，按刘润清一文中所描述的：教师从 God 变成 guide，从 sage on the side 变成 guide on the side，从 teacher 变成 helper、councilor 和 facilitator。写作教师要承担课堂的组织者和学习的引导者、学习资源的管理者和数据的整合者、知识的协商者和互动学习的指导者、写作过程的诊断者和写作成果的评估者等角色。比如，一个新时代的写作教师要进行一次完整的写作课程教学，课前要熟悉学生特征，选择适合学生学习用的课程视频，发布写前任务；课内根据学生学习反馈，组织课堂教学和讨论，布置写作任务；课后利用智能化平台或自动写作评估系统监督学生写作过程，结合在线反馈或生生互评等方式进行写作评估。提供公开课、在慕课平台分享课程资源的教师，还要录制授课视频，这又涉及相当多的技术细节：如何将视频模块化以便于学生利用零碎时间观看；如何使关键知识点嵌入交互式问题方便学生检查学习效果；如何嵌入超链接介绍背景资料；如何提取视频课选修者资料进行数据分析；等等。正如陈冰冰所指出的，要应对大数据时代英语教学变革的挑战，教师应该具有驾驭技术（信息技术与教育技术）、自主设计与实施课程的核心能力。

三、机遇

机遇总是与挑战并肩而行。基于大数据的英语写作教学面临的挑战，也会带来新的发展机遇。

1.基于大数据的英语写作教学使个性化的自主学习成为可能

大数据给教育领域带来的重要变化，正是对学习者复杂学习活动之海员数据进行个性化分类研究的重要机遇。基于大数据的英语教学的教育理念，使教学不再以教师授课为中心。教师作为教学活动的组织者和引导者，成为学生学习活动的辅助者和指导者。比如，学生可以主导慕课的讨论，发布讨论结果，与教师和同学交流信息；教师指导学生通过自主学习获得的数据挖掘和分析寻求最符合自身需求的写作方法和手段。各种智能化写作平台，优质在线资源，在线反馈和互动频繁的同伴反馈、生生互动和师生互动，打破区域界限的协作写作，随时随地学习的移动写作，等等，都是实现个性化自主学习的有效途径和保证。学习者与同伴有效的联结和互动构成规模庞大的学习群体，而这种以学习者为中心的教学和学习模式，使得教师可以利用大数据分析，了解学生对数字化平台和网络的使用情况，进而明确学生多样化的学习需求，并以此为根据设计更适合学习者特征、满足学习者需要的教学活动，为个性化的自主学习提供多样性的资源、选择和学习指导服务，从而提升学习者的写作能力，最终达成自主学习能力的最优化。

2. 基于大数据的英语写作教学使新型写作课程体系得以优化

基于大数据的在线教育、网络课程的核心竞争力就是课程内容。Coursera和 edX 这些慕课平台的数字化课程资源涉及各门各类学科，授课语言选择丰富。edX 所使用的课程语言多达 15 种，总课程数量 2124 门，其中英语为中介语的课程为 1913 门，占 90%。Coursera 的课程总数达到 2700 多门，它的创始人 Andrew Ng 在访谈中更曾指出，Coursera 一年内收集的教育数据，超过了过去 500 年所有的教育数据总和。

各种慕课平台和网络精品课程，就像一个巨大的开放性课程自选超市，质优价廉，选购方便。想象一下，坐在家中或者走在路上就可以收看哈佛名教授的授课，这对于学习者来说，是不出国门就能获取最优教育资源的机会，而且这些资源还在持续更新和增加中。面对国际、国内海量的优质教学课程，教师们必须重构课程体系，合理整合线上线下的教学内容，与翻转课堂理念相结合，用技术手段作支撑，实现写作课程的最大优化。优化的可能之所以存在，是因为在线课程的课程设计内容面对的是全球的学习者，没有针对性。而由于教学对象的特点、需求不一样，即使是来自世界名校的著名教授的课程，也无法完全满足所有学习者的需求。此外，在线课程的互动性和完成率（完成率只有个位数）也是无法和课堂教学相比的。基于此，教师可以结合技术手段和大数据分析，结合在线课程的优势，依据教学对象的特点和个性化需求，设计更合理的课程内容，构建更完善的课程体系。

3.基于大数据的英语写作教学促进教师向专业性、复合型发展

大数据时代带给英语教学的挑战和冲击是毋庸置疑的。英语写作教师除了要更好地提升自己的专业知识，优化写作课程设计外，还要提升信息技术能力和综合素养。在人机一体化的数字化教学环境下，除了传统的课堂组织和管理、学习引导和激励外，教师还应对教学技术和手段、网络媒体和平台、资源建设和开发、数据收集和分析等熟练掌握和运用。这也就意味着教师以前不太要求的专业能力和综合素养都可以因为大数据环境而得到孕育、发展。以数据的产生、收集和分析为例：学生对写作任务或授课视频的每次点击；在观看授课视频中途有没有暂停；写作；写作任务是否按要求完成、是否修正、修正次数、花费时间等；在互动评论里写了些什么，获得了怎样的反馈；等等。通过解读数据，写作教师可以更科学地把握英语学习者自主写作的行为特点，更准确地判断其语言表述能力的发展倾向，分析出学习者的写作风格、认知倾向、写作策略、动机类型、人文素养等。教师在对学生的数据分析和解读过程中更了解自己面对的学生，更能因材施教，制定有效的教学策略，合理设计教学活动。这一过程的实施和完善也促使教师不断根据数据反馈反思自己的教学理念、认知方式、角色定位等，从而全方位地提升教学能力。

基于大数据的新生态教学环境使单打独斗、孤军奋战的教学模式格格不入。教学可以依靠智能化的写作系统和数字化教学手段，把个体劳动转化为团队合作，最大限度地减轻教师的重复性劳动，促进专业团队建设发展。大数据环境也使跨空间、国际化的合作形式成为可能。

随着信息技术的进一步发展，大数据会给英语教育带来更多的变化、挑战和机遇。大数据创新了英语写作教与学的方式，促使教师改变思维，与时俱进。大数据支持的数字化写作环境，为英语写作教学与研究提供了更广阔的发展空间。

第二节　大数据时代英语写作教学模式重构

长期以来，我国的大学英语写作教学存在教学目标不够明确、教学内容单一扁平、写作课堂缺乏互动、评价反馈费时低效等问题，其写作效果不尽如人意，学生写作能力提升不明显。大数据时代的海量资源和智能写作系统、在线反馈和移动学习模式对教师的教学行为和学生的写作行为都产生了重大影响。教师的教学方式、课程内容、教学手段、评估方式和学生的写作目的、写作内涵、写作环境和写作结果等都发生了巨大的变化。在大数据环境下，英语写作教学模式重构成为不可回避的趋势。

中国教育网2010年刊发的《国家中长期教育改革和发展规划纲要（2010—2020年）》专门阐述了教育信息化的发展目标，指出"信息技术对教育发展具有革命性影响，必须予以高度重视"，要"充分利用优质资源和先进技术，创新运行机制和管理模式，整合现有资源，构建先进、高效、实用的数字化教育基础设施"；同时，要"加强优质教育资源开发与应用"，"提高教师应用信息技术水平，更新教学观念，改进教学方法，提高教学效果，鼓励学生利用信息手段主动学习、自主学习，增强运用信息技术分析解决问题的能力"。现代化的信息技术与课程的整合优化是提升学科质量，提升学生能力的有效途径和方法。整合不是"技术＋教学"的简单叠加。当前很多英语教师把PPT课件设计得很"炫"，课堂活动热热闹闹，音频视频轮番登场。表面上学生上课上得高高兴兴，但检测教学质量和学生学习能力时，却发现并没有得到有效提高。这样的课堂教学并不是对技术的成功整合和应用，也不是在数字化环境下，应该倡导的教学模式。基于大数据语境的英语写作模式重构，是信息技术和英语写作教与学深度融合的产物，有利于扩大英语写作课堂教学的深度和广度，是充分能动地培养学生自主学习能力、提升写作能力的有效途径。

各学校、各写作教学与研究团队立足大数据背景，从内容和形式上对英语写作教学模式重构做出了设想和尝试。吴晓蓉建议从写作主体、写作客体、写作文本、写作受体四个维度重建，来应对数字化的冲击。陈庆斌则从教学目标、教学资源、教学形式、师生和生生互动关系及考评体系等角度提出构想，指出从五个方面进行写作教学的重构：培养新型读写能力，整合教学内容及资源，更新传统教学方式，建立新型师生、生生关系，健全新型考评体系。胡加圣、靳琰从跨学科的角度出发，以外语教学和语言学理论、教育学及心理学等教学法为基础，以教育信息技术等为基本构成要素，构建跨学科的教学体系。针对英语写作技能，设计"英语读写"课程模式，将读与写紧密结合起来，以读促写，以写促读。这样的教学设计，既不排斥课堂内读写的功能，又能融合网络读写的优势，扩大阅读面，增加写作量。学生通过阅读解码输入，然后整合分析语言现象并输出。学生之间的语言输入和输出又可以进行交互反馈。在强大的语料库支撑下，采用多元化写作机制，提供给学生大量写作素材，建立有效评估机制以促成写作能力的提升。

还有研究者提出英语写作教学新模式并进行了实证研究。邵春燕基于社会文化理论和英语专业写作教学的特色出发，提出了多角色参与的英语写作教学模式，并对英语专业二年级两个平行的写作班级进行了为期16周（一个完整的教学学期）的实验研究。通过创设不同的活动情境，促进学生的社会互动与合作，创建最近发展区，尽可能发挥学生在写作中的主体性作用。她的研究发现，该模式有效提高了学生的习作质量，对学生写作能力的后期发展与自主性学习能产生持续性影响。王保健等尝试在数字信息化背景下构建大学英语过程写作教学模式。结果表明，过程写作教学模式有助于学生写作能力的提升，写作效果优于传统的结果写作教学法，学生写作成绩跟实验前比有明显提高。学生整体对该教学模式持肯定态度。

数字化英语写作教学模式以建构主义的学习理念为基础，采用过程体裁教学法，将数字化学习资源与英语写作紧密结合，创建真实、自主、交互的学习环境。授课教师上传信息、资源至平台供学生使用；学生在学习过程中不断通过搜索、浏览、分享、写作、测验、互评等方式完成学习任务。以数字化学习资源建设为起点，师生互动、协作开发生成开放性资源。教师评改的课堂范文、学生提交的多稿作文、同伴互评的赏析妙语、平台自动评改系统的三级评议等都是语料库来源。借助于TRP，数字化英语写作教学团队建构了300余万字的中国学生英语写作语料库。通过对这些原汁原味的真实文本的分析，形成了基于海量数据的错误类型语料库。

大数据时代的数字化英语写作教学的新模式，通过创设真实情境的意义建构，来促进学生主动认知知识结构的建立，从而革新以教师为中心的传统英语写作教学模式。新教学模式以学生为中心，师生协作，共建数字资源平台，一方面极大地丰富了写作语料库，另一方面也使学生置身于真实互动的学习环境中，多元化学习资源与写作过程环环相扣，满足了个性化的学习特点和多样化的学习需求，真正激发了学生的写作兴趣和热情。学习资源的多元化和微型化不仅有效地支持了课堂教学，还有助于培养学生自主学习的能力。数字化英语写作教学模式是在线学习与课堂教学、自主学习与互助学习的有机结合，既可降低写作教师的工作强度，提高作文评改的质量，又能促进学生自主学习能力的养成，提高写作能力。它的构建和成功实践，为大数据时代英语写作教学改革与研究提供了更广阔的发展空间。

英语写作从传统的使用纸、笔写作，到现今使用电脑和在线系统写作，再到使用手机或 iPad 等平板电脑的移动写作，其写作方式和评估方式都发生了重大的变革。而网络资源的极大丰富、写作素材库和语料库的技术支持，使英语写作变得数据化和社会化。在大数据时代，学生可以利用网络输入作文话题关键字，轻松获取海量的话题资源和数据。强大的搜索引擎和数字化平台还能提供多样化的写作指导、测试与反馈。传统的写作教师角色和学生角色发生改变，对写作资源的运用和评估，也成为写作教学改革的一项重要内容。

第三节　网络资源与数据库

信息化时代，网络作为传输信息的载体，从某种程度上来说就是一个巨大的资源库。网络资源的交互功能使学习资源的形式变得越来越生动。英语写作课程网站及各种写作素材库和数据库的建立，使英语写作过程更数字化，写作手段更丰富。海量的英语写作教学资源也削弱了传统教材和传统教学方法的地位。单一的教学方式和评估手法必须适应时代的变化。教师需要更多地发挥自主权，合理运用现代技术手段，自由整合各类写作教学资源，借助大数据将具体教学内容向外辐射，筛选出适合自己学生学习的最新的音频、视频语料，服务于教学。在大数据的支持下，学生的自主学习和社会化学习成为可能甚至常态。通过网络资源，学生可以接触到原汁原味的英语材料，方便、快捷地查询需要的资源。比如，如果需要写作素材，可以搜索 Resources for Writers and Writing Instructors Web Quest 为英语学习者提供不同层次和难度的任务模式，让学习者在完成任务的过程中相互合作。普度大学的在线英语写作实验室是美国比较完善的写作实验室之一，提供超过 200 个写作课程的讲义，如语法、各种领域写作方法等。

  网络数据库也是极其方便的语言学习和研究资源。教师可以利用网络语料库引导学生的学习，推荐适合的写作语料库来完善学生的英语学习环境。号称目前最大免费英语语料库的美国当代英语语料库，是一个动态的历时语料库，具有很强的文本实时性。COCA 收集了从 1990 年至今的现当代美国英语用法，每年更新约 2000 万字的词汇数量，目前包含有 5.2 亿词的文本，这些文本分别由小说、流行杂志、报纸、学术文章等语料构成。即使拥有这么庞大的语料库，COCA 的搜索速度依然非常快。注册账号后可以无限制使用搜寻功能，不注册登录的用户也可以每天搜索 10~15 次。COCA 的英语语料来自专业正式文本，如美国英语使用情境下的口语演讲、小说、杂志、报纸、学术期刊等。和其他网络用语素材相比，COCA 的语料来自有更多严谨检查与使用的专业或正式文件，相对而言更能避开有争议的用法，更接近正式的语法。这为英语实用文体写作提供了更专业、正确的查询和语料参考。COCA 语料库也提供单词的词频信息，有助于学习者了解该单词在实际应用中的出现频率及单词的使用语境，从而帮助学习者在英语写作中更准确地用词。语料库还能提供模糊搜索、同义词、单词搭配、搜寻一个词语的所有变化形态等功能。使用时只要在网页搜寻栏内输入要查询的英文单词、词组或句子，就可以找到相关的语料，比较同义词近义词，确认语言表达是否地道、语境是否合适，等等。对于中国的英语学习者，尤其是英语写作者，COCA 是功能非常强大的语料库。笔者在搜索框输入 "I guess"，点击 "See frequency by Section"，就会看到这个词组的使用频率：在口语中出现超过 2 万次，在小说中出现 1.3 万次，但在学术文章中只出现了 566 次，这说明它在学术文章中的使用频率偏低。此外，还有 WcbCorp(http √ / www.

webcorp.org.uk／）。WebCorp 是基于网络语词的功能强大的语料库，提供高级搜索选项，用户可以根据自己的需求设置搜索条件，选定特定的主题领域，设置时间范围，等等。WebCorp 不仅提供共时的网络语料库，也提供历时的网络语料库。

除了这些语料库，还有语料库检索工具软件，如 Wordsmith，Antconc，PowerConc 等，在检索语块、词语索引、单词使用频率、词语搭配、语境使用情况等方面都能给教师和学习者提供便捷。基于语料库的写作能够为学生提供丰富的、真实的语料，帮助他们克服母语负迁移的影响和对英语语言的错误认知，让英语写作更地道，更接近英语国家本族语使用者。

第四节　自动写作评估系统

随着计算机和网络技术的飞速发展及自然语言处理技术的发展，基于自然语言处理的各类算法、模型、机器学习法等纷纷涌现。20 世纪 60 年代至今，英语自动写作系统的研究领域不断交叉，逐步涵盖了认知心理学、计算机科学、教育测量、语言学、写作研究等学科，自动写作评估系统被认为比人工评改更加稳定，可消除人类评分员因其特质行为（如光环效应、疲劳、趋中性、松紧度等）造成的信度损耗。由机器计算出的分数在统计学意义上具有可靠性，其作为质量评估的有效指标对学生的写作水平加以区分，具有解释力和使用意义。

自动写作评估系统开发的初衷是帮助写作教师提供更高水平的写作反馈，加速写作反馈的过程及更好地激发学生的写作动力，提升写作质量。经过多年的发展，各种自动写作评估系统已经初具规模，并且有了一批忠实的用户群。国外的自动评估系统比国内开发得早，类型更多，相关的研究文献也更丰富。对于自动评估系统的开发研究最早可见于 20 世纪 60 年代由 Ellis Page 教授团队开发的写作自动评分系统。随后，更多的自动写作评估系统如 IEA、E-rater、BETSS、IntelliMetri、Criterion、MyAccss 等陆续成功开发。国外关于自动写作评估系统评价研究也随之引起众多学者的关注。国内的自动写作评估系统开发相对较晚，数量也更少，使用最为广泛的有句酷批改网（http//www.pigai.org）和极智批改网（http://www.Smartpigai.com）。前者简称批改网，拥有国内高校规模较大的用户群。此外，引起广泛关注的在线智能写作平台还有由清华大学和高等教育出版社合作开发的"体验英语写作教学资源平台"。

第五节　自动写作评估研究与实践

国外研究者们对基于大数据技术的在线自动写作评改系统评价褒贬不一。一方面，AWE 系统写作测试场景的可靠性得到了很多研究者的认可。这种正面评价促使更多的研究者把研究视角进一步扩大到教育领域，通过基于写作课堂的实证研究来求证 AWE 系统对于教学的积极影响。他们的研究结果肯定了自动评估系统的优势：能够给学生提供适合的语言质量反馈，让学生有更多修改文稿、练习写作的机会。这种功能也在一定程度上解放了写作教师，使他们能够把花在修改语法错误上的时间省下来，集中精力给学生提供文章内容和结构方面的个性化建议。另一方面，学者们也发现 AWE 系统存在诸多不足。Weigle 指出，由于系统的技术发展还有欠缺，系统给出的关于语言质量的反馈比较表面化，不能提供更高质量和更深层次的建议。Fang 在肯定 My Access 系统正面作用的同时，也指出依赖这个系统的评分会使学生更关注写作表层的东西而忽略写作内容。综合来说，研究者们发现 AWE 系统在写作内容、结构、写作风格方面给出的建议反馈都非常有限。此外，学者们在评估学生和自动写作评改系统的相互作用时也发现学生的参与度非常欠缺。Warden 对 42 名二语写作学生在获得自动评估系统给出的反馈后的反应做完调查后发现，每名学生平均只花了 6 分钟查看系统评估后的文稿。Grimes 也指出，学生对于 AWE 系统的反馈和互动仅停留于表面，学生呈现出一种很明显的修改趋势——在提交第一稿后，根据自动写作系统的评估稍微修改几处错误后会尽可能快地提交第二稿。Attali 的研究报告显示，有超过 2/3 的学生在收到 AWE 系统反馈后从不提交第二稿。类似的学生写作者行为也在 El Ebyary 和 Windeatt 的研究中得到证实：有一半学生在得到自动写作系统评估反馈后从不提交修改稿。Vojak 等更是在写作研讨会上明确表示反对使用自动系统进行写作评分。

国内关于自动写作评估系统的研究起步稍晚，但近年来随着大数据技术的发展及信息化和自然语言处理系统的融合，相关研究也在快速增长。从最初对国外 AWE 系统的引介研究，到基于批改网、智能写作平台等国内写作系统的本土化的实证研究，国内写作教学领域的学者们开始涉及在线写作的方方面面，为基于数据技术的新型写作教学提供了强有力的理论支持。在对国外 AWE 系统的评价研究里，梁茂成和文秋芳对国外三种最知名的自动写作评估系统（PEG，IEAErater）的分析最具代表性。他们详细评估了每一种自动写作评估系统的优势和不足。简而言之，这些系统跟人工评估和反馈相比，在语言评估质量、机器评分效度等方面存在问题。IEA 重内容，轻形式；PEG 重形式，轻内容；Eraier 相较前两种而言结合（对内容和形式的分析），但对作文质量和语言质量的分析还不够全面。

关于本土自主开发建立的自动写作评估系统的研究里（以关于句酷批改网的信度和效度研究为主），研究者们大多对其应用价值和对英语写作教学的正面作用做出了充分肯定。一方面，批改网写作评估系统的积极意义在于，它能就学生语法、词汇、表达规范性等给予修改建议，能够如实记录学生提交、修改作文的历史轨迹，并保留所有的修改数据，形成个性化的学习者写作数据库。写作教师也可以随时调阅学生作文，布置学生进行同伴互评和群批，对系统已批改作文做人工评改，能读取数据，对数据进行整理分析，等等。笔者在实践中也发现，由于系统在线批改与反馈的即时性，学生在提交作文后会立刻得到评分与反馈。笔者的学生为了提高作文评分，会按照系统语料库的建议，修改自己习作里的用词，调整句子结构，等等。高达几十次，甚至上百次的作文修改和语言提炼对学生语言能力的提高无疑是有帮助的。另一方面，批改网也存在弊端，尤其是与人工评改相比，不能评估文章内容切题与否，不能识别结构复杂的句子，对文章修辞没有反馈，对文章的内部逻辑和关联性、文章的流畅性无法给出反馈，等等。与人工评改相比，批改网给出的分数显著偏高，这也意味着自动评改系统的信度还有待提高。

国内外研究者们对基于技术支持的在线自动写作评估系统的调查分析有

一个共同点：AWE写作评估系统确实给写作教师和学生带来便利，于教师而言，节省了批改作文的时间，可以把更多精力用来培养学生其他方面的写作能力；于学生而言，AWE系统能减轻写作焦虑，增加自信心，促进自主学习能力养成。但不可否认的是，自动写作评估系统在很多方面还存在不足，它们可以用来辅助英语教师的评改和反馈工作，却不能用来替代教师的人工评价和反馈。最有益于学生写作能力发展的评价与反馈是自动在线评改反馈与写作教师的人工评改相结合的模式。

纵观自动写作评价研究50年的发展，从单一分数评定阶段，到合作分数评定阶段，再到人机交互评改阶段，从重形式到重内容，再到二者兼重，呈现出非线性和多维的特征，为写作教学和写作评估提供了一条有效、高质的途径。自动写作评价研究从关注可行性和信度（机器评分快、准），到关注效度（机器要包括越来越多的语义和修辞特征），再到关注后效（机器要激发学生的有效写作学习），似乎契合了三个科技革命（工业革命、电力革命、生命科学和移动互联网革命）的重心，即从标准、规范到科技、创新再到个性、快乐。科技的发展最终以人的个性化发展为本，而写作评估的本质也该如此。

第六章　多元视角下高校英语写作教学有效性分析

第一节　写作过程视角

一、概述

传统的写作教学重视的是成品作文，而过程写作教学重视的是写作活动的主体即写作者，注重写作主体的思维活动而不是结果。过程写作教学法提供了一条立足作者的活动去指导写作教学的途径。

过程写作教学法兴起于20世纪80年代，受当时流行的教育理论的影响，其有着非常深厚的理论基础。第一，交际理论认为，人因其本身的社会性而决定了人与人之间信息交流、情感交流的渴望。所以，从某个方面来讲，人一定要通过彼此之间的言语交际来实现和满足自己的社会归属感。第二，认知主义者认为学习是一个不断认知、领会以至获取的过程。第三，建构主义者认为学习是一种建构，它是新经验的获取和旧经验的重组。第四，人本主义者提倡以学生为本的理念。第五，现代学习心理学理论认为写作是一种学习结果，主要与写作知识、写作技能、写作策略有关系。除此之外，过程写作教学法兴起之时也正是信息加工理论风行的时候，因此也不可避免地受到了信息加工理论的影响，下面将从两个方面来展开论述。

（一）写作是信息加工、处理和输出的过程

信息加工是对已有的信息进行分析、提取和利用的过程，在对信息进行加工处理之后会产生出新的有效的信息。著名心理学家加涅认为，在信息加

工学习理论当中，学习分为若干个阶段，不同的学习过程进行着不同的信息加工。每个学习阶段当中所进行的信息加工和处理是不同的，不同的信息加工和处理方式也影响着每个阶段的学习。

写作的过程是信息加工的过程，在此过程当中，写作者调动自己的长时记忆，对记忆中的信息进行加工处理，而这也正是写作的选材构思和写作修改等环节，最后的信息输出也就是写作者的作文成品。

写作是一个问题解决的过程，此过程就是根据既定的话题和思路去起草完成一篇写作作品的过程。最典型的就是将写作的过程分为预写作、打草稿、修改、校订、发表等过程。

（二）写作是复杂的思维过程

写作是一个复杂的思维创作过程，它需要写作者熟练地运用书面语言将自身思维活动所得到的信息表述出来。对于学生的思维和表达能力的培养和训练不但是写作教学的主要目的，而且也是写作过程当中需要运用到的能力。写作的过程就是思维的过程，是对某一个既定的话题进行思维创作的过程，在这个过程中，写作者不仅要从自身思维特点出发，还要具备强烈的读者意识，站在读者视角审视自己的写作思路。

写作是思维的工具。当作者开始写作时，他们会想到写之前没有记住的事情，写作行为会产生新的想法，写作是发现和探索的过程。作者通过它会去发现问题、识别问题、构建问题并解决问题，同时重新思考他们现有的东西。写作并不是把头脑中已有的信息直接写出来，而是一个需要对头脑中信息进行思维辨析和重组的过程。

（三）过程写作的特征

五步骤写作法将写作过程分为预写作、打草稿、修改、校订、发表五个阶段，它注重写作过程的每个环节，同时也有着相应的教学指导策略对应每个写作环节。

过程写作非常重视写作者的主体作用，强调写作者将自身的生活经历经过加工处理表述出来，关注写作者的独特体验。在写作的过程当中，写作者自由抒发自己的人生感悟，也自己计划实施和监控自己的写作活动。

过程写作非常重视交流和互动的过程，以及在课堂上的师生和学生间互动交流的过程。从写作前的准备阶段开始，这种交流和互动就是课堂上的常态，接下来的修改环节和分享发表环节也都是在交流和互动当中完成的。

二、过程写作教学法的实施策略

（一）预写作的策略

写作前的准备也就是学生作文构思的阶段，这一阶段是写作过程当中非常重要的一个环节，在这个环节当中要尽可能地打开学生的写作思路，让学生的写作过程变得自然顺畅，接下来介绍几种启发学生写作思路的策略。

1. 头脑风暴法

头脑风暴法是语言教学当中经常用到的一种教学策略，在过程写作教学当中同样能够很好地发挥出教学作用。在写作前的准备阶段，教师根据写作主体选定一个话题，让学生集思广益围绕话题从各个方面进行思索，将能够想到的和话题相关的内容尽可能多地表达出来，并让学生就内容进行讨论和发表意见。这样做就能够在短时间之内得到大量的信息，也使得写作从一开始就有源源不断的材料供学生去挑选而不会面临无话可写的窘境。

2. 集束思维法

集束思维指的是就特定的话题进行联想，得到尽可能多的信息的一种思维发散方式。比如说选择"秋天"来作为话题进行联想，将联想到的事物或者人物这些关键词在黑板上写出来，用画圆圈的形式圈出关键词，如果将圆圈中的关键词再次进行延伸联想的话就用线条连起来形成类似于知识树的结构，每一个线条代表着一个相关的联想。比如说"秋天"这个话题学生联想到了"枫叶"，那教师就可以在黑板上圈出"枫叶"并连接起来，再由"枫叶"联想到诗人杜牧的《山行》，就可以继续连接起来。这样构思下去就可以形成信息最庞大的信息树，树上的每个枝条和树叶都是一个奇妙的想法和构思，它们会构成丰富的写作素材。

（二）打草稿的策略

这一阶段主要就是学生自由写作的阶段，可以选择 5W1H 分析法来进行指导，这个策略能够很好指导学生进行英语作文写作，对于学生打开思路也有很好的帮助。这个策略在平日的课堂上就能得到练习。学生根据确定的写作主题和写作手法来完成自己的作文，在这个阶段不必过多地要求学生在单词拼写错误、标点符号和病句上面耗费精力，只要结构合理字数足够就可以算是完成初稿了。

（三）修改的策略

好的作品都是改出来的，写作文也应该注重修改。在传统的作文写作当中很少涉及修改，就算是涉及作文的修改也往往只限于单词拼写错误、标点符号等方面的小修改。过程写作教学法则注重在文章结构和写作思路等方面的宏观修改，在修改理念上，可以看成是重新认识自己作品、重新创作的过程。

学生在打完草稿之后进入作文修改阶段，在这个阶段教师需要担负起重要的指导作用，指导示范修改的过程和注意事项。在教师示范指导之后，学生进入小组合作修改阶段，小组成员朗读自己的作品，小组其余学生在他阅读完之后发表自己的看法并做出评价，在提出自己的见解之后再根据优秀作文的标准进行修改。

（四）校订的策略

校订主要是就完成修改之后的作文进行文字、标点符号的修改和润色，其可以采取如下方式：

一是检查错词病句，检查标点符号，检查语句是否重复、语气是否恰当；

二是学生通过自己朗读来进一步校订检查自己的作品，看读起来是否有语句上的不顺畅，如果读起来感觉别扭再仔细检查是否有不恰当的地方。

在校订定稿这一个环节，最主要的是检查修改之后作品的错字、语病等方面，在作文整体结构中心思想方面不再进行修改，小组成员之间可以互相校订检查。教师也可以讲解一些常见的单词拼写错误、标点符号等，帮助学生总结和记录。

（五）发表的策略

发表是过程写作教学法的最后一个环节，可以选择的策略大致有以下几种。

第一种是小组内为其余小组成员朗读自己的作品；第二种是在班级之内

为全班同学朗读自己的作品；第三种就是在教室后面专门开辟习作园地，把发表的作品张贴出来激发学生的写作热情。发表作品的方法还可以有办板报、出作品集等。

第二节　批判性思维视角

一、概述

美国教育家约翰·杜威在1910年首次提出批判性思维概念，杜威非常强调和探究反省性思维在学习中的重要意义。他表示批判性思维就是要让每个人都质疑、谨慎，对个人的想法进行大胆探究，主张"教育即成长"。批判性思维作为美国教育界的重要研究问题之一，已经有很长一段历史了。在20世纪40年代，这是美国教育改革的重要主题；70年代，成为美国教育改革的焦点；80年代，批判性思维是美国教育改革的核心。国内外大量教育学者、专家也从多个角度来界定批判性思维的概念。

华特生·格雷泽在1980年指出，批判性思维是一项包含知识、技能和态度的综合性思维，具备批判性思维的个体应该拥有质疑态度、解释问题的知识储备以及分析和评价认知能力。罗伯特·恩尼斯对批判性思维概念的界定是：为了做什么、决定相信什么而形成的反省、合理的思维。这种思维具备合理性和反思性，而思维的重要内容在于决定相信或做什么。马修·李普曼将批判性思维理解成熟练且可靠性强的思考。这种思维对背景极其敏感，对标准依赖性较大，而且完全可以自动调整，可以产生可靠判断。

国内针对批判性思维的研究仍然停留在摸索阶段，研究起点是20世纪80年代我国学者对国外著作的译介。发展到21世纪，国内研究此领域的学者数量开始增多，目前已经拥有相对正式的团队。杨武金表示，批判性思维能力表现为对各类信息的比较、识别、判断、理解、分析等方面，在这其中较为重要的便是推理和论证，批判思维的使用首先需要合理运用推理和论证。从本质上看，批判性思维就是逻辑学科的内容。王习胜表示，批判性思维本身就是自觉地对某种观点和行为进行合理的反思性审查的思维。韩少杰、易炎针对英语专业学生的批判思维培养进行针对性研究，深入探讨批判性思维和英语写作的相关性，重点讨论批判思维能力的形成对英语写作的重要意义，并针对英语写作教学中批判思维能力的强化和发展提供相应的措施。刘东虹选择多个样本开展大学生英语写作调查，结果发现：现阶段，大学生的英语写作仍然受限在权威观点中，很多学生都缺乏独立思考的精神，写作内容空洞，他强烈呼吁大学生应该重点培养批判性思维。谷振诣对批判思维含义的界定是：当面对做什么、相信什么时，个体做出决定的思维能力，是个体世界观得以完善并全面运用到生活实践的思维能力；从根本上看，批判性思维要求个体应该具备针对问题提出恰当论证的能力。

上面这些观点是国内外学术界针对批判性思维能力概念做出的大致界定。总结来看，批判性思维从根本上说并不是为了否定或怀疑一切，而是一种有选择的辩证思维。美国哲学协会使用 Delphi 方法（注：反复询问调查、专家意见以及直观结果的方法）对批判性思维概念进行定义：这是一种带有一定目的的可自我校准的判断。专家们普遍表示，批判思维本质上是一种质疑的技巧，它是教育中的一股重要力量，也是教师和学生们每个人不可或缺的一种思维方式。综合相关定义可知，批判性思维是一种在获取新知识时的正确思维，是有目的的行为，用多种角度看待问题，用已有的知识和技能对客观事物的准确性进行理性的思考，得出个人独特的判断，提出有建设性意见的结论以及思维过程，是人们在认识世界以及各种评价活动中最基本和最富有创造性的思维形式。

二、批判性思维技能

批判性思维的两个最重要的部分是技能和态度习性，而这两大部分下面又各自包含了很多的子内容部分。本研究将采用美国哲学协会"特尔斐"项FI对批判性思维技能的定义，其定义的批判性思维技能包括六大方面，分别是解释、分析、评价、推论、说明和自校准。

具体来说，这六大要素构成了人们的思考过程。解释和分析是进行批判性思维的第一步，对将要分析的事物要持有一个整体性的认识，也就是全局观。在对事物进行解释与分析的过程中，人们逐渐掌握到批判性思维的核心。有的时候，被分析的事物过于庞大、复杂，则需要人们将此分成几个较小的部分，再对每个小部分逐一进行上述的分析讨论，以整化零地将问题解决掉。

批判性思维的本质就是验证推导结论能否适应所有的情况，是否具有普遍适用性。在对每一个问题进行论证的过程中，所提前推导出的结论得到验证与否，以及所适应的情况是否存在特性，是批判性思维超越其他固定性、单一性思维的独特之处。

1910年，杜威对批判性思维进行研究时，曾定义说，批判性思维不能不考虑最后推论出的结论的含义，学习者不仅要考虑最后的结论是否能够得到其他结论的验证，还要证明推导出的结论能够加深对问题的理解和认识。除此之外，学习者还要对自己的思维和学习过程进行反思与总结，在批判性思维之后，他们得到的结论是否给他们以新的启迪和认识。最后，要对问题做一个综合性的回顾和总结，并考虑在批判性思维的整个过程中所运用到的要素，即自校正。正确进行批判性思维的重要基础条件就是要对问题持有一个明确的立场，这样最后才能推导出一个合理的判断。

三、批判性思维与英语写作相结合的研究

外语学习过程中一个重要的表达手段就是写作，在英语的学习和掌握的过程中，写作相对来说是一个较难学好的技能，所以说如何让学习者掌握更高水平的写作能力，一直以来都是英语写作教学领域的重要课题之一。在过去的几十年中，如何将批判性思维与英语写作更好地结合起来，如何用批判性思维方式来引导英语写作水平的提高，一直是英语教学领域的研究重点。经过大量深入的研究和实际考察，主要取得了以下研究成果。

（1）国外研究

北美、欧洲等国家，因为对批判性思维的研究起步早，已经逐渐建立起相对成熟和完善的研究体系，并且将研究的成果逐渐运用到了实际的教学活动中。

西方国家对于批判性思维的研究已有一段相当长的历史，关于批判性思维与写作之间关系的研究也取得了一定的成就，主要的认识表现在以下两个方面。

一是批判性思维即认知能力。国外一部分学者认为，批判性思维是一种相对简单的单元性结构，其核心就是认知能力。杜威认为批判性思维的过程具有自主性、反思维性的独特属性。批判性思维在写作过程中的体现就是，作者对想要表达的主题和采用的写作方式都有明确而精准的把握，在这个基础上，把搜集证据和写作的过程不断地加入自己的思考后，最终形成一种具有自主性的相对正确、合理的结论，通过书面文字的形式呈现出来。

二是批判性思维是一种双维结构。随着对批判性思维研究的不断深入发展，另一种研究观点逐渐发展壮大起来。美国著名哲学家、作家彼得·法乔恩组织了一个研究队伍，在历经两年的研究讨论后，共同提出和完成了"特尔斐"项目。他们认为，批判性思维不是单纯的一元性结构，而是思维能力和情感因素二者相互结合的双体结构。在批判性思维实际指导写作的过程中，不仅仅是作者内部思维结构、思维方式的体现，而且包含了写作者情绪的变动，因此写作过程是思维与情感二者共同作用的活动。

（二）国内研究

在我国，英语写作一直是教学的重点，但一直没有取得良好的成绩。20世纪70年代左右，学生在英语写作过程中，只注重正确的语法和用词，并不考虑文章的整体性，对文章的内容、结构等没有全局观的把握，这从侧面反映出了英语写作过程中思维方式的单一和匮乏。在随后的十年里，逐渐产生和发展了过程教学法，写作不再是词语的堆砌，而是写作策略的体现；写作不再是单纯的活动，而是结合了思考过程的复杂性的创造活动。但是在发展的过程中，因为其本身过程的琐碎性而产生了整体结构凌乱、效率低下等问题。20世纪90年代后，经过了前期的发展探索，在批判性思维与英语写作相结合的相关研究下，产生了体裁法，开始重视写作者、作品以及读者三者之间的关系。

李莉文探讨了关于英语专业写作评测模式的改革途径，提出应从两个方面建立融入批判性思维能力考查的英语写作评测新模式。

朱晓妹从对比中、英文议论文写作的角度分析了英语专业大学生的批判性思维特点。她发现无论是中文还是英文议论文，英语专业大学生都比较缺乏批判性思维，而英文议论文中的批判性思维呈现明显的年级差异，她注意到学生在中、英文议论文的写作过程中表现出相似的思维特征，低年级学生由于英语语言水平限制只能表达他们能表达而不是他们想表达的思想。

韩少杰研究了英语专业写作中批判性思维的培养，分析了写作和批判性思维之间的内在联系，并讨论了批判性思维在写作教学中的重要性。

周燕杰把批判性思维能力发展和英语写作课相结合，在文章中讨论了新的写作评判标准。

通过上述学者的研究结果可知，目前根据学生英文作文分析学生批判性思维的研究主要集中于大学生群体，但他们都有力地证实了英语写作是分析、测量和培养批判性思维的有效手段，这为批判性思维的研究提供了新的视角。近三十年的研究，逐渐使人们认识到，写作其实就是一种思维过程，而批判性思维在英语写作过程中具有正向的积极的引导作用。

四、英语读写教学批判性思维的培养对策

根据上文分析得出英语读写批判性思维的培养问题，以及对问题成因的分析，下面提出英语读写教学的批判性思维培养的基本途径和具体途径。其中，基本途径主要从教师和学生两个方面进行探究，具体途径主要针对英语阅读教学过程和写作教学过程中培养学生批判性思维教学模式的探索。

（一）批判性思维培养对教师的要求

1. 加强批判性思维理论的学习

教师在学生英语学习过程中具有重要的引导作用，如果教师对什么是批判性思维以及如何培养学生批判性思维能力的认识比较模糊，那么培养学生的批判性思维就变成了无稽之谈。因此，要想培养学生的批判性思维能力，教师首先要对批判性思维理论知识有一定的了解，即教师通过学习和研究批判性思维理论，加强对批判性思维的认识，只有这样才能更好地落实新的本科生培养标准中对学生批判性思维能力的培养目标。具体而言，教师可以通过查阅关于批判性思维的相关书籍或资料等，加深对批判性思维内涵的理解，以便更好地将批判性思维与具体的课堂教学相结合。

2. 营造宽松和谐的教学氛围

在课堂教学中，轻松和谐的教学氛围可以让学生处于放松的状态，在没

有紧张和焦虑的情况下，学生的思维往往能够得到发展。在普遍的课堂教学中，学生在课堂上不善于质疑，不敢提出问题，这在一定程度上与课堂环境有关系。多数学生反映，在课堂上教师对学生的提问并没有做到详细的回答，有些教师甚至会说"这么简单的问题，自己去思考""我刚刚已经讲过这个问题了，你都没听吗？"等类似的话语。在这种情况下，学生只能选择沉默，不敢提问。因此，在课堂上应该认真对待学生的提问，鼓励学生提出问题，提出质疑。如果出现学生对教师讲过的知识进行提问等情况，有可能这位学生对这部分知识还不够理解，教师可以适当地进行进一步的讲解或者可以通过请其他同学解答的方式来解决，这种方式不仅可以帮助学生答疑解惑，同时还能起到考查和巩固知识的作用。综上所述，营造宽松和谐的教学氛围有利于学生对知识的掌握，使学生的思维处于积极状态，从而有利于学生批判性思维的培养。

3.创设问题情境，促进学生思考

学习需要思考，思考就要善于质疑，这表明问题情境的设置可以促进学生的思考，产生思维活动。然而，在读写教学中，以教师为主导的教学模式依然普遍存在，导致学生在课堂上讨论和思考的时间不足，教师设置的问题单一，缺乏层次性。因此，在读写教学中，教师应根据学生的实际认知水平和学习水平设置不同的问题，由浅入深、循序渐进。例如，可以先设置一些认知理解性的问题，然后提出分析性的问题，再提出评价性的问题，从而让学生从问题中加深对阅读文本的理解和写作话题的分析。另外，通过问题的设置，还能加深学生对问题的讨论，从讨论中进行合作学习，互相交换意见，进行思维的反馈，同时权衡其他的观点，最终促进批判性思维的培养。

（二）批判性思维培养对学生的要求

1.纠正对英语读写片面的认识

由于学生对英语读写的认识存在误区，他们普遍认为在读写中最重要的是对词汇、句型和语法的理解与掌握，从而在文本阅读中忽视了作者的写作思想及写作的目的和态度，在写作学习中忽视了写作思想的创新和文章的组织结构，以及文章论述的观点的逻辑性等。实际上，英语阅读和写作不仅仅是对基本语言知识的学习，更重要的是读者与文本的交流、读者思维的创作，并且这些思维会通过语言的形式表达出来。然而，英语学习不是简单的语言的学习，更加重要的是思维的训练，这表明学生应纠正对英语读写片面的认识。

2.养成积极的思维习惯

古人云："学而不思则罔。"无论是在英语阅读还是写作学习中，学生都应该要学会思考。

思考的过程实际上也是一种对信息的鉴别，或对观点的批判和理解的过程。如果在学习中没有思考，而是直接接受或者抛弃，不去伪存真，就无法获得真知。因此，在英语学习过程中要养成积极思考、善于质疑的思维习惯，而不是盲目接受现有的理论知识。例如，在英语阅读学习过程中，要善于问自己一些问题，如"作者为什么要这么说？""作者这么写的意图是什么？为了表达什么思想？"等。同样，在写作过程中，也要思考"我这么写是否能够突出文章的中心？"，"我的结论是否可以这么写？前面的论述与结论是否相符？"等问题。通过思考、探究，不断地养成积极的思维习惯，有助于在质疑反思中提升自身的批判性思维能力。

（三）英语撰写教学批判性思维的培养具体对策

1.英语阅读教学批判性思维的培养对策

为落实高校英语人才培养目标的具体要求，培养学生的批判性思维，教师可以将批判性思维的分析、推理、评价等技能结合到阅读教学的整个过程中。由于阅读过程一般可以分为阅读前、阅读中以及阅读后三个阶段，批判性思维的培养就可以融入这三个阶段的学习中，让学生对阅读文本进行预测、分析、评价、反思和论证，具体的批判性思维培养对策如下。

（1）阅读前

教师可以根据教材的设计，结合自身对阅读文本的理解，采用提问的方式，引导学生结合文本中插图、文章标题或与文章相关的背景知识，对文本的内容和主题进行预测。同时，通过讨论与文本相关的话题，让学生自由发表自己的认识和看法，甚至教师可以将学生不同的观点列举出来。

（2）阅读中

首先，学生快速阅读文本，找出文章的主题句，对文章的结构进行分析，总结出文章的大意；其次，引导学生对文章的组织结构和语言特点进行分析；再次，学生细读文章，教师通过提问的方式引导学生区分文章中的事实和观点，引导学生关注作者的写作目的和写作态度，通过文章的表层含义推断出作者在文章中要表达的深层含义，从而对阅读前的预测进行验证；最后，教师可以组织学生对作者所阐述观点间的关系进行分析，分析作者论证过程的逻辑性、连贯性等，并对文本的组织结构进行评价，判断作者的论述是否与作者要表达的写作意图相一致。

（3）阅读后

在分析与讨论后，教师可以指导学生对文章的主要内容和观点进行归纳总结，以及评价文章作者的写作目的、语言特点和篇章结构等，并在评价的基础上，形成自己的理解和观点，同时，也可以尝试着对文章进行修改。或者在读后阶段，通过写作的方式培养学生的批判性思维。教师可以设计一些与文章主题相关的话题，让学生通过写作的方式，构建自己的观点。

2. 英语写作教学的批判性思维培养对策

写作是学生思维的创作过程，因而批判性思维的培养需要融合到写作的整个过程中。从写前的准备到文章写作的完成过程，是培养学生批判性思维的重要过程。因此，在写作教学中，教师培养学生批判性思维可以从以下三个阶段进行教学渗透。

（1）写前准备阶段

写作前，教师可以选择一些与学生的实际生活相关、有争议性或开放性的话题，激发学生对话题的探究意识。然后组织学生对写作的话题进行讨论，阐述自己的观点，分析评价他人的观点，并与自己的观点进行比较。如果条件允许的话，还可以组织学生针对写作的话题进行辩论，以此提高学生的批判性思维能力。

（2）写作阶段

根据前一阶段所获得的写作素材，对搜集到的写作资料进行分析、筛选和评价，但注意不是将资料进行简单的罗列。这就要求学生将写作素材进行归类，构思文章的组织结构，并将与自己观点一致或能够支撑自己观点的论据，有条理、有逻辑地进行组织和整合，归纳出自己的观点，组织语言。在这个过程中，学生可以通过分析、筛选和整合资料等，培养批判性思维能力。

（3）写后阶段

完成作文初稿后，教师首先可以让学生对自己所写文章的语言、结构和逻辑性进行评价，然后可以通过互评的方式，引导学生对他人的作文进行评价。评价内容具体包括：文章的立场是否清楚；文章中所表达的观点或论述的观点是否有条理性，并能够清晰明了地反映文章的主题；文章中所写的结论或建议是否清楚且有根有据；他人的谋篇布局和论述是否有值得自己借鉴的。学生互评完之后，教师根据学生的评价，进行总结和点评，让学生养成运用批判性思维技能的习惯。同时，学生还需要总结自己对文章的评价，以及他人对自己文章的评价和建议，综合分析评价的结果，对文章进行修改、润色，不断完善自己的文章。

第三节 学习互动视角

一、概述

（一）互动与互动教学模式

Interaction，即互动，其动词形式是 interact。Interact 中的前缀"inter"的含义是"彼此""共同""相互"，"act"的含义是"行为""行动"，两者结合起来的意思就是相互影响、相互作用。在语言教学过程中，教师常说的互动，指的是在一定的环境条件下，人和人之间存在的各种程度、性质、形式的影响和相互作用。互动最早是由德国的社会学家齐美尔在1908年发行的《社会学》中首次提出，最早应用于统计学领域。他提出，根据不同的研究对象，采用互动的形式更容易得到观察结果。

互动教学就是将"互动"这个社会学概念应用到教学上来。从20世纪70年代互动教学法出现后，对于互动的定义，很多语言学家也提出了自己的见解，在此列举一个比较具有代表性的例子：戈登·威尔斯认为，语言方面的互动实质上就是一个合作、协作的活动，任何一个有关语言交流的行动都涉及三个方面的内容——信息输出者、接收者和语境之间关系的建立。

在《现代汉语词典》中，对"模式"一词有这样的解释：某种事物的标准形式或使人可以照着做的标准样式。而"教学模式"这个词在我国英语教学资料中的概念一直很模糊，没有统一的说法。那到底什么是教学模式呢？张正东认为，所谓教学模式，是存在理论支持的一种教学活动操作框架。其本身可以通过实践经验的概括而形成，也可依据教学理论而形成。韩琴的观点觉得，教学模式是在长期教学过程中所形成的一种比较稳固的教学程序及教学结构。

互动教学模式指在教师的启发和指导下，教师与学生之间、学生与学生之间使用语言进行沟通交流，在这个过程中让学生都可以掌握知识，锻炼自己的能力。教学变为一个开放式模式，将被动吸收变为主动学习，充分发挥学生的想象力，帮助学生塑造一个崭新的学习结构模式。这说明互动教学模式是一个教和学相互影响、相互制约的统一过程，通过师生间的信息交流互动，从而形成相互理解、教学相长的良好教学氛围。因此，人们开始对互动式教学模式在教学过程中的重要意义投以更多的关注。

（二）互动式写作教学的内涵

英语互动式写作的基本定义为：在英语教学过程中充分融入互动式教学理念，采用学生与学生、教师与学生之间的互动学习作为课堂教学形式，将文字、语言、声音作为互动行为的媒介，在写作的构思、拟题、指导、修改、评价、定稿等环节，一直保持学生和学生、老师和学生的互动交流，以此来提升学生的写作水平和能力，激发学生的写作创造性、能动性、积极性。

1.互动式写作教学的组织形式

小组合作是互动式写作教学过程中习惯采用的一种模式。所谓合作学习即是将学生分为几个学习小组，为每个小组分配一定的工作内容，并在规定的时间内对小组完成任务情况进行有效评估，最后以评估结果作为评价学生学习成绩的重要依据。在开展互动式教学时，老师应当依据学生写作兴趣的不同、写作能力的高低、学生性别比例等进行小组划分，每组4~6人，每个组员都应该有自己的职责，可分别扮演发言人、检查员、记录员、主持人的角色。在完成自己任务的前提下，实现小组的整体写作目标，老师在写作教学过程当中起指导者的作用。

2. 互动式写作教学的类型

每个教学过程都有自己独特的行为主体，互动式教学的行为主体可以分为以下三种类型：师生互动、生生互动和学生自我互动。

（1）师生互动

在师生关系问题上，一直以来人们往往是更加关注教师这一方面的态度和作用，他们希望通过对教师角色的正确定位来建构和谐的师生关系。然而这也并不能忽视学生作为一个具有独立个性以及能自我建构的个体，完全可能发挥而且也必须充分发挥他们的作用。在师生互动的教学课堂中，老师不是权威者，而是引导者，老师和学生地位是平等的。老师不仅要将知识传授给学生，更重要的是教会学生独立思考、行动、质疑等。在整个教学环节当中，老师引导学生一起讨论命题、精心构思，然后独立写作，再相互评改。通过这样的互动形式，学生的智慧和思想得到了共享和激发，在老师的帮助下，学生建立了相关知识结构，提高了学生和老师的鉴赏水平和写作能力。

（2）生生互动

互动教学理论认为，人际互动才会产生有益的学习。这说明了互动在学习中的重要作用，但是传统的教学模式当中只存在师生互动，生生互动则被认为是消极的或者是无关紧要的。尤其是在我国的写作教学活动中，这种情况更加普遍。一般情况是老师立意、审题、选材、谋篇布局，然后学生进行写作，学生的写作永远都是在自己的思维圈中完成的，最后老师对学生的作文进行批改，学生再针对批语进行领悟学习。作为现代合作学习理论的创始人，约翰逊就曾发表过这样的观点：对于课堂学习过程来讲，最容易掌握的知识是在学生与学生间互动的过程中，它比任何一个教学环节都要重要。这表明同龄人之间最容易沟通，影响作用最大。由此可见，有益的生生互动能够提高教学活动的质量。

（3）学生自我互动

人们常说的自我互动即是指在学习过程中，学生进行自己与自己内部的交流。在这个过程中，学生既作为交流客体，又作为交流主体，因此情感沟通、语言表达都是一个复杂的心理活动。从这种意义上来说，自我互动模式是师生互动、生生互动的终极目标，它能不能顺利进行成为衡量教学成败的重要标准，而这种模式在教学过程中往往被许多老师所忽略。

二、互动式教学的理论基础

（1）互动教学理论

"互动"这个概念最早起源于社会学，代表人物主要有德国的社会学家齐美尔和美国社会学家G.H.米德。齐美尔被认为是互动理论的第一发言人，他在1908年发表的《社会学》一书中首先提到了"社会互动"。美国社会学家G.H.米德于20世纪20年代首次在符号互95动论中阐述了互动的含义，即互动是一种建立在符号和语言基础上的相互作用，被认为是符号互动论的鼻祖。他认为，互动的本质就是相互作用，主要是指人与人之间在心理或行为上发生的交互作用和相互影响，也就是一个人的行为对另一个人的行为产生影响，或者一个人的行为改变另一个人的价值观的过程。

互动教学就是把社会学上的"互动"概念应用到了教学上。教学上的互动是指在教和学的过程中，教师和学生两者之间既相互作用、相互影响，又相互制约、相互促进的过程。在师生和生生之间的对话、交流、合作、交往等教学情境中，教师不断引发新的教学活动来促进学生的学习，学生则通过积极地反馈和及时调节参与教学活动的方式来提高自己的学习效率，完成学习任务，在教师和学生的相互作用和相互影响下共同达成教学目标。它主要包括三层含义：①互动教学存在于课堂之中，是教师和学生之间发生的相互作用和相互影响，教师和学生都是教学互动的主体，教师和学生在教学互动中的关系是相互平等的，并互为主客体。②互动教学是教师和学生之间发生相互影响和相互作用的过程。但这种互动不是教师与学生或者学生与学生之间发生的单向互动，而是教师与学生、学生与学生以及学生与学习内容之间发生的多向而又交互的影响，而且这种相互影响和相互作用不是间断式的，而是一个循环、连续的过程。在这个互动的过程中，教师与学生、学生与学生之间不断地相互影响、相互作用。③互动教学包括了教师和学生之间发生的一切相互作用。其相互作用的形式是多样的，可以是教师与全体学生、教师与某个小组的学生或者教师与某个学生之间的相互作用，也可以是学生群体之间或者学生个体之间的相互作用。其相互作用的内容也是多样的，教师可以向学生传授知识，也可以与学生交流情感，学生在互动过程中既能发展语言能力，又可以发展合作能力和交往能力。互动教学不单只是发生在课堂之中，还可以向课堂之外进行延伸。互动教学理论认为，一个人的学习和发展都离不开与他人的互动与交往，教师和同伴都是学习者的重要互动对象。交互双方的知识和技能都处于不同的水平是实现有效学习的秘诀，学习者需要通过与知识和技能都强于他们的教师或者同伴进行交往，才能有效提高他们自身的知识水平和技能水平。

互动式英语写作教学就是要创设一种交流、合作、对话的写作情境，充分挖掘教学过程中两大主体的潜力，通过师生互动、生生互动的教学方式，让教师和学生在交往和互动中相互学习、相互影响、相互促进，有效的提高了学生的英语写作水平，提升了英语写作教学效率。

（二）合作学习理论

合作学习，也称协作学习，是20世纪70年代初在美国兴起的一种富有实效的教学理论。这种教学理论的研究缘起于社会学和心理学领域，不少研究者分析研究了学习活动中各种因素的影响和作用，提出在教学过程中应该开展合作学习的先进理论。合作学习的课堂以学生为中心，其教学形式以小组活动为主，教师是课堂教学的设计者和促进者。在合作学习的课堂中，学生按不同的性别、不同的能力等因素分成若干个小组，以小组为基本的学习单位。小组成员要有明确的责任分工，每个成员都要尽自己的最大努力参与学习活动，并为实现小组的共同学习目标做出自己的贡献。为了理解和掌握某一个学习内容，并最终完成小组的学习任务，小组成员之间相互支持、相互帮助，一起分析和讨论问题，阐述和倾听各自的观点，彼此学习自己不懂的内容，从而填补相互之间在理解上的不足。

合作学习总体上具有如下几个特征：①异质分组。建立多元化的学习小组，分组时要充分考虑小组成员在性别、学习能力以及其他学习品质上尽可能具备的较大的差异性，这有利于小组成员之间相互接纳、共同发展，特别是可以让学习能力较弱者得到学习上的帮助。②分工合作。要求各小组成员必须按照一定的规则进行学习，既要明确分工，又要互助合作，为了实现共同的学习目标，小组成员之间要尽可能相互鼓励、相互帮助。③资源共享。为顺利完成小组学习任务，各小组成员会共同分享学习资源，以达到学习成绩的最优化。④集体评价。成绩评价以小组为单位进行，在注重集体评价的同时也兼顾对小组成员的个人成绩进行评价。这样有利于小组成员之间互助学习，可以大规模地提高学生的学习成绩，同时也可以让班级的整体学习气氛得到改善，还可以培养学生良好的心理品质。最典型的合作学习类型可以分为师生合作学习和生生合作学习。

在互动式英语写作教学中，要注重建立多元化的学习小组，通过小组讨论、小组互改、小组互评、小组共读等方式，让小组成员之间相互帮助、相互学习、相互启发，共同分享学习资源，拓展学评渠道，优化学生的写作语言，并在相互鼓励和相互支持下，培养英语写作兴趣，提高英语写作水平。

三、互动写作教学模式设计

（一）写前阶段互动模式设计

在写前阶段，互动写作教学模式主要旨在引起学生的注意力和写作兴趣，让学生开始关注写作主题，并激活相关的思维，调动其写作的动机和欲望。具体来讲，在该阶段教师可通过与写作主题相关材料的阅读和讨论，达成学生与文本之间、学生与学生之间的互动与交流。值得注意的是，第一，阅读材料必须与写作主题密切相关，与学生的学习生活、社会生活息息相关，既能让学生感到阅读的意义，又能在潜移默化中吸收和了解相关的写作技能；第二，阅读材料布置的形式可以多样化，可以在写作课之前，通过网络或者配套相关教材利用课后的时间进行阅读，也可以教师在写作课前提前准备好相关资料，在课堂上分组阅读、交流问题和心得体会。阅读材料的绝大部分应该是英文的，有利于学生词汇语块的积累，写作技巧的借鉴和模仿。也可提供少量的中文相关背景材料，激活其更深更广的思维。阅读结束之后，学生和学生之间、学生与教师之间可以就之前准备好的问题展开讨论，相信这时候教师和学生都有各自对相关话题的理解，自由讨论发言促进了彼此信息的沟通、观点的交流和思维的碰撞，对写作任务、写作提纲、关键表达等的探讨和磋商便很自然地引入了,很大程度上克服了之前的畏难情绪,为下一阶段的写作开好了头。

(二)初稿阶段互动模式设计

在此阶段,学生以书面形式呈现讨论结果。在该阶段可使用"独立写作"和"小组合作写作"两种形式,使"师生—生生—生本"互动交替出现在整个过程中。独立写作即在第一阶段写作的动机和思维被激活的情况下,又有了相关语言词汇和语法结构的积累的准备,学生开始独立写作,在此期间尽显做到一气呵成,不查字典、不参考别人意见、不寻求老师指导,完全顺着自己已有的思维模式完成写作初稿。小组合作写作则指经过小组讨论互动之后,学生明确分工,由一人专门记录,共同完成写作初稿。一般写作初期多运用合作写作,而中后期多采用独立写作。

不论何种写作形式,写作初稿完成后,首先作者对它进行整体性自检,其次对检查过程中发现的单词拼写、词语搭配和句子结构等错误进行及时修改,在此过程中各互动小组的学生之间、学生和教师之间可以进行及时的互动,如解决语言表达的问题、段落之间的衔接、语篇布局的困惑等。

(三)修订阶段互动模式设计

修订阶段任务主要包括同学互评、教师互评和自我修订。在学生完成初稿后,教师给每位同学或小组发放参考范文和评阅标准,明确互评目的和要求,随即开始工作。学生互评结束之后,及时修改并上交作文。教师才可对学生作文进行终评。此阶段师生互动主要通过教师反馈及学生修订体现,生生互动主要通过同学之间的互评体现,生本互动主要通过学生互评和在此基础上的自我修订实现,期间三种形式交替进行。

四、互动式英语写作教学策略

互动式英语写作是指把互动式的教学理念充分融入英语写作教学过程中,以教师与学生、学生与学生之间的互动合作学习作为课堂的主要教学形式,以声音、语言、文字等作为课堂教学互动行为的主要媒介,在英语写作的选题、构思、讨论、修改、评价以及定稿等环节,让教师和学生、学生和学生之间一直保持互动交流,从而激发学生写作的积极性、能动性和创造性,最终提升学生的写作能力和写作水平。根据大学生的年龄特点和语言水平,互动式大学英语写作一般会包括写前准备、写作初稿、交流讨论、修改、评价、再修改等环节。在教学中主要采用以下教学策略。

(一)异质分组,构建互动时室

保证学生合作学习成功的必要条件之一是对学生进行合理有效的分组,因此开展互动式英语写作教学,首要是进行合理有效的分组。互动式英语写作教学的组织形式是以学生的小组合作学习为主要组织形式。所谓合作学习,是以异质小组学习为基本的学习形式,以小组成员之间的合作性学习活动为主要学习内容,以小组学习目标的达成度作为主要评价标准,以小组合作学习所取得的总体成绩作为教师评价和奖励合作学习小组的主要依据的教学策略体系。合作学习小组的组建,不只是把班级的学生进行简单地划分,而是要按照优势互补的原则和有利于互动的原则,尽可能地考虑每个成员的优势和劣势,使学习小组内的每个成员之间形成优势互补。有不少研究表明,合作学习小组的构成是以综合性别差异、情感态度差异、学业成绩差异、能力倾向差异等多因素组成的异质小组为最佳。这样的合作学习小组可以使每个小组成员之间相互取长补短,从而达到共同进步和提高的目的。在互动式英语写作教学中,教师要根据学生的性别差异、写作水平的高低、写作兴趣的高下以及组织协调能力的强弱等多种因素进行异质分组。而各合作学习小组之间的水平应基本保持一致,以确保各学习小组之间可以展开较公平的竞争,有利于对小组合作写作进行有效评价。

在异质分组时还要考虑学习小组的规模,因为小组规模对学生的学习参与度也有较大的影响。根据罗杰的"研究小组的规模与小组成员的参与程度"的相关研究结论得出:3~6人的小组规模最有利于小组成员参与小组互动,结合班级的实际人数,又考虑到双数有利于组内成员同时开展Pair-work,互动式英语写作教学的合作小组规模一般为4人或6人。为了避免在小组活动中出现少数学生参与写作活动、多数学生只能沦为看客的不良情况出现,小组中的每一个成员都被赋予了具体的职责,每个小组成员可以分别担任主持人、发言人、评价人、记录人等职责，大家各尽其职，共同合作完成教师布置的写作任务。

互动式英语写作教学的有效开展，还应合理构建合作小组的互动时空。在传统的英语写作教学中，占主导地位的课堂教学时间往往是师生互动的时间，而生生互动的时间则相对较少。在互动式英语写作教学中，要充分给予合作小组内的互动时间，让学生有足够的时间相互讨论、相互交流、相互评价、相互欣赏，同时也可以开展合作小组间的互动交流和互动评价。在合作小组的空间布局上，也要有利于课堂教学互动活动的开展。

（二）任务驱动，激发写作动机

英语写作需要有明确的写作动机与积极的情感态度。激发学习者内在的写作动力，把被动写作转变为学习者的主动写作和自主写作，是互动式写作教学的重要研究内容。动机理论认为，激发学习者内在的学习动机是教学最根本的任务之一，要让学生在教学活动中形成主动学习的意识，并进行积极的自我建构。内在学习动机是指学习者对学习活动本身感兴趣而引发的动机。只有学习者对学习活动本身感兴趣，才能产生持久的学习动机。如果学习者没有学习兴趣，就不会主动开启思维过程，也不会有强烈的学习热情，自然也就不会产生强烈而深刻的情感体验。如果培养了学习者的学习兴趣，就能够给学生创造良好的心理环境，激发学习者的学习动机。这样就有利于师生之间开展良好的课堂互动，也有利于学生创造性地进行写作。如果写作教学没有一定的吸引力，学生就不会有写作的积极性，甚至产生很大的畏难情绪，这并不利于写作教学的开展。只有学生对写作话题感兴趣，才会产生写作的动力。培养学生的英语写作兴趣、激发学生的英语写作动机、唤起学生英语写作的主体意识是互动式大学英语写作教学的核心理念之一。

任务驱动法能否激发学生的学习兴趣、学习积极性和创新能力，其关键在于教师设计的学习任务能否激发学生学习的"驱动力"。因此，精心设计写作任务是互动式大学英语写作教学成功的关键。只有设计好的写作任务，才能激发学生的写作动机和写作热情，把他们原先储存的语言知识积极转化为语言应用能力，学生的语言产出才能真正以量促质，从而达到对词汇、句法等语言知识和语言技能的运用自如。好的写作任务可以让学生自觉产生写作的愿望,让学生有内容可写,还能够写得多、写得好。教师设计的写作任务必须让学生感兴趣,才能引起他们的写作愿望。教师设计的写作任务应该是学生熟悉的话题,才能确保学生在写作时能言之有物。教师设计的写作任务还需要适合学生当前的英语表达水平,要确保学生之前获得过相关的语言输入,并能在写作时用上这些语言,做到学以致用。

(三)提供支架,激活写作语言

科里斯认为,并不是所有的学生都乐意去接受和完成那些能够使他们获得成功体验的学习任务,当学生在执行学习任务时,教师还需要为他们提供必要的学习支持,并帮助他们积极构建学习经验。支架教学可以向学习者解释当前的学习任务,激活学习者原有的学习经验,并向学习者提供学习策略,还可以向学习者示范解决问题的过程。在这一系列的过程中,教师主要扮演帮助者和促进者的角色,指导、帮助和激励学生利用已经学过的知识来内化新学习的知识,顺利完成各项学习任务,从而让学生实现学习上的主动发展。

(四)互助合作,优化语言输出

语言输出理论强调语言输出的假设检验功能。在检验假设的过程中,学生会得到语言输出的反馈,反馈主要来自语言的接收者或者作文的评价者。如果反馈是肯定的,学习者就会认为其语言输出假设是正确的,从而可以内化语言;如果反馈是否定的,学习者就会明白自己的语言输出假设是错误的,从而修改所输出的语言。也就是说,学生的语言是在不断地互动中优化和习得的。许多的心理学研究结果表明,同龄人之间心理沟通的成功概率是最高的,心理沟通的作用和效果也是很显著的。也就是说,同龄人之间最易交流、沟通。约翰逊作为现代合作学习论的重要代表人物曾提出:在课堂教学中,学生相互之间的良好关系比任何其他教学因素对他们的学习、健康发展和社会化等方面的影响都更强有力。小组合作写作使学生之间要分角色进行交流、表达,在交流和表达的过程中要向小组汇报、向全班汇报以及听同伴汇报,在这一过程中语言的输入和输出员都会大大增加。通过同学之间的这种交流,也使学生接触语言的广度和频率大幅度增加,不但提高了学生的英语写作能力,还有效提高了他们听、说等综合语言运用能力的发展。而在传统的英语写作教学中,教师没有充分考虑小组讨论、交流和互助合作学习等因素,很多时候学生都是被动地接受教师布置的写作任务，然后独自构思并完成写作任务。这样的教学方式导致课堂学习气氛比较呆板，同学之间没有机会互相取长补短，写作水平较差的同学也得不到及时的帮助，以至于他们无法消除写作过程中遇到的障碍，而写作水平较好的学生却不能充分发挥他们的写作优势和写作热情，长此以往，很多学生用英语进行写作的兴趣就会慢慢消逝，甚至逐渐变得害怕用英语进行写作。由此可见，学生之间充分有效的互动学习方式是提高英语写作教学效率的重要途径。

（五）形成性评价，展示写作成果

《英语专业本科教学质量国家标准》和《大学英语教学指南》强调，在课程的实施过程中，教学评价要起到激励学生学习的重要作用，并倡导采用形成性评价。形成性评价是英语写作教学的一种重要评价方式，是指对学生的整个写作过程进行实时性的评价，这种评价方式体现了教师对学生写作过程的关注和重视。在写作过程中，教师可以帮助学生及时地发现写作中存在的问题，从而帮助他们及时地调整写作活动，学生可以利用教师的反馈对写作内容和写作形式等进行不断的优化。在写作教学过程中，评价还要有利于学生不断体验英语写作的进步与成功，让学生充分认识自我，保持持久的英语写作兴趣，树立写好各类英语作品的信心。

第四节 信息技术视角

一、概念界定

（一）信息技术与教学整合的概念

任何可以扩展个人信息能力的技术环境都可以称为信息技术环境。根据现阶段的技术手段来分析，当前使用的信息技术包括传感技术、通信技术和计算机技术三种，其主要包括信息获取、信息传输、信息存储、过程信息、信息显示以及信息分发等功能。事实上，信息技术与英语教育融合的意义在于：在数字教育环境的基础上，培养学生的综合英语使用和信息素养技能，介绍英语教学内容和方法，从而可以同时发挥学生和老师的主要作用。这种教学方法的实质是通过信息技术提高信息素养，转变教学方法，从而实现不断提高学生的综合语言使用能力的目标。实际上，英语教育着重于提高学生的英语水平，着重于他们解决英语思维问题的能力，使学生获得英语思维和表达能力，从而能够形成交流能力、广阔的国际视野、正确的情感态度、强烈的爱国精神以及良好的学习基础和习惯等，这些都表明了英语教学在教育中的重要性。

（二）教学模式的概念

所谓模式就是一种模型或格式，可以根据特定的原理表示实际的活动和过程，并具有一定的基本特征，包括经典性、简洁性、可再现性、模仿性以及中介性等。据此，教学模式则是指在相关的教学理论和实践框架配置的基础上，实现特定教学目标的教学活动结构和教学方法，其基本结构包括理论基础、目标倾向、实现条件、操作程序和效果评价五个部分。此外，它也是将相关教育理论转化为特定教育活动结构和操作程序的中介，并且是将相关教育理论和实践框架与特定教育情况相结合的结果。教学模式是特定教育结构设计、形式和方法的集合，并将其教育概念应用于教师组织的整个教育过程。课堂教学模式不能被认为是课堂上教师用于学生学习的教学方法，简言之，教学模式是基于教学方法的，但却高于教学方法。

事实上，基于信息技术环境下的课堂教学，实际就是指在采用现代信息技术软件等辅助工具下，教师进行课堂教学，从而提高教学效率的一种教学活动和教学方式。

二、相关的理论依据

（一）理论依据

1.行为主义教学理论

斯金纳提出的行为主义教学理论主要包含以下几个方面的原则：一是小步子原则。依据内在逻辑细化学习内容，将其分成若干细小单元，进行重新编排和整合，以方便学习者从易到难、由浅入深、循序渐进地学习。二是积极反应原则。改变传统教学中教师与学生的"主动—被动""教—学"式关系。三是及时强化原则。引导学生在不断地强化练习中自我明白其反应是否正确。四是自定步调原则。根据学生的个体情况，以差别化的教学方式进行引导。五是错误率低原则。这一原则应将学生少犯错作为教学设计应努力达到的目标。

2. 建构主义学习理论

建构主义学习理论认为学习环境中包含四大要素，即情境、协作、会话以及意义建构。因此，知识的获得是学生利用必要信息、借助他人帮助或自我学习下，进行意义建构的结果。这一理论的基本观点主要包括：一是学生学习的过程就是自我建构知识的过程；二是在建构自己知识的过程中，学习的意义得以实现；三是学习意义的获得是个体根据原有的知识经验，对新信息重新认识、编码，最终形成自我理解的过程。

因此，在意义的建构过程中，学生应主动搜集和分析相关信息资料，大胆假设、努力求证，不断养成把当前学习内容尽量与知识经验联系起来的学习习惯，清楚地认识到联系和思考是意义建构的关键。

3. 人本主义学习理论

人本主义学习理论强调四个方面：一是人类的学习潜能生而有之，每个人都有发展潜力且充满探究世界的好奇，并且天然具有学习的潜能。二是学习的实质是通过需求引导的。学习是个体随其意志或情感对事物认知的自由选择，只能靠个体内在的主动学习，不能完全由外在环境控制。三是学习是自我实现的达成，是人格充分实现的需要。每个人学习的目的都是为了实现自我，最终成为有价值的人。人本主义心理学家的观点是，学习情境中个体所学到的更多的是知识之外个体的自我成长。四是人本主义学习理论认为，有意义的学习决定于个体本身对环境的知觉，即表明应当注意学生的兴趣、愿望、需要，而不要无意义地灌输材料和知识。

4. 情景教学理论

情境教学理论是 20 世纪 20 年代英国帕默和洪贝等人提出的，这一理论认为最重要的是给予学生自然真实的良好学习情境，以使学生在浓厚的兴趣中自然习得语言。为此,要尽可能地创设英语习得的情境和条件,激发学生的学习兴趣。

5. 积极心理学习理论

积极心理学是美国心理学家提出的一种使用相对完整和有效的心理学实验和测量方法,以此来研究人的力量和美德的积极方面的心理学趋势。研究的重点之一是人们应注意研究人类的积极品质,充分利用人类的内在潜力和建设性力量,促进个人和社会的发展,使人类幸福,并且强调的是要实现幸福的积极感觉。但在实际日常教学过程中教师们会发现,若是教师使用各种工具和手段来充分利用学生的潜能、动机和能力,可以消除学生的不良心理障碍和学习英语的动机降低等状况,从而激发学习动力。其中,对英语的兴趣成为学习英语的动力,即成为恒定的内部驱动力,进而建立了信心并提高了英语学习的效率。但是要完成这一教学目标,教师有必要努力研究并创新教学方法,探索合理有效的教学模型,并将其贯穿于整个教学过程。

综上所述,采用信息技术辅助英语教学可以有效激发学生学习的兴趣、提升使用英语的能力和进一步增强学习的内在动力,甚至可以使学生在一个良好的语言情景中进行实践。因此,它不仅能够让学生克服恐惧心理和紧张情绪,还可以在进行实践的过程中慢慢发掘潜力和强大的内驱力,实现积极的情绪体验。

(二)信息技术与课程整合

1. 整合理论

随着教育的改革与科技的进步,我国信息技术与课程的整合经历了从开始到发展的阶段,并积累了丰富的经验和成果,因而整合的概念和思想也日益清晰。当前,教育部积极促进信息技术在课程中的普遍应用,促进信息技术与学科课程的融合,并提供有关教育内容、学生学习方法、教师教学方法和师生互动方法等的信息,充分利用信息技术优势,为学生提供丰富多样的教育环境和学习工具。

国内许多教育技术专家对于信息技术与学科课程整合分别提出了各自的观点。

何克抗认为,信息技术与学科课程的整合是将信息技术有效地整合到各个领域的课程中，以创造一种新型的教学环境，发挥教师的主要作用，并充分体现学生的主导地位。同时，只有具有"独立、探索和协作"功能的教学方法，才能够释放学生的领导才能、热情和创造力，并从根本上改变传统以教师为中心的课堂教学结构，真正实现培养学生的创新精神和实践能力。

南国农提出信息技术与课程相结合成为一种教学方式，将信息技术与课程进行整合，或者将信息技术纳入课堂教育系统的要素中，以促进课程教学中的学习，甚至整合到教学和团体学习的所有领域，包括班级授课、小组学习、自主学习等方面，并作为学习工具和对象。整合不仅应伴随着信息技术在课程中的应用，还应伴随着教育观念和教学方法的改革。

钟绍春则强调信息技术与课程整合是指利用信息技术手段的优势来提高课程实施的质量和效率。信息技术与课程的整合，一个要素是信息技术，另一个要素是课程，在这一整合中，信息技术与课程是全过程、全方位的整合，信息技术则是教学支撑条件。

2. 整合点

在学科教学过程中，常规教学手段存在着一定的问题和不足，从而导致某些关键环节或教学步骤难以支撑教学过程得以顺利或更有效率地实施，这时就可以借助信息技术手段的优势，来解决教学过程实施中的这些困难和问题。为实现这一支撑就要找到这些关键环节和教学步骤，即寻找信息技术与学科教学的整合点。这表明在学科教学过程中，要充分发挥信息技术手段的优势，就需要寻找到常规教学手段支撑有困难、有问题，而现代技术手段则能够有效的支撑教学步骤或教学环节，成功找到这些步骤和环节，进行优化学科教学，这也是今后教学中的一个重要任务。

三、教学模式设计

实际上，英语教学过程可以看作是英语知识和能力的培训过程。目前，英语教育的重心正由以应试教育为主体向以素质培养为主体转型，要求"学生最缺什么就补什么"，而不是"我有什么就给什么"；在教学内容上以针对性为目的，实际上反映了给予学生知识、能力、素质需求的合理性问题。从这一认识出发，根据学生的学习需求，基于信息技术辅助软件，选择恰当的教学方式或教学模式。该教学模式在强调信息技术有效运用的同时，还要求通过成绩对比来验证教学手段的有效性，具体步骤如下。

（一）选题

选题就是明确教学的目的和内容，在选题过程中一定要注意以下几点。

第一，所选项目确实是所在班级英语教学过程中所存在的薄弱环节，但要经过相关调研，使其具备针对性，不能主观臆断。

第二，将不尽如人意的地方用具体的语言描述出来，并具体说明希望在哪些方面有哪些改变。例如，学生在语法学习上存在困难，或者希望能够在较短的时间内快速提高自己的阅读能力等。

第三，如果问题是共性的，就需要组织所有人员进行专题辅导学习。如果是部分人员存在的，则可通过课余时间将相关内容放到网络上，指导学生进行自学，或者组织学生成立学习小组互帮互助，促进相互学习和共同提高。

第四，拟制时间表和初步改进计划。

（二）原因分析

分析问题原因实际就是一个设立假说并验证假说的过程。

1. 设立假说

首先，搜集关于可能影响学生成绩不理想原因的全部信息；其次，在所有可能的原因中，通过分析消去已确认无关或影响程度较小的因素，得到关键因素。

2. 验证假说

首先，通过调查问卷等办法搜集新的数据或证据，确认原因对学生成绩的影响；其次，综合所有信息，明确影响学生成绩的主要原因。

3. 原因分析

针对现状分析所指出的问题，进行原因分析、总结归纳并进行分类：属于教师的原因就应加强教师相关能力的培养和督促教师提高知识水平；属于学生的原因就应该加强教育，在培养学生学习兴趣上下功夫；属于互动交流的问题就需要二者之间进行很好的沟通，实现教师能将知识有效传递给学生这一目标。

（三）制定措施

原因分析出来以后，就要制定对策并加以实施，制定对策时应充分考虑措施的可行性以及对学生成绩提高的帮助。措施制定的基本步骤具体如下。

1. 分类

在教学模式实施过程中，通过观察、问卷调查和测验等方式获得相关数据，从而针对听力、口语、语法、阅读以及写作等方面，分别将学生进行分类，以便对不同层次的学生分别进行针对性的教学。这表明，在这一阶段可以充分利用信息技术手段，采用不同方式进行有效教学。例如，对于兴趣不够的学生，利用 Flash、PPT、电子杂志、电影片段等形式可以进行很好的提升；对于语法很差的学生，可以采取一次专题授课进行辅导；对于听力较差的学生，可以单独提供适合于他的听力材料，让其进行反复听力练习；对于口语差的学生，则提供高品质的纯正英语电影、演讲、朗诵以及录音等，使其反复听并读出来。通过这些措施可以在一定程度上提高学生英语能力，然后转入下一步。

2. 交叉改进

通过上一步的分类教学，教师们对于学生的薄弱环节有了一定的提升，而这一步的主要工作是采取小组协作方式，将不同层次的学生混合搭配，让学生之间互动学习。但需要注意的是，在实施过程中有以下两个方面要引起重视：一是要尽量将此类活动放在课余时间，课堂上要进行一些高质量的教学活动；二是应加强成绩好的学生的思想教育，带动小组团队整体提高。通过这一步，学生的英语素质进一步得到提高，然后进行下一步。

3. 效果评价

在前面两步的基础上，通过观察、测验和问卷调查等多种形式，对教学质量和效果进行评价，当发现薄弱环节时必须回到前面两步，进行适当调整，从而有效保证教学过程始终是面向学生的，并始终具有实效性。

四、信息技术下提升英语阅读与写作教学效果的措施

（一）运用信息技术积累写作素材

利用丰富的信息技术可以给学生提供更多的资源，让学生能针对现实生

活中的各种场景、各种行业的文章进行尝试性的学习和写作，激发学生的能动性和创造性。一般来说，英语教学中英语写作的教学目的具体是表达事实、观点、情感、想象力、交流信息以及培养规范的写作习惯等。显然，要达到写作教学目标中对学生的能力要求，传统的"教师命题—学生写作—教师批改"的写作教学已经完全不能适应新的教学目标，这就迫使教师做出改变。

传统的英语写作教学方法大量地表现为单一模式的交流：一方面学生单独地完成写作，另一方面教师单独地完成评阅。这使得教师往往把重点放在习作的评价和语法错误的纠正上，学生每次写作也就是简单完成任务，不能高效地从教师评改中获取有益的启示。

克拉中的输入假说认为，写是输出的过程，是在前面多方式、多渠道且可足够理解的情况下而达到的自然输出。忽视了以学生为中心，以及对学生进行大量语言的输入，只会导致任何的输出都呈现低效又乏味的特点。因此，要注重学生的信息输入，首先要注重善用教材，同时要善于利用网络资源拓展所需材料，让所需材料接近生活、接近学生。同时，通过多媒体的教学可以大量地接受支撑性口头操练和大量的网络阅读训练，在此基础上建构新的知识，如学生可以按自己的已有经验接受新的写作技巧及新的写作知识等。

一般而言，学生英语写作的过程有四个相互衔接的阶段：素材准备、初稿写作、评价反馈和修改润色。在素材准备阶段，教师依据要求可充分利用音频、视频对话等信息技术，让学生从听、说和读等多方面接触写作材料，从而让他们能够更富有想象和更有创造性地去构建自己的写作；初稿阶段，学生可在老师的鼓励下尽可能写下自己所有的想法，暂时不去考虑语言形式；反馈阶段，教师着重指出初稿在结构、内容等各方面的亮点和不足，并提出修改的指导性意见建议；修改润色阶段，学生应当根据老师的修改意见反复润色斟酌，直至全方面完善，反复多次形成较好成品。

（二）运用信息技术积累大量字词句

利用丰富的信息技术资源提供给学生更多的情境，使学生对与各种话题相关的字词句都有所了解，并通过各种情境的示范再加以创新写作。

1. 强化基本句型的学习以及好词好句的积累

学生的写作能力差往往是因为他们没有扎实的语言基础，难以表达自己内心的想法。因此，写作能力的提高应从词汇、语法抓起，从句子水平着手。这就需要教师能够帮助学生巩固语法知识，明确词汇用法，而信息技术的运用可以给学生提供大量的范例，让学生在各种话题的文章信息中去体会字词句在不同情境下的恰当运用。其中，对于好的字词句可以让学生做好积累、归纳，最后变为己用。

2. 大量课外阅读，熟悉英语文章结构特点

在英语学习的听、说、读、写技能中，其中读的过程主要是获取信息和感受语言，被称为接受性技能，这也是写的感性阶段，一般比较容易进行。借助信息技术的具体步骤是：教师给学生提供各种网站，让学生通过网络阅读相关的话题文章，同样的话题读多了就能形成语感，最终写起来会顺手一些。另外，写作叫作产出性技能，它与阅读有本质上的差异，常因用词、组句等困难不容易顺利完成，导致学生丧失了写作的应有信心。学生在实际生活中的语言运用能力之所以差，主要有两方面的原因：一方面，他们在学习英语的过程总是受母语汉语的影响；另一方面，在学习英语的过程中总是将听、说、读、写四种技能孤立着学习，而不是在学习的过程中有意识地将其联系起来，从而达到融会贯通，相辅相成。

此外，通过听、说、读及写多种途径学习一个语言结构，比用单一的途径学习更容易，而且保持记忆的时间也更长。由于有了写作前的大量的信息阅读和积累，写作才有感觉。同时，写的训练又能促使学生把似曾相识的词语、句型表达得更准确，运用得更熟练，使他们逐步熟悉英语的思维和表达习惯。反过来，这又会显著地提高学生阅读理解的敏捷度。

3. 培养良好的写作习惯，进行创造性的写作

培养良好的写作习惯，可以提高输出信息的能力。英语写作的目的是培养学生用英语表达自己思想感情、传递信息以及进行交际的能力，它不仅要求学生用词造句要正确，语法基本无误，而且要求语句符合英语表达习惯。由此可见，英语写作能力的培养是综合能力的培养。在大量的教学实践中，王初明总结出了"写长法"，这一方法为学生的英语写作提供了很好的指导意义。具体来说，教师可以引导学生在分析经典例句的基础上，仿写长作文，这既储藏了丰富的写作素材和知识，又有利于培养良好的写作习惯。此外，语言是以各种文化和知识为背景和载体的，学习语言首先必须熟悉基于语言

背后的丰富文化知识,只有这样,才能真正了解英语的语言背景和习惯,彻底摒弃中式思维,理解其真正含义。

完成了以上三点,学生就有了英语写作的良好基础。这时老师就可以引导学生以范文为基础,进行独立的创作。同时,可利用信息技术有效整合辅助、补充材料和设计开放性的问题等,使学生做到有话可写,有素材可用。

(三)运用信息技术进行创造性写作

由于学生写作素材的输入和积累是写好作文的关键,教师可以借助信息技术的广阔资源来帮助学生对要写的文章的内容进行资料的收集和学习,从而使学生获得水到渠成的感受。同时,英语写作训练的传统素材和方法大多要求学生针对某一情景开展写作,或者写日记和改写课文等,这种训练往往非常单调乏味,并导致写作教学效率低下,学生写作能力难以提高。随着信息化技术的整合,英语写作则会变得丰富有趣。

此外,要想突破传统以教师为中心的写作教学模式比较单调乏味的缺点,可以拓宽写作资源,利用信息技术全面跟踪英语写作过程;要想教学不再只拘泥于课堂,就要拓宽学生写作时空,老师可利用多媒体展示画面,向学生提供技术工具,并教学生如何利用网络搜寻工具查找所需资料。例如,英语写作网就是一个既可以供教师备课参考、指导学生上课,也可以由学生进行自主学习的网站。其中包括:在写作总论里安排了英语写作的基本知识,然后可以进行文体写作的学习;在文体写作栏目里,分别介绍了记叙文、说明文、议论文、应用文和看图作文的写作方式;在每个文体中,又包括了写作指导、范文赏析、下水试游以及在线交流等栏目。其中,在交流栏目中,学生可以将作品上传到作品上传区,并且在线交流评论作品。这不仅可以激发学生学英语的兴趣,也扩展了学生的学习视野。

(四)运用信息技术实行多样化评价

对学生的写作的评价方式应采用以学生为中心的模式,多渠道、多方位地借用信息技术这个平台,让学生与学生之间、师生之间都可以进行交流和评价。

从新课程的评价标准可以看出,学生评价更加关注问题解决能力、个人效率、思维技能及接受变革的意愿。因此,教师可以根据各种类型作文设计

"自我写作评价表"，在每次写作后请同学们把以下几项列入写作评价表中，如在词汇上检查错误有几处，是否使用新学的高级词汇；在语句上检查句子结构和句型；在整篇中要求感知整体文意，学生对照评价表为自己的习作进行修改等。同时，可交换学生自我评价表及作文，引导学生对自己及他人的习作进行一个全面的评价和修改，这既达到改正的效果，又能加强自主分析和学习能力。作品完成后可以要求学生用电子邮件的形式把作文传给自己的同学、朋友和老师，通过他们的阅读再次对习作进行评价和修改，把学生因领悟不全或分析不到的地方加以指出，使生生之间、师生之间能相互学习和评价，使学生之间能取长补短，相互借鉴。

此外，电子邮件的出现使交流的空间大大延伸，也可能得到专业人士现场的指导。同时，教师可引导学生建立与国外友人的联系，通过彼此发送电子邮件，在不知不觉的轻松交流中提高英语写作水平。

（五）效果分析

1. 提高了学生的学习兴趣和效率

学生普遍认为多媒体教学有助于提高学习兴趣、学习效率，这是由于信息技术与课堂教学的整合创设了有效的知识背景，营造了语言情境，使教学内容呈现出艺术的表现力和感染力，激发了学生的学习兴趣，并增加了课堂容量，也营造了和谐的课堂教学环境，使学生的学习变得更加轻松愉快。

2. 提高了学生的综合素质

学生普遍认为自身的综合素质得到了很大的提升，尤其是以学生为本的教学模式，突破了过去教师采用硬性灌输，而很少关注学生接受情况及教学效果的不足。同时，通过不同层次的学生采用的针对性教学及交叉学习两个步骤，有效地对学生之间的弱项进行互补，促进了学生成绩的整体提高，还融入了价值观和团队精神的教育。

第七章 思辨及思辨力理论研究

第一节 国内研究流变及其反思

思辨思想在中国也有很悠久的历史。20世纪80代,谈论思辨和思辨能力与儿童及大学生教育的文章纷纷出现。之后,国内英语学界也展开了思辨及思辨能力的相关研究。这些研究推动了国内各个学科思辨及思辨能力研究的步伐,使得思辨和思辨能力的研究成为教育界乃至整个社会关注的热点。下面将从三个方面梳理国内思辨和思辨能力的研究现状,并对英语专业大学生思辨及思辨能力的研究进行进一步的讨论。

一、思辨思想的渊源

在中国,思辨的思想古已有之。孔子说:"学而不思则罔,思而不学则殆。"《礼记·中庸》说:"博学之,审问之,慎思之,明辨之,笃行之。"

在历史的长河中,中国人的文化因子中思辨思想一直深藏其间、薪火相传。战国楚诗人屈原所作的《离骚》《九章》《天问》《九歌》不仅仅是关于政治、社会、自然、音乐等的纪实描述,更是屈原浩瀚无涯想象力的体现。《辞海》对他的这几部代表作品做了如此的描述:"所作《离骚》自述身世、志趣,指斥统治集团昏庸腐朽,感叹抱负不申;《九章》亦多揭露现实的黑暗与混乱,并抒发怀归之情。两者均突出表现了他对楚国国事的深切忧念和为理想而献身的精神。《天问》对有关自然现象、社会历史等方面的许多传统观念,提出了怀疑和质问,体现出独立思考、大胆探索的精神。《九歌》则是优美的祭神乐歌。他在楚国地方文艺的基础上,创造出骚体这一新形式,以华美的语言、丰富的想象，融化神话传说，抒发热烈的感情，塑造出鲜明的形象。如《离骚》等更具有宏大的篇制，与《诗经》形成显著区别，对后世影响很大。"

西汉司马迁撰写的中国第一部纪传体通史《史记》以生动的语言刻画了传说中的皇帝至汉武帝期间王侯将相、侠义英雄等鲜明形象。它"记事起于传说的皇帝，迄于汉武帝，首尾共三千年左右，尤详于战国、秦、汉之际。以本纪、世家、列传记不同人物和国家、民族，以八书记制度沿革，立十表以通史事的脉络，为后世各史所沿用"。

魏晋时"竹林七贤"的潇洒自如，盛唐时李白的浪漫都是其特立独行、质疑、独立思考、大胆探索精神的外化。《辞海》说："李白诗风雄奇豪放，想象丰富，语言流转自然，音律和谐多变。善于从民歌、神话中吸取营养和素材，构成其特有的瑰玮绚烂色彩，是继屈原以来最具个性特色和浪漫精神的诗人，达到盛唐诗歌艺术的巅峰。"

明代著名思想家、哲学家王阳明在继承宋代大儒陆九渊思想的基础上，根据自己的体悟，创建了独特的"心学"体系。曾国藩评价道："王阳明矫正旧风气，开出新风气，功不在禹下。"

以上所述仅是中华文化中熠熠生辉的符号的代表者。他们凭借着强大且超凡脱俗的怀疑、质问、探究之思辨精神、思辨能力，创作出了一部部惊天地、泣鬼神的鸿篇巨制，构筑了中华民族绮丽的文化瑰宝，也使中华民族思辨的因子得以传承。

然而，近现代以来，思辨精神、思辨能力似乎被功利思想所淹没，整个社会恰似一台为了功利而高速运转的机器，所有人都被卷入其中，教育界也无法独善其身。然而，值得庆幸的是，整个社会已意识到思辨教育的重要性。我们深知，21世纪最激烈的竞争当属人才的竞争，谁拥有了人才，谁就拥有了未来。所谓人才，一定是具有思辨精神和创新精神的人。那么，如何培养具有思辨和创新精神的人？国内学界对这一问题有什么样的见解和研究？下文将对此展开剖析。

二、其他学科思辨研究的回顾

20世纪80年代，随着中国改革开放步伐的加快，西方，尤其是美国先进的教育理念传入了中国。1986年，章少红在《世界知识》杂志上首次介绍了风行于美国的新教育法—批判性思维（注：等同于思辨，下同）。在文章中，她讨论了美国批判性思维教育方法产生的背景及其风行的原因。1987年1月，黄志勇在题为《从批判性思维说起—谈创造性人才的培养》一文中阐释了批判性思维和普通思维的关系，具有批判性思维创新人才应具有的心理品质以及如何培养具有批判性思维的创新型人才。同年，叶仁敏摘译并发表了美国《天才儿童通讯》上的一篇题为《培养儿童的创造性和批判性思维技能》的文章。这些说明，在20世纪80年代"思辨"概念被引入中国后，在中国引起了不小的轰动，研究者们开始关注思辨能力与创造性人才（包括儿童）的培养问题。进入20世纪90年代，思辨的研究引起了国内教育学、心理学、逻辑学、哲学等领域很多研究者的浓厚兴趣。他们从各自不同的研究领域出发，撰写文章，剖析思辨的内涵，厘清思辨能力与智力、信息以及逻辑思维的关系，阐述思辨能力培养的理论意义和实践价值，提出培养思辨能力的模式、路径和方法。这些研究开阔了国内研究者的视野，也为后来的研究奠定了基础。

三、英语专业大学生思辨能力研究现状

随着国内外思辨及思辨能力研究的蓬勃开展，国内英语学界也开始关注英语专业大学生思辨及思辨能力的问题。1998年时任华东师范大学外语系教授的黄源深发表了《思辨缺席》一文，拉开了英语学界思辨及思辨能力研究的序幕。

黄源深尖锐地指出我国外语专业大学生容易患"思辨缺席症"，主要体现在逻辑思维能力差，缺乏分析、综合、判断、推理、思考与辨析的能力。何其莘等在《关于外语专业本科教育改革的若干意见》中也指出："在语言技能训练中强调模仿记忆，而忽略了学生的思维能力、创新能力、分析问题和独立提出见解能力的培养。"针对这种情况，由高等学校外语专业教学指导委员会英语组修订编写的《大纲》明确指出"加强学生思维能力和创新能力的培养。专业课程教学中要有意识地训练学生分析与综合、抽象与概括、多角度分析问题等多种思维能力以及发现问题、解决难题等创新能力。在教学中要正确处理语言技能训练和思维能力、创新能力培养的关系，两者不可偏废"。近些

年来，以文秋芳为代表的英语学界人士也开始从不同侧面、以不同的方式对英语专业大学生的思辨能力进行了较为系统的针对性研究，推动了英语学界思辨能力研究的进一步发展，使思辨能力的研究成为英语学界研究的热门话题。十余年来，英语专业大学生思辨能力研究的现状如何？研究者们针对该话题都做了哪些研究？下面将从发表论文的数量、立项情况以及研究的内容三方面展现英语学界研究者所做的研究。

（一）研究内容

根据数据分析发现，英语专业大学生思辨能力的研究主要涉及以下六方面的内容："思辨缺席"原因探寻，"思辨缺席"解决方案的提出，"思辨缺席"的实证研究，思辨能力培养与英语专业课程设置的研究，思辨能力培养与具体专业课程教学方式和教学方法的研究，思辨能力量具的研究。下面，将一一详述这些内容。

1."思辨缺席"原因探寻

自从 1998 年黄源深在《思辨缺席》一文中指出外语出身的人易患"思辨缺席症"以来，英语学界一大批学者撰文直接或间接讨论了外语专业或英语专业大学生"思辨缺席"的原因。这些原因概括起来可分为四个方面：①传统思维模式及教育理念的制约；②外语教学目标认定有误导，教学方法不当，课程设置不合理；③教师水平、教学能力及敬业精神有所欠缺；④学生功利思想作祟。英语（或外语）学界实际上是想通过对这些原因的剖析找到英语专业乃至外语专业学生思辨能力缺席的根源。只有找到了病源，才能有的放矢，对症下药。然而，这些原因在多大程度上影响了英语专业学生的思辨能力？哪些原因是主要原因？哪些原因是次要原因？英语（或外语）学界对于这些问题还缺乏实证性的研究。

2."思辨缺席"解决方案的提出

针对"思辨缺席"，不同的研究者提出了不同的解决方案。黄源深指出："必须充分意识到这种病症的存在，有必要适当调整课程设置，改革外语教学方法，改进学习方法。"时隔 10 年，他将方案做了修改，提出教学转型、课程改革、教学方法改革和测试方式改革以及师资、教材和参考书等方面问题的解决。何其莘等提出的外语专业本科教育改革的基本思路也可以看成是解决"思辨缺席"的一种方案。这种方案包括:转变思想观念、培养复合型人才、改革课程体系、改革教学方法和教学手段、加强教材建设、加强师资队伍建设等。高一虹认为:"关键不是方法,而是人;不是步骤,而是意识;不是'术'而是'道'。"文秋芳、周燕提出:"压缩以语言技能为主的教学实践","加强汉语课程的思维训练","鼓励学生积极参加社会实践"。李莉文建议:"压缩英语技能课程的课时,调整英语技能课程的教学内容,改革英语技能课程的教学方法。"孙有中提出:"以培养思辨能力为导向,全面推进课堂教学、教材编写、测试评价、师资发展等方面的探索和创新……"胡郑辉针对"思辨缺席症"的痼疾,指出"要提高疗效,必须修改大纲,改革教学方法以及师资培训,三管齐下,尤其要重视如何利用英语专业课程培养学生的思维基本功以及如何提高教师的思辨能力。只有这样才能'药'到病除"。

这些方案仅是众多方案中的代表,限于篇幅,其他的就不一一而论了。这些方案理论上很全面、很系统,但是,操作起来有多大的可行性?哪一条当下可以办到?在距离理想方案实施的这段时间里,英语专业大学生的思辨能力如何培养?这些问题还需要我们深思。

3."思辨缺席"的实证研究

黄源深《思辨缺席》一文的发表引起了英语学界对英语专业大学生思辨能力培养问题的热烈讨论。研究者们一致认为英语专业大学生思辨能力薄弱,思维缺乏深度和广度。可是,这种结论并不是建立在真正的实证研究基础上,而是根据研究者们以往的教学经验得出的。这种经验式结论的可信度往往易于引起人们的质疑。文秋芳和刘润清率先用实证性方法对英语专业大学生的思维能力进行了研究。他们选取了4个年级的120篇英语议论文作文内容进行分析,结果表明学生在文章切题性、论点明确性、篇章连贯性、说理透彻性等方面的思维能力较为薄弱。虽然这是一次实证性和探索性的研究,但所得到的结论仍有很大的局限性,所以,这些实证数据不能充分证明英语专业大学生的思辨能力比其他专业大学生的思辨能力低。为了更好地检验英语专业大学生思辨能力低于其他文科类大学生思辨能力这一假设,文秋芳等对英语专业1~3年级的学生进行实证研究后发现,总体上英语专业大学生的思辨能力显著高于其他文科类大学生,但这种差距会随着年级的升高而逐渐缩小,到第三年时已无显著差异。该研究结论一方面印证了我们的观察和经验，即英语专业大学生思辨能力低。另一方面也从另一个角度提醒我们，英语专业培养模式一定在某个环节上出了问题，否则，英语专业大学生的思辨能力起初是优于其他文科类大学生的，为什么到了三年级时和其他文科类大学生相差无几了呢？

近年来，有关思辨能力培养的实证研究也陆续相继出现，这种研究范式将会成为对英语专业大学生的思辨能力进行研究的重要研究范式。

4. 思辨能力培养与英语专业课程设置的研究

《大纲》将英语专业课程划分为英语专业技能、英语专业知识和相关专业知识三大类课程，分别需要 65%、15% 和 20% 左右的学时。文秋芳、周燕提出，要压缩以语言技能为主的教学课时，并从二年级开始就逐步增加学科内容含量的课程，例如语言学、文学、社会科学等入门课程。李莉文认为，专业技能课程所占的比例过大，留给思辨能力训练含量更大的专业知识课程和人文课程的课时太少。她主张压缩英语专业技能课的学时比例，并通过调整教学内容和改革教学方法，实现提高思辨能力这一人才培养目标。黄源深也持基本相同的观点，他主张开设以下三方面的课程：①适量的英语课，②语言、文化知识类课程，③思想方法和思辨课，分别安排 25%、65% 和 15% 左右的课时。孙有中在赞同英语界形成的重要共识（如压缩技能课程在总课时中的比例，相应扩大专业知识课程比例，建立跨专业辅修/双学位机制，利用校级通识教育选修课平台）的基础上，提出"英语专业课程设置的改革还有必要进行三个方面的尝试：其一，在所增加的专业知识课程中应重视更有利于思辨能力训练的理论性课程建设；其二，建设研究方法课程，把人文科学和社会科学的定性和定量基本研究方法介绍给学生，还可以鼓励甚至要求学生选修高等数学和统计学方面的基础课程；其三，开设一门完整的或一个学分的课程或至少是系列讲座，向学生专题介绍思辨能力的有关概念和学习方法，提高学生对思辨能力的学习意识，以便他们在所有课程的教学活动中配合教师不断自觉训练和提高自己的思辨技能"。笔者也认为，目前的课程体系主要是围绕培养掌握英语的人才而建立的，以此为终极目标不可能培养出思想活跃、富有创造性的人才来，所以英语专业课程的调整势在必行，但是如何调整则需要英语学界群策群力。

5. 思辨能力培养与具体专业课程教学方式和教学方法的研究

思维培养不是单纯某一具体课程，如逻辑学、心理学或教育学的任务。思维培养不能脱离教育过程和内容，每一门课程都应该教学生如何逻辑思维，如何进行分析比较，如何提出问题并加以评估。针对目前英语专业大学生"思辨缺席"的现状，学者们主要以教师、学生以及课程设置等为研究对象，围绕思辨能力的教学内容和教学方法等展开讨论。现有的研究主要涉及了以听、说、读、写为主的具体的专业技能课程和英语专业知识课程课堂教学中思辨能力的培养。这些研究包括：口语课程与思维或思辨能力的培养，英语专业写作与思辨能力的培养，英语专业阅读教学与思辨能力的培养，英语专业视听说教学中如何培养学生的批判性思维（注：思辨）能力，英语专业精读教学与思辨能力的培养，英语专业文化、文学类课程与思辨能力的培养，英语演讲、辩论与思辨能力的培养，等等。

研究者们积极探索了教学方法的运用，如彭青龙认为在口语课堂中应以学生为中心，以社会热点话题为主线，让学生参与一系列语言交际活动，如小组讨论、演讲、辩论等。黄源深提出，学生可以通过学习文化知识来提高英语水平，而不必完全依赖于精读、泛读、口语、听力等纯语言类课程，提倡自主学习，通过"阅读—讨论—写作"这一基本学习模式来获得知识、技能和思考能力。

这些不同的方法有一定的启迪作用，但是这些方法的效果如何？它们是否真正促进了思辨能力的发展？这些问题还有待进一步研究。

6. 思辨能力量具的研究

量具可以用来发现英语专业大学生在思辨能力发展上存在的主要问题，可以更好地探究解决这些问题的措施。国外对思辨能力开展研究较早。至今，国外学者研发了近30种成熟的思辨能力量具，如加利福尼亚思辨测试（CCTST）剑桥思辨能力测试（CTSA）、恩尼斯-韦尔思辨书写测试（EWCTET）等，并进行了大规模的信度和效度检验。与国外已开发的多种测评工具的状况相比，国内现有的测评工具大都是直接从国外文献翻译过来的，少有的工具也仅适合具体的学科，缺乏广泛性。近年来，国内以文秋芳为代表的学界人士对英语专业学生思辨能力量具的研究才刚刚起步，还没有经过大规模的信度和效度检验。但是，这种研究意识和尝试是非常值得肯定的。

（二）存在的问题与反思

以上通过数据分析揭示了国内英语学界思辨能力研究的现状，同时研究中存在的一些问题也浮现了出来。下面我将一一讨论这些问题并就相关话题提出自己的看法。

1. 英语专业大学生"思辨缺席"与英语专业学习再讨论

与欧美发达国家相比，中国大学生思辨能力欠缺；与国内其他专业的大学生相比，英语专业大学生思辨能力更欠缺。这似乎是学界的一种共识。这是否意味着英语专业大学生"思辨缺席"主要和学习英语有关？若答案是肯定的，那么该如何解释王佐良、许国璋、周珏良、杨周翰、李赋宁等一大批老一辈学外语出身的人成了学贯中西的语言文学大师的现象呢？若答案是否定的，那么是什么原因导致了这种现状的存在？这些问题是极为复杂的，本研究将另辟一章专门论述。

2. 英语专业大学生思辨能力的培养方法再探索

如何培养英语专业大学生的思辨能力？"在会诊的基础上，外语界的专家和同仁们就根治思辨缺席症开出了种种'处方'。"这些"处方"主要针对如大纲的问题、课程的问题、教学方法的问题、师资的问题以及教材建设等方面的问题。这些问题的解决的确会有助于英语专业大学生思辨能力的培养，但是大纲的修订、课程的重建、教学方法的改变、师资水平的提高以及教材的修订等都需要一个具体的、切实可行的方向。

笔者认为，学习是依靠大脑来完成的，思辨能力也必然离不开人的大脑。大脑和学习以及思辨能力之间有什么样的关系？厘清了这些关系，我们才能制定出切合实际的教学大纲，才能设置出合理的课程，提出恰当的教学方法，提升师资的综合素质，并编写出高质量的教材。因此，如何培养英语专业大学生的思辨能力也将是一项艰巨的任务，本研究也将专门开辟章节进行讨论。

3. 英语专业大学生思辨能力研究视角及方法再探讨

如前文所述，1989—2008年之间发表的论文基本上都是总结性的、经验式的研究。2008年至今，关于实证性研究的论文日渐增多，因此实证性研究有可能发展成今后思辨能力研究的重要方法。但总体上来说，进行思辨能力研究的视角和方法比较单一，这在一定程度上影响了研究的理论深度和应用价值。因此，本研究提出英语专业大学生思辨能力研究的视角和方法应该呈现多元化的研究态势。首先，英语专业大学生思辨能力的研究视角应该向多学科（包括自然科学和人文社会科学等）和跨学科转向。进入20世纪以来，自然科学如生物学、医学、神经科学等对人脑的研究有了重大发现，揭示了人脑神经元系统、大脑皮质区域与人类学习的关系。若能将这些发现应用到思辨能力的研究中，不但能取得思辨能力研究的新突破，而且能使思辨能力的研究走出经验式的研究怪圈。同时，心理学、教育学、语言学、人工智能、会话分析等学科的发展也为研究英语专业大学生的思辨能力提供了丰富的理论来源，使我们能以更高、更广的视角看待英语专业大学生思辨能力培养中出现的方方面面的问题。其次，英语专业大学生思辨能力的研究方法也应该具有多样性。实证研究中的观察法、谈话法、测验法、个案法、实验法等都可以继续应用在研究中。近年来兴起的行动研究方法、叙述法等也应该成为重要的研究方法。行动研究法强调的是发现教育活动和教育实践中的问题，并在实践中不断地探索、改进和解决这些问题；同时，该方法还能增进英语教师的专业技能，从而使他们能够帮助学生进行更有效的学习。叙述法就是采用记叙的方式描述问题及解决问题。该方法的使用能够避免统计研究中所忽略的一些具体问题，使研究的针对性更强、更全面、更有说服力。

以上，在论述了国内英语专业大学生思辨能力研究的渊源基础上，基于数据统计论述了国内英语学界思辨能力研究的现状，并对存在的问题提出了自己的研究思路。具体研究将在下文叙述。

随着全球化、信息化时代的到来，时代呼唤构建具有思辨能力的创新型人才的教育模式。这种教育模式不但要具有科学性、系统性、前瞻性，还要具有实践性、应用性及可操作性。英语专业大学生思辨能力的培养研究就是为构建这种新型教育模式所做的有力的尝试。这种尝试能加速我们培养出创新型人才，以便在这个信息爆炸、知识爆炸且充满竞争的世界获得一定的生存空间和发展空间，这也是实现我国高校素质教育的关键一步。

第二节　思辨与相关概念的关系

与思辨相关的概念有思维、认知、动机等。本章将阐释这些概念之间的共性及异性，为进一步研究思辨做好概念上的准备。

一、思维与思辨

（一）思维

《辞海》如是界定思维：思维亦作"思惟"。考虑，思量。陆逊《取珠崖疏》："臣反复思维，未见其利。"指理性认识，或指理性认识的过程，是人脑对客观事物能动的、间接的和概括的反映。包括逻辑思维和形象思维，通常指逻辑思维。它是在社会实践的基础上进行的。认识的真正任务在于经过感觉而到达于思维。思维的工具是语言；思维的形式是概念、判断、推理等；思维的方法是抽象、归纳、演绎、分析与综合等。其与"存在"相对。指意识、精神。

《辞海》较全面地界定了"思维"，指出了"思维"的分类、思维的工具、思维的形式及思维的方法。关于思维的分类，《辞海》所罗列的逻辑思维和形象思维只是思维分类的一个方面。事实上，人类的思维有多种形式，如"抽象思维、概念思维、逻辑思维、形象思维、意向思维、直感思维、社会思维、灵感思维、反向思维、相关思维等等"。思维还可以分为创新性思维、发散性思维、凝聚性思维等。思维是人脑对客观世界的反映，简言之，是人脑的一项功能。科学研究证明："（人脑）左半球主要是处理语言，进行抽象逻辑思维、集中思维、分析思维……""左半球进行工作的方式是及时的信息处理，是收敛性的因果式思考方式，循序渐进，合乎逻辑。"人脑右半球"则主要是处理表象，进行具体形象思维、求异思维、直觉思维……，"右半球在工作时采取的是并行的、空间的信息处理，是发散性的非因果式思考方式"。

思维过程是一个信息加工的过程。信息加工是指对来自外界的刺激物的接受、存储、处理和传递。是什么使信息加工成分变成思维成分了呢？认知心理学理论强调编码过程，也就是吸收信息，加工编码，对知识重新组块，做出判断、推理和概括。可见，认知心理学的思维过程是思维本身的操作程序问题，结合思维的目的性，这个程序是这样构成的：确定目标—接受信息—加工编码—概括抽象—实际运用获得结果。在这样一个完整的程序中，任何一段出现故障，思维就不可能顺畅。

下面通过具体说明一种典型的思维形式或思维活动——"问题解决"来具体阐述思维过程，因为问题解决能力最能体现思维能力的高低。常识告诉我们，思维总是在问题出现前就已经开始了，它存在于解决问题的过程中。解决问题的思维过程大致可以分为4个阶段：

1）提出问题。敏锐的观察力、旺盛的求知欲、一定的知识、经验储备，是发现问题和提出问题的重要条件。

2）明确问题。即找到问题的实质，抓住问题的核心，为解决问题探明条件。

3）提出假设。如果问题简单，立即找到解决方法；如果问题复杂，就要设法拟订方案。

4）检验假设。即对拟定的方案进行验证，鉴定其可行性，如可采用类推法、手段目的法以及反复实践等进行验证。

启发、激励人们寻找问题、发现问题、提出问题、解决问题是训练思维的重要途径。那么，思维与思辨有哪些区别？

（二）思维与思辨

思辨是指基于质疑、观察、分析、抽象、重构等形成的对世界中的人或事的一种具有洞察力的、敏锐的判断。

思维是大脑对外部客观世界的一种能动的反映，它是基本的、第一层次的。思辨是高级的、第二层次的，是在大脑对外部世界能动的反映的基础上经过质疑、观察、分析、抽象、重构等手段形成的一种客观的、理智的判断。思维可以是各种各样的，正面的、负面的，而思辨只能是客观的、富有洞察力的。

可见，思维和思辨既有关联性又有差异性。思维是思辨的基础，思辨是思维的高级阶段。那么，思辨是否等同于创新性思维？

（三）思辨与创新性思维

"创新思维是指不受现成的、常规的思路的约束，寻求对问题的全新的、独特性的解答和方法的思维过程。创新思维是相对于传统性思维的。""创新思维的特点包括理性、非理性、相同性以及相异性。其中最显著的特点是相异性，也可以称为差异性。"创新性思维是一个思维者进行信息交换、组合和加工处理的系统运动过程。这个过程表现为：主体在以实践为认识基础的认识活动中接受各种外部客观信息对自身思维系统的输入，将这些信息移入人脑后储存起来。然后主体通过发挥思维逻辑力、想象力以及直觉力等各种思维能力，运用抽象逻辑思维、形象逻辑思维乃至灵感直觉思维等思维活动的具体形式，对这些思维信息进行变换组合、加工、建构，从而形成具有创新意义的思维信息成果。

创新性思维是一种复杂的思维活动，包含了我们能遇到的各种思维类型。它是建立在实践基础上并与实践能力相互协调的，包括逻辑思维与非逻辑思维、形象思维与抽象思维、发散思维与聚合思维等多种思维形态和要素在内的一种综合能力。其中形象思维和抽象思维都是创新性思维的有机组成部分，两者结合意味着科学研究从非理性走向理性，从而完成创新活动。而直觉思维通过直觉的判别、想象与启发完成思维活动。直觉思维一般具有科学创造性，因此是创新性思维的核心部分。

创新性思维和思辨从表面上看没有什么共同之处，甚至有些人会认为它们是两种互相排斥的思维模式。但事实上，这二者之间既有相同之处，也有不同之处。

首先，从概念上来看，创新性思维"寻求对问题的全新的独特性的解答和方法"，和思辨有一定的共通之处。但按照贝林对思辨概念的重新定位，两者之间存在差异。创新性思维强调的是思维过程（或程序）。按照贝林的观点，思辨则是一个规范或标准概念。它指好的思想，是思想的本质把思辨和非思辨区分开来。若把思辨按照过程解释就失去了思辨最核心的东西。如此看来，思辨和创新性思维在概念上存在着差异。

其次，从二者之间的相关性看，创新性思维和思辨有关联。思辨是一种好的思维，好的思维要求人们有敏锐的意识和灵活的策略，并且要批判性地看待知识产品的质量。可以说，若没有创新性思辨，就不可能有对事物的怀疑和否定，更不可能产生建设性的观点。同理，若没有思辨性的创造，带来的也只能是一种新鲜感、一种新奇感。总而言之，若没有一种开阔、灵活、敏捷、多面和细致的发现与推理能力，知识的创新将是不可能的。所以说，思辨能鼓励、启发和引导创新性思维；而思辨提供的方法和技巧可以帮助寻找和考察不同的思路在分析、比较不同观点之后决定信念和行动。思辨需要创新性。创新性思维起源于以新颖的、不寻常的、非典型的视角和方式看问题和事物。思辨鼓励创新性。思辨为创新性思维扫除障碍，提供可能性。没有思辨、没有开放的态度、没有突破现有框架的欲望、没有创造的意愿，就不能突破现状和范式，就不会产生创新性思维。具有开放的、怀疑的和力求突破的态度，是为创新性营造必要的气质；消除反对异端的心理倾向，是为创新性扫除心理障碍。主动的、活跃的思考，是产生新思想的必要状态。

显然，思辨与创新性思维既有关联，也有差异。将二者合理应用不但能培养出有思辨能力的人才，也一定能培养出有创新思维的人才。

二、思辨与元认知

元认知是近40年来西方心理学和教育学领域提出的一个新概念。1956年塔斯基引入"元"概念。1976年，美国斯坦福大学的佛拉维尔依据"元"概念提出"元认知"术语。那么，如何界定"元认知"？"元认知"包含哪些内容？"元认知"和思辨有什么关系？下面将详细论述。

（一）元认知概念的界定

《辞海》如是界定"元认知"：

元认知是主体对自己认知活动的认知与监控。其内涵和作用包括三个方面：①元认知知识。其中最重要的是关于人类思维过程的知识。②元认知经验。包括"知的经验"与"不知的经验"，如一个学生认识到某一作业做得正确或不正确等。③元认知技能。即对获得、运用知识与技能所需要的认知技能，如计划、提问、核对、自我测验和自我监控的操作。它随年龄的增长而发展，是智力的一个侧面。

根据美国心理学家佛拉维尔对"元认知"的界定，所谓元认知就是指一个人所具有的关于自己思维活动和学习活动的认知和监控。其核心是对认知的认知。元认知实质上是描述了人类自我意识在认知、调节上的一种功能，活动对象就是认知过程。所以说它的核心意义是对认知的认知。

佛拉维尔的定义中有三个关键点。第一，元认知是一种认知活动或者是心理活动。这种活动包括两方面内容：①是认识、了解、理解、分析等；②是一种监控活动、管理性活动、控制性活动等、调节性活动。也就是说认识、了解、理解、监控、管理性活动、控制性活动、调节性活动都是认知活动。第二，这种活动的对象是思维活动和学习活动，不是知识本身。第三，认识的对象，不是别人的学习活动，而是自己的；不是一般的学习活动，而是特殊的、具体的学习活动。也就是说元认知是对本人的学习活动的认识和了解，一种自我反思、反省性认识。归结起来元认知就是对思维活动的自我体验、自我观察、自我监控和自我调节。其实质就是对认知活动的自我意识、自我控制。比如：自我提问"我在学习语义学时容易犯哪些错误？""我读懂题目要求了吗？"等等。

佛拉维尔进一步将元认知知识分成三类：①关于认知个体的知识，即个人因素，用一个字概括就是我，包括自己的知识状况、学习动机的状况、学习能力的特点、学习风格、适合自己的学习方式等。②关于认知任务的知识信息特点，即学习任务的因素，简单来说就是认识的对象，包括任务的性质、难度大小、数量多少、结构特点等。③关于认知策略的知识，概括起来就是学习方法。包括解决问题有哪些方法，每一种方法的优点缺点是什么，在什么情况下使用比较有效，等等。

元认知体验指在从事元认知活动时产生的认知体验和情感体验。以下环境容易产生元认知体验：①新颖且有新意的环境；②能唤醒情绪并引发高度思考的环境；③有风险的情境。

元认知监控就是对自己的学习活动进行不断地控制和管理，这是元认知的核心。元认知监控一般包括制订计划、执行控制、检查结果、补救等。认知活动开始前，明确活动目标、计划、实施步骤，选择应用策略，预测结果；在认知活动的过程中，及时评价活动的进行情况，及时调整方法、策略或目标；

活动结束后对结果进行检验、评价，并制定出进一步的行动方案。

元认知三个方面的因素相互联系、彼此作用。元认知知识在元认知监控中起导向作用，同时也是元认知体验的依据；元认知体验是推动人们进行元认知监控的力量，不仅在元认知监控中可以起反馈作用，还可以形成和强化元认知知识，激发认知策略和元认知策略；元认知监控是元认知活动的操作过程。元认知监控活动是产生元认知体验和丰富元认知知识的来源。我们既要运用元认知知识，又要为其增添新的内容。

现在，关于元认知的研究已经涉及各个领域，比如元理解、元记忆、阅读中的元认知、写作中的元认知等等。元认知理论的充分应用能提高教师在教学中的反思能力。

王国维在《人间词话》中说："古今之成大事业、大学问者，必经过三种之境界：'昨夜西风凋碧树。独上高楼，望尽天涯路。'此第一境也。'衣带渐宽终不悔，为伊消得人憔悴。'此第二境也。'众里寻他千百度，蓦然回首，那人却在，灯火阑珊处。'此第三境也。"

英语专业学习也是如此，也必须经过王国维所说的三境。教师若能将元认知理论应用于教学中，将会收到意想不到的效果，从而引导学生顺利经过第一境、第二境，最终到达第三境。例如，2015—2016学年第二学期，笔者在给本科大三学生讲授"语义学"课程的过程中，不断运用元认知理论检视自己的教学及教学活动，不断调整教学内容、教学方法，不只是向学生传授语义学理论，同时也启发学生多思、多想、多做，将语义学学习与认知能力扩展相联系。这种做法不但调动了学生学习语义学的极大热忱，而且也增强了学生的认知能力和倾向性能力。下面摘录的是两位学生对这门课程所做的评价，从中可以看出学生真正体悟到知识的魅力之后的喜悦。

学生甲：

"语义学"是我这学期最喜欢的课程之一。最初我对语言学的印象就是深奥难懂。可是通过这一段时间的学习，我发现，语言学并没有想象中的枯燥，反而很有意思，与生活联系非常紧密，以至于我对"语言学"都产生了兴趣。

我感觉"语义学"非常实用，它不仅仅教给我们一些学说原理，还教会了我们一种看待生活的方式。它告诉我们，每个人的认知不同，成长背景不同，意识行为也有所差异。记得有一节课讲"感知"，当时自己正在和困意做着激烈的斗争，当听到老师讲到感知的三个原则时，我感觉自己的三观被完全刷新了，明白了即使是眼见的也不一定为实，然后就瞬间清醒了过来，继续饶有兴趣地听接下来的课程。这种经历在以前的学习生活中是从未有过的，也许就是从那时起，我开始对"语义学"产生了兴趣。

我很喜欢老师的讲课方式，深入浅出，娓娓道来。每一条枯燥的理论都变得活灵活现起来。老师也很善于和同学进行交流讨论，让大家对课堂有一种归属感，能够很轻松地表达自己对问题的见解。

学生乙：

其实我一开始选这门课是为了凑够学分，当时觉得这门课的名字听起来太抽象了，猜测课程内容会很枯燥难懂，所以不是很想上。但是上了这门课以后，我发现它是如此的有趣实用，它让我对"语义学"这门学科有了感性的认识，它提供一个平台让我们经历、感受这门学科，它带我进入了一个广阔而全新的世界，这个世界甚至改变了我以往对于世界的认识！另外，由于我们这学期还有"词汇学"和"语言学"两门相关的语言学课程，三个学科的互相作用，让我有种打通任督二脉的感觉！学习"语义学"，更让我意识到语言的魅力和杀伤力，让我学会更谨慎、更认真地说话、做人。

（二）思辨和元认知的关系

思辨与元认知之间存在什么样的关系？

库恩提出与思辨发展最相关的认知能力是元认知能力，而不是认知能力。在库恩看来，一级的认知技能促使人们了解世界，而二级认知技能是二级知识技能，涉及自己知道的或其他人知道的。库恩认为，三种元知识，包括元认知、元策略及认识论，对于思辨都是至关重要的。对于其中的原因，库恩做了如下解释。首先，元认知理解的发展对于思辨具有重要意义，因为思辨根据其定义涉及反思所知道的以及所知道的是如何被证实的。元认知发育良好的个人知道他们所思的内容，也能证实他们的所思。其次，元策略技巧对于思辨也有重要意义。那些发展了强大的元策略技巧的人在任何时间、任何情景下都使用一致的评价标准。他们不会屈从于一种流行的观点。再次，认识论理解的发展可能是思辨最基本的支撑。如果知识完全是客观的、肯定的，只是积累的，与人的大脑没关系，或者如果知识完全是主观的，只服从于知道者的感受和愿望，那么思辨和判断就是多余的、不必要的。根据上述观点，库恩认为，不能把思辨仅当成技能去教授，而应把思辨当成认知或元认知发展去教授。

在库恩看来，思辨是一种元认知或元认知发展。思辨技能是更加复杂结构的一部分。

除了库恩之外，奥尔森、阿斯廷顿明确将元认知或元知识与思辨相联系并进行研究。将元认知与思辨相联系的教育哲学家还有很多，如保罗，李普曼，等等。

其实，元认知概念的创始人佛拉维尔应是这种观点最早的倡导者。佛拉维尔是美国发展心理学家。1976年在题为《问题解决的元认知方面》一文中，佛拉维尔引入了"元认知"概念，并将"元认知"界定为"关于个人认知过程和结果或者与它们相关的任何事情"。佛拉维尔进一步将元认知解释为："通常为了服务具体的目的或目标，与认知对象或它们所承载的数据相关的这些过程的主动监控以及其后的调控和各种联盟。"在佛拉维尔以及其后的追随者看来，元认知在许多领域如口语技巧、阅读、写作、语言习得、注意、记忆和社会交往中都起着重要的作用。

因此，可以说，在佛拉维尔、库恩、保罗、李普曼等研究者看来，思辨等同于元认知或元认知发展，但思辨不是元认知或元认知发展的全部，它只是元认知或元认知发展的一部分。

但还有一种观点完全相反。这种观点认为元认知是包含在思辨中的，代表性的人物有范杰尔德和威林厄姆。

范杰尔德在其《教授思辨—认知科学的启示》一文中指出："几乎所有的人都同意：教育的目的，无论在什么层次，都是帮助发展一般思维技能，尤其是思辨能力。"从这句话看出，在范杰尔德看来，思辨是大于元认知的。

威林厄姆在其《思辨—为什么如此难教？》一文中提出："思辨不是一套在任何时间、任何语境中都能部署的技能。它是一种连3岁小孩都能参与其中，甚至训练有素的科学家也会失败的思维或思想。"依此说法，思辨不可能隶属于元认知，思辨是一种独立的思维或思想。

除了以上两种对立的观点，还有一些研究者，如哈尔彭等将思辨和元认知结合在一起。哈尔彭在《教授适用于不同领域的思辨、结构训练和元认知监控》一文中先对思辨做了以下界定:"思辨是有目的的合乎逻辑的且以目标为导向的(思维)。它是解决问题、形成推理、计算可能性以及做出决定中所涉及的那种思维。""思辨牵涉评价思维过程。""思辨技能通常被看成是区别于简单(即低层次)认知技能的高层次认知技能。高层次认知技能相对复杂;需要判断、分析、综合……""高层次思维是一种反思性的(reflective)、对语境敏感的、自我监控的思维。"在此基础上,Halpem 提出了加强思辨的 4 步模式:①意向,即使学习者准备付出认知努力;②传授思辨技巧;③训练问题以及促进思辨能力超语境转换的论点所涉及的结构;④元认知成分,包括检查朝向目标的准确性和监控进展状况。

哈尔彭给出的思辨的定义及提出的思辨能力培养模式都涉及元认知的知识。思辨和元认知相互交缠,元认知是构成思辨能力的重要组成部分。

还有一些学者认为思辨和元认知之间的联系在于两者都有自我调节功能。例如:德尔斐尔项目的研究报告提出,自我调控是一种思辨技能。

斯超等人在《促进科学教育中的自调节:作为学习广泛视角一部分的元认知》一文中构建了如下图所示的自主学习模式:

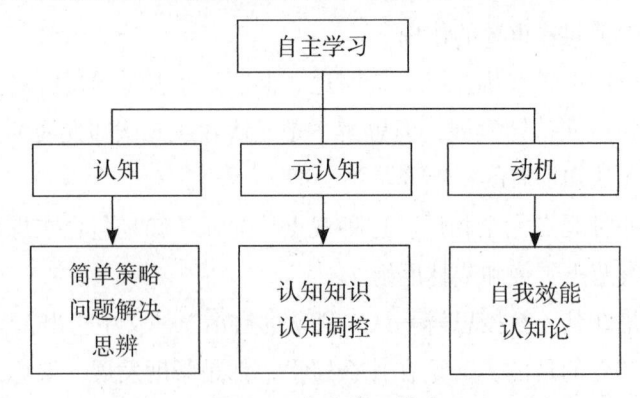

图 7-1 自主学习模式

在斯超等人看来,自主学习包括认知、元认知、动机,认知又包括简单策略、问题解决和思辨。思辨是认知的一部分,是指对信息来源进行确认和分析并最终得出结论一过程。自主学习是霍勒克在 20 世纪 80 年代提出的。所谓自主学习就是对自己学习负责的一种能力。迪金森认为,自主学习者应当承担的学习责任包括:①决定学习什么;②学习方法为个人自学;③学习者选择学习进度;④学习者决定何时、何地进行学习;⑤学习者选择学习材料;

⑥自我监控；⑦自我测试。从以上的分析不难看出，对于元认知和思辨来说，自我调节和监控都是必不可少的。而自主学习把这两种思维技能很好地结合了起来。例如：一个成功地对英语进行自主学习的人必定会注意自己语言表达的正确性和得体性，对不正确的语音、语法和措辞等进行更正，并且在学习一段时间后，会使用一些方法检查去语言学习的结果是否满意，从而对自己的学习策略进行进一步的调整和改进。在整个过程中自主学习者不断地使用元认知策略，如定向注意、选择注意、自我管理、自我监控、自我评价等，而这些元认知策略的使用无不需要自主学习者进行思辨性的思考。如在对学习内容、学习方法、学习进度、学习材料的选择上以及在对学习效果的评价中，自主学习者必定会使用筛选、比较、评估等思辨方法。可见，思辨与元认知在一些特定情境下是相辅相成的。

哈洛宁指出元认知就是一种监控思辨质量的能力。

三、思辨与动机

《辞海》将"动机"界定如下：

动机：①使个体激发和维持其行动，并使该行动朝向一定目标的心理倾向或内部驱力。根据动机的起源，可分为生理性动机和社会性动机；根据引起动机的原因，可分为内在动机和外在动机。②在哲学上与"效果"相对，构成辩证法的一对范畴。动机指人们行动的主观愿望，效果指实践的客观后果。

动机和效果是辩证的统一。人们做任何事都受一定的动机支配。效果是动机的体现，又是检验动机的标准。"唯心论者是强调动机否认效果的，机械唯物论者是强调效果否认动机的，我们和这两者相反，我们是辩证唯物主义的动机和效果的统一论者。"（《毛泽东选集》第三卷第868页）动机与效果的统一过程，就是主观与客观、认识与实践的统一过程。

对于动机有很多种研究视角，包括：行为心理学研究、认知研究、社会研究、二语习得和外语学习研究等。从行为心理学视角看，动机是"预期的加强"。从认知视角看，动机强调的是个人对自己行动所做的决定。从社会建构主义视角看，动机是一种认知和情感唤醒的状态，这种状态会引起行动的有意识决定以及为了达成之前所定的目标而引起的一段可持续的智力和体力的努力。在二语学习领域，动机被看成是"成就的一种简单解释"。在语言学习中，动机是"努力+渴望达成学习语言的目标+学习语言的良好态度"。无论从哪个视角进行研究，动机基本上都包括四个方面：目标（goal）、努力（effort）、达成目标的渴望以及对相关活动的正面态度。引起动机的原因，简单地说，有内在原因和外在原因。内在原因是指由于个体对任务本身的兴趣造成的。外在原因是指个体由于外部环境所带来的完成任务的动力。内在原因引起的动机称为内在动机，外在原因引起的动机称为外在动机。从20世纪70年代初期以来，社会心理学家和教育心理学家就一直在研究内在动机。研究发现，受到内在动机刺激的学生更愿意投入到任务中去，并努力学习以提高自身的能力。那么，动机与思辨有什么样的关系呢？

研究者们一致认为，思辨与动机紧密相关，"动机是思辨的必要条件"，等等。也有研究者通过实证研究证明了思辨与动机的关联性。

很显然，思辨与动机有着相辅相成的关系。教学实践告诉我们：在课堂中，学习动机强的学生往往具有较高的思辨能力；反之，思辨能力好的学生也会有较强的学习动机。

很长时间以来，教育家们把培养学生的思辨能力看作教育所要达到的理想的结果。特别是近些年来，在全球范围内，思辨能力已经被确认为21世纪高等教育和职业教育所必需的技能之一。按照目前广为接受的研究范式看，思辨能力包括两部分：认知能力和情感倾向性能力。认知能力包括：阐释、分析、评价、推理、解释和自我调控等。情感向性能力可以被看作是一种态度或思维习惯，包括：开放和公平的思想、好奇心、灵活性、探求原因的倾向、求知欲、尊重不同的观点并愿意持不同的观点的倾向等。思辨与其他概念，如创新性思维、元认知、动机等都有相辅相成的联系。首先，思辨与创新性思维互相促进。一方面，创新性思维需要对知识产品进行思辨性的评价；另一方面，思辨需要创新性思维的开放和灵活的思想，因而，两者是相互促进的。其次，元认知支撑思辨。因为那些能对自己的思考过程进行监督和评价的学生更容易进行高质量的思考，所以这些学生具备的正是元认知能力，即对认知进行认知的能力。再者，动机与思辨相互支持。因为那些受到某种动机激发的学生更容易坚持不懈地完成任务，而任务的完成是需要思辨的。反过来，那些需要思辨的学习活动和任务评估也会成为激发学生的动力，因为这些活动对于学生来说更加新鲜有趣，更加具有挑战性。总之，在思辨能力培养过程中，只有灵活运用各种相关的技能及方法，不拘泥于传统的思维方式，培养积极的思维习惯，才能更加有效地进行创新性思维从而提高思辨能力，促使富有洞察力的思辨习惯的形成。

第八章 高校英语写作教学思辨能力培养实践路径

第一节 高校英语写作课程思辨能力培养方向的转变

一、英语专业技能课程改革的必要性

联合国可持续发展教育10年计划2012报告《塑造未来教育》中说：人们对于在一个机构或一个系统内全面实现可持续性与可持续发展的兴趣正在不断上涨。这表明人们已经意识到，只有质疑现有做法及其背后的价值观，共同创造新的做法与实践，才能真正实现可持续发展。很多问卷被访者表示，实现可持续发展的最佳途径是多方力量共同参与，对整个体系进行重新设计。对中小学与大学而言，这就意味着要对课程、校园运作、组织文化、领导与管理、社区关系以及研究与评估做出全面的反思。这种重新设计不仅要求我们采用过去几年来可持续发展教育领域中所涌现的那些互动、综合、批判式学习方法，还要求我们愿意将现有体系背后的价值与利益明确出来，并与之相对抗。目前，全球正在兴起"绿色经济"运动，可持续发展教育只要能够继续关注那些关键议题，将在全球朝着'绿色经济'的转变中发挥重要作用。

该报告启示我们，要实现英语专业英语教育的可持续发展，我们必须对我们已有的课程、校园运作、组织文化、领导与管理、社区关系以及研究与评估做出全面的反思，也必须重新设计我们的学习方法。

长期以来，英语专业技能课程的教学理念是以传授英语知识为导向的，这种导向必然造成以课程和教师为中心的教学范式。这种导向和范式使得英语专业的教学目标定格在技能的培养上。因而，所形成的教学模式较单一、

固定，教学质量的评估手段有限。

当前，随着新一轮科技革命和产业变革的到来，新型的人才（即具有思辨能力、创新能力）成为世界各国急缺的资源。新型人才的培养必须仰仗教育，因此教育问题成了世界各国关注的重点话题。陶西平总结了当代基础教育改革的 6 大动向：

动向一：从"全民教育"到"全民学习"。

动向二：从以"课程"为中心到以"学生"为中心。

动向三：从以"能力"为导向到以"价值观"为导向。

动向四：从"知识授受"到"创新精神培养"。

动向五：从"信息工具的使用"到"教学模式的改变"。

动向六：从"单一测试"到"综合评价"。

面对全球教育改革的新动向，英语专业技能课程的教学理念、教学目标、教学方法、教学内容、教学质量的评估都应相应地重新进行设计，从而顺应时代发展的潮流，培养出高质量的英语人才。如何设计？有什么理论依据？下文将进行深入探究。

二、研究的问题

（1）英语专业技能课程的教学理念是什么？

（2）英语专业技能课程的教学目标是什么？

（3）英语专业技能课程所采用的教学方法有哪些？

（4）英语专业技能课程如何选择教材？

（5）英语专业技能课程教学质量评估的内容有哪些？

（6）英语专业技能课程中教师起什么样的作用？

三、英语专业技能课程教学理念的转变

英语专业技能课程从基本技能学习型教学理念转变成思辨能力培养的教学理念。

思辨能力的培养已成为世界各国各层次教育的终极目标。于 20 世纪 80 年代发端于美国的轰轰烈烈的思辨运动就是一场自上而下的教学理念的大转

变。这场运动声势浩大、旷日持久，上至总统、部长，下至普通大、中、小学教师，都参与其中，并产生了大批的研究报告、论文和著作。这场运动使得美国中小学和大学逐渐将自己的教育目标确定为思辨。继美国之后，世界各国都陆续将思辨能力的培养纳入了教育目标。

可以说，我国英语专业技能课程教学理念的改变是现代教育的呼唤、是信息化时代的需求。只有将学习型教学理念转变成思辨能力培养的教学理念，我国才能培养出符合时代要求的既具有认知能力，又具有情感倾向性能力的人才。

四、英语专业技能课程教学目标的转变

英语专业技能课程从打好语言基本功的教学目标转变为获取"知识＋能力"培养的教学目标。

（一）知识

知识的界定曾引起思想家的广泛讨论，但迄今为止还没有一个准确的固定说法。古希腊伟大的哲学家柏拉图在泰阿泰德篇中记述了苏格拉底和泰阿泰德之间关于知识的讨论。经过三次尝试，最后泰阿泰德也没有成功地给出知识的定义。亚瑟·雷伯、芮亚农·艾伦和艾米丽·雷伯这样界定知识：①一个人或一组人或一种文化所拥有的信息；②由所有过程（无论是先天给予抑或是实验获得）产生的心理成分。

比照该定义，英语专业大学生通过学习技能课程所应掌握的知识包括两部分：一是英语语言知识，二是与语言相关的认知心理知识。

英语语言知识包括3个层次：第一层次包括英语语言的口语和书面语知识；第二层次指运用英语语言的口语和书面语学习社会文化知识；第三层次指掌握了研究英语语言的理论和方法（包括语音学、音系学、句法学、语义学、语用学等）等知识。

认知心理知识是指语言与大脑以及人类其他器官之间关系的知识。有了这些知识，我们就会对语言的特征、结构及意义有深入的了解，就不会再将语言仅看成是交流的工具。语言比我们所想的要复杂得多，它与我们的神经系统息息相关。详细内容将在后面的章节中论述。

知识是"人类通向不朽生命的希望","人类值得拥有的只有知识财富,再无他物"。知识也必然是通向思辨能力的正确之路。拥有英语语言知识和认知心理知识是培养英语专业大学生思辨能力的必要前提。

(二)能力

英语专业大学生要培养的能力就是思辨能力。思辨是一种高层次的思维形式——有意识控制的、深思熟虑的思想,它依靠低层次的认知过程如感知、注意和记忆等,但与它们又有所区别。

西方学者基本认同思辨涵盖两个维度:一个是认知能力,另一个是情感倾向性能力。

根据德尔斐项目组的研究,认知能力包含6个核心技能:阐释、分析、评价、推理、解释和自我调控。它们又分别包含若干个子技能。阐释包括归类、理解意义与澄清意思。分析包括分析看法、找出论据与分析论证过程。评价包括评价观点和评价论据。推理包括质疑证据、提出替代假设与得出结论。解释包括陈述结果、说明方法与得出结论。自我调控包括自我评估与自我纠正。这些高层次认知能力的培养使学生能从纷繁复杂的信息中提取重要的、有用的信息,并能对这些信息的观点做出正确的评价。

德尔斐项目组的研究者将情感倾向性能力分为两个方面:一方面是一般情感倾向性能力,指勤学好问、博闻多识、对机会的敏感、对推理的自信、相信理性、心胸开阔、灵活应变、善解人意、在做出评价时保持公正、在面对个人偏见时保持诚实、在做出判断时保持谨慎和愿意重新考虑等;另一方面是具体的情感倾向性能力,包括面对问题时头脑清晰、处理复杂事务时井井有条、勤于搜寻相关信息、选择标准时理由充分、探究问题时专注目标、持之以恒地追求所探究的问题与条件许可的尽可能精确的结果等。

法乔恩、吉滕斯提出7个正向大脑思维习惯:①追求真理;②心胸开阔;③有远见;④持之以恒;⑤对于推理的自信;⑥好探究;⑦审慎态度处理问题。这7个正向大脑思维习惯指的就是情感倾向性能力。

情感倾向性能力的培养是确保认知能力正确有效运作的基础。情感倾向性能力与认知能力相辅相成。有认知能力而无情感倾向性能力的人充其量被称为"能干事情"的人;有情感倾向性能力而无认知能力的人也只能被称为"想干事情的人";只有既有认知能力又有情感倾向性能力的人才是"想干事情"也"能干事情"的人。这样的人才是当今世界的稀缺资源,也应是我们教育以及我们英语专业应着力培养的人才。

(三)英语专业技能课程教学方法的转变

英语专业技能课程的教学方法应从以传授知识为目的的方法转向以研究为导向的方法。

从20世纪50年代起,高校英语专业技能课程中多种教学方法相继出现,如翻译法、直接法、听说法、交际法以及合作学习法、自主学习法、任务型学习法、探究学习法等。本研究将这些方法称为以传授知识为目的的教学方法,这些方法的运用的确促进了英语专业大学生英语的学习。然而,当英语专业技能课程教学理念和教学目标发生转变时,教学方法也相应地需要转变。教学方法需要从以传授知识为目的的教学方法转向以研究为导向的教学方法。以研究为导向的教学方法就是指在技能课程教学中每个主题的教学都应采用研究的范式展开。具体包括:文献综述法、问题-解决法、假设-推断法、量化法、质性法等。这些方法的运用使学生能够掌握一整套科学的研究方法,不但从中学习了语言知识,也掌握了分析、判断、推理的一套科学手段,从而逐步提高学生的思辨能力。

五、英语专业技能课程如何设置?如何选教材?如何考核?

英语专业技能课程如何设置?如何选取教材?如何考核?这几个问题是相当复杂的,笔者难以提出一套切实可行的办法。但笔者认为,世界名校的做法也许对我们有一定的启示。

2015年1~7月,笔者受国家留学基金委资助,前往英国剑桥大学访学,对剑桥大学现代与中古语言学学院理论语言学与应用语言学系教学目标的设定,本科教学中课程的开设、教材的选用、考评标准的制定等进行了调研,并撰写了一份调研报告。报告得到了剑桥大学现代与中古语言学学院理论语言学与应用语言学系时任系主任亨瑞特·亨德里克斯博士的高度评价。"他山之石,可以攻玉。"这份研究报告中的部分内容如下:

剑桥大学理论语言学与应用语言学系的教学目标是：①在语言学研究的广阔领域中实现卓越；②提供以即时研究驱动的高质量的教学；③培养以宽广的、整合的方法研究语言学。

理论语言学与应用语言学系的教学工作包括本科生和哲学硕士层次。博士研究生主要从事科学研究。其教学理念新，方法灵活，学术研究气氛浓厚。教学和科研工作的相辅相成为各个层次学生提供了多样化的发展路径，也为研究者营造了良性的、健康的教学研究环境，使研究者能够充满激情地不断更新自己的知识储备，拓展其研究领域，提升研究水平，从而反哺教学。

剑桥大学本科教育实行三年制。一年有三个学期，依次为米迦勒学期、四旬斋学期、复活节学期。第一、二学期都只上8周课，第三学期是考试和写论文时间。第一年是语言学各个领域入门期，第二、三年允许专注于某个具体的领域。第二年可以在系内和系外选课，第三年包括论文写作。每年结束时须分别写4篇论文。第一年4篇论文的范围是：①语音和词汇，②结构和意义，③语言、大脑和社会，④历史和语言变体。第二年4篇论文的范围由两部分组成。一部分是由理论语言学与应用语言学系提供的，包括①语音，②语音理论，③形态学，④句法学，⑤语义和语用，⑥语言思想史，⑦英语语言史，⑧一语和二语习得，⑨语言加工心理学和学习，⑩计算语言学。另一部分是由其他院系提供的，包括：①意大利语，②西班牙语和葡萄牙语，③德语语言史，④现代希腊语历史和结构，⑤俄罗斯语史，⑥罗曼语，⑦斯拉夫语，⑧凯尔特语文学，⑨比较语言学要素，⑩希腊语，⑪拉丁语，⑫日耳曼语语文，⑬生物和认知心理学，⑭法语：变体和变化。第三年所有学生必须写一篇语言学理论的论文、一篇毕业论文和两篇从第二年所列的研究范围中选的题目的论文。

本科生2014—2015年开设的所有语言学课程有：①语音和词汇，②结构和意义，③语言、大脑和社会，④历史和英语变体，⑤语言学理论，⑥语音学，⑦音系学，⑧形态学，⑨句法学，⑩语义学和语用学，⑪历史语言学，⑫语言思想史，⑬英语语言史，⑭法语史，⑮语言加工心理学和学习，⑯语言类型学，⑰计算语言学。教学中无固定教材。教师根据学科的发展及自己的体会安排教学计划及教授内容。详细的教学计划、参考书目及讲授的材料在开学之初就会放在网上供学生下载和阅读。课堂上严格遵循教学计划，每节课讲授一个专题。课程内容新、难度系数高。以语义学和语用学课程为例，第一学期讲授的内容包括①介绍：词汇意义、句子意义、话语意义，②词汇和概念，③命题和真值条件，④格莱斯：隐含和意图，⑤命题连接词 I，⑥命题连接词 H，⑦语篇中的指称，⑧指称表达、语境和意图。第二学期讲授的内容有：①语义／语用界面争论 I，②语义／语用界面争论 H，③自然语言量词，④动态语义学，⑤时间和时间指称，⑥言语行为，⑦隐喻，⑧语言礼貌和含义。该门课也要求学生选修语言学的逻辑这门课。这门课在第一学期由另外一个教师上，共 8 周。以计算语言学的"对话系统"专题为例，在 50 分钟的时间内，教师讲授的内容包括：①人类对话的特性，②言语行为和对话行为，③对话系统体系结构，④一些简单的对话管理者，⑤信息状态对话管理者。

剑桥大学理论语言学和应用语言学系为本科生开设的课程几乎都属于我们所说的专业知识课程，似乎与我们所谈的专业技能课程没关系。但这种课程的设置方式、教材的选用以及考核方式等对我们的英语专业技能课程的设置、教材的选用以及考核方式等都应该有重大的启示作用。

《大纲》中规定，技能课程包括基础英语、听力、口语、阅读、写作、口译、笔译等课程。《大纲》是一个指导性的文件。在具体课程设置中，可以考虑拓宽技能课程原有的领域，加入英语语言知识和认知心理知识，并以培养具有思辨能力和国际化的人才为导向。如此，这些英语专业技能课程可做如下调整：

听力课可改为：听力和语音课，听力和音系课。

口语课可改为：口语、交际和意义。

基础英语课可改为：英语语言和社会文化。

阅读课可改为：阅读和深层学习。

写作可改为：创造性写作和学术写作。

上述改动只是笔者初步的想法。具体如何改还需专家学者进一步研判。这种改动不仅仅是课程名称的改动，每一个改动都蕴含着课程的教学目的、教学内容、教学方法、教材的选用以及考核方式的革新。这样的革新不仅能使学生真正学到英语语言知识和认知心理知识，也能提高学生的思辨能力和创新能力，从而达到英语专业教育的目的。

六、英语专业技能课程教学质量评估办法讨论

现行的英语专业技能课程教学的质量评估主要依据学生的打分。这种评估办法一定程度上制约了教师的创新意识。只有改变这种单一的教学质量评估方法，推行一种既鼓励教师创新性的教学，又使学生能真正学到知识，提高认知能力、情感倾向性能力的方法（如情况允许，可以采取同行评比与学生评比相结合的办法），才能使我们所推崇的新的教学理念及教学目标真正落到实处。

七、教师在英语专业技能课堂中的作用

论及教师在课堂上的作用，从古至今不少哲学家、思想家、教育家都有详尽的论述。宋代大学者韩愈在其《师说》中说道："师者，所以传道授业解惑也。"现代教育家陶行知说："千教万教，教人求真。"那么，在英语专业技能课堂上，教师如何通过授业解惑而传道或教人求真呢？在授业解惑中，教师起着什么样的作用？关于这些问题也有不少论述。这里，笔者不想提出一些干巴巴的条条框框来说教，而是愿意从自己于2015年根据在剑桥大学访学时所观察到的教师们在课堂上的表现而写成的研究报告中抽取一段来论述教师在课堂中该如何做才能使课堂变为学术的殿堂，精神的高地，精英的摇篮！以下内容来自2015年我在剑桥访学结束之际写成的研究报告。

剑桥大学以追求卓越为宗旨，以培养"独立之精神，自由之思想"的人才为己任，力图为社会构建一块精神净土。因而，在教学中，剑桥大学的教师们个个表现得都是可圈可点。第一，在课堂上，教师们的声音清朗，运用的语言清晰、明白，有条理、有逻辑，重点突出。尽管教师们没有用什么花哨的语言，但他们说出的话像磁石，能够吸引学生的注意力，使学生能跟随着他们/她们的语速和节奏往前走。第二，教师们一开口，就好比"小提琴家上弦，歌唱家定调"（注：某位特级语文教师之语），一下就能给所讲授的课定好位，使他们/她们的课不但具有一定的品位，还打上了个人学识、个人修养以及个人特点的烙印，颇有种"粗缯大布裹生涯，腹有诗书气自华"的境界。第三，只要一走入课堂，教师们就会立即投入到讲课中。他们的语

速都非常快，信息量相当大，讲授的内容难度系数很高。最难能可贵的是，上课期间，他们所关注的、所讲的，完全是与教学相关的，没有半句废话、多余的话。在讲课或讨论过程中，大家不时也会发出笑声，但这样的笑声完全由授课内容引起，而不是由外在的、哗众取宠的笑话引起的。上完他们的课，笔者深深体会到知识的浩瀚无边以及一流的教师、一流的教学应该是什么样的。第四，教师们对所讲授的内容了如指掌，且能融会贯通。经过几十年的修炼，这些东西已经融入了教师们的血液中。第五，教师们站在讲台上，那种气势和气场与剑桥符号相辅相成，相得益彰。显然，做一名剑桥的教师是需要一种特质的。这种特质不可以模仿，它是内在的，由精神到外在的一种彰显。古人云："书犹药也，善读之可以医愚，不吃饭则饥，不读书则愚。"《礼记·大学》中说："古之欲明明德于天下者，先治其国；欲治其国者，先齐其家；欲齐其家者，先修其身；欲修其身者，先正其心；欲正其心者，先诚其意；欲诚其意者，先致其知，致知在格物。物格而后知至，知至而后意诚，意诚而后心正，心正而后身修，身修而后家齐，家齐而后国治，国治而后天下平。"总之，读书能开启智慧，修身、养性、齐家、治国、平天下。进而推之，只有通过读书才能成为课堂上拿捏自如的老师；也只有通过读书才能成为有大气场的老师；也只有通过读书才能锻造出不仅能传道授业解惑而且能给莘莘学子带来愉悦的精神享受的大师。而这些也是剑桥的大师们身上所彰显的。

第二节　写作教学思辨能力培养

一、写作流程探析

写作实质上就是把观点、观念、想法等用语言符号表达出来的过程。这一过程涉及大脑额叶前半部分和后半部分。额叶前半部分负责高层次认知过程，额叶后半部分参与运动，即额叶前半部分负责观点、观念、想法的形成及语言的创造，额叶后半部分负责写出来这一行动。按照祚勒的理论，感知皮质区处理感知输入，包括外部世界和人类自身的信号。这些输入进入后整合区，变成整合的经验和记忆，包括对故事的记忆、场所的记忆、语言的理解、倒叙、与经验相关的情感和长期记忆等。这些经验和记忆进入前整合皮质区，该区的功能就是解决问题，创造新的观点、观念、想法以及将其组装成语言，而将语言写出来或说出来形成语篇则是运动区的任务。

因此，写作是一个信息输入到信息输出的过程，在此过程中，大脑的各个皮质区以及相关的认知心理活动，如注意、记忆、思维、想象等都起了不可或缺的作用。输入的信息是原始的、基本的，是输出信息的前提。输出的信息不是输入信息的简单翻版，它是人经过加工、创造后生成的新的、有目的、有序的信息。

二、写作的目的

依据上文分析，写作的目的不仅是提高一个人的写作技巧或水平，也是把所形成的观点、观念、想法组装成清晰的、准确的、富有逻辑的语言并通过字系或音系表示出来。在这个过程中，得到锻炼的不仅是语言表述的能力，更重要的是促使问题解决，产生观点、观念、想法的能力。这些能力与思辨所倡导的能力基本一致。因此，从深层看，写作的目的主要是锻炼大脑前整合皮质区和运动皮质区，并激发前整合皮质区的解决问题的能力、创新能力（或可以称为思辨能力）以及运动皮质区的行动能力。

三、写作课的目的

写作课是英语专业技能课程之一。对于写作课的开设目的、教学内容，《大纲》这样规定：英语写作课的目的在于培养学生初步的英语写作能力，包括提纲、文章摘要、短文以及简单的应用文。写作课的开设时间可根据各校的情况，在二年级与三年级开设三或四个学期，教学内容的安排可从如何用词和句子结构入手，要求学生根据提示作文，或模仿范文写作，或根据一定的情景进行串写，进而过渡到掌握段落写作技巧、篇章布局和短文写作。如果有条件，还应进一步训练学生掌握各种文体及其篇章结构，如描写文、记叙文、说明文和议论文等。

笔者认为，《大纲》规定英语写作课的目的也有值得商榷的地方。若从神经科学和认知心理视角看，英语写作课的目的有两个：①锻炼英语专业大学生大脑前整合皮质区，激发其前整合皮质区的解决问题的能力和创新能力（也可以称为思辨能力）；②锻炼英语专业大学生大脑运动皮质区的行动能力，即把所形成的观点、观念、想法组装成清晰的、准确的、富有逻辑的语言并通过字系或音系写出来的能力。

四、写作课堂与思辨能力

上文研究揭示：写作课堂是训练英语专业大学生思辨能力的最佳场所之一。那么，写作课堂如何做可以提高英语专业大学生的思辨能力呢？

英语专业大学生的写作可以分为学术性写作和非学术性写作。非学术性写作包括短文、简单的应用文、描写文、记叙文、说明文和议论文等。若研究者将注意力放在这些不同种类的文章上，那写作教学将是一项异常困难的任务，因为同一种体裁的文章都会呈现出巨大的不同。但若将注意力放在写作与大脑结构上，我们就可以透过写作表象发现蕴含在写作中的人类的高阶思维活动。因此，基于科尔布的经验学习循环模式以及祚勒的循环式学习模式，笔者提出 RCW 方法。RCW 分别代表 Reading, Reflection, Creating 和 Writing。

当教授学生某种类型的写作或让学生就某个主题写作时，教师在课堂上应按以下步骤进行：

第一步：Reading（R，阅读）。无论学习哪一类作文的写法，首先要挑选一批具有代表性的文章，让学生仔细阅读。

第二步：Reflection（R，回忆）。要求学生记住相关词汇、短语、意向图式或观点，并让学生通过联想得出一种或几种典型模式。

第三步：Creating（C，创造）。让学生基于第二步，生成新的词汇、新的短语或新的观点。

第四步：Writing（W，写作）。让学生写出新的词汇、新的短语或新的观点。

当阅读代表性的文章时，学生就有了具体经验。这些就是输入大脑的视觉感官事件，这一步涉及的是感觉皮质。当回忆阅读的文章时，学生也会记忆起其他与该文章相似的文章或内容，这是大脑的记忆功能在起作用，这里涉及的是大脑后整合皮质区域。当学生生成新的词汇、新的短语或新的观点时，学生已把旧的意向变成了新的意向，并用新的词汇表达了出来，这是大脑的抽象功能在起作用，涉及的是大脑的前整合皮质区域。当学生写出新的文章时，这是大脑的行动功能在起作用，涉及的是大脑的运动皮质。

通过2RCW方法，写作课锻炼的不仅是阅读和写作能力，还锻炼了大脑皮质及相关的认知心理功能。因此，写作课不但锻炼了大脑皮质的各个区域，也锻炼并提高了学生的思辨能力及创新能力。

以上，基于神经科学与认知心理学相关理论，探究了写作的流程、写作的目的、写作课的目的，以及写作课与思辨能力的关系。研究揭示：①写作或写作课与大脑结构有紧密关系；②写作或写作课不只能提高写作技能的活动，也能提高阅读和写作能力，同时还能锻炼大脑皮质及相关的认知心理功能；③通过写作或写作课，学生的思辨能力及创新能力会得到大幅度的提高。

参考文献

[1] 赵瑞平."工作坊"教学模式下大学生思辨性能力培养研究——以《英语写作》课程为例 [J]. 求知导刊, 2015（2）：2.

[2] 王畅. 高校英语专业学生写作思辨能力培养研究 [J]. 现代教育科学, 2016.

[3] 李丽君. 英语写作教学与思辨能力培养相关研究述评 [J]. 黑龙江教育：理论与实践, 2020（1）：4.

[4] 李颜. 思辨能力培养对我国大学英语写作教学的启示 [J]. 浙江传媒学院学报, 2015, 22（1）：5.

[5] 叶怡娟. 生态视角下看英语写作课上学生思辨能力的培养探讨 [J]. 科学中国人, 2017（6Z）：1.

[6] 刘迪. 高校英语专业学生跨文化与思辨能力培养探究 [J]. 课程教育研究, 2017（25）：1.

[7] 李伟. 大学英语写作教学中的思辨能力培养 [J]. 鄂州大学学报, 2014, 21（9）：2.

[8] 黄佳佳, 李俊. 基于思辨能力培养的英语写作教改方案研究 [J]. 才智, 2016（17）：2.

[9] 吴艺娜. 非英语专业学生的写作思辨能力培养研究 [J]. 文化创新比较研究, 2020（4）：3.

[10] 任怡霖. 基于思辨能力培养的大学英语写作教学模式研究 [J]. 海外英语, 2018（2）：2.

[11] 陈雯. 大学英语写作课程教学中思辨能力的培养研究 [J]. 2019.

[12] 崔珊. 大学英语写作教学中思辨能力培养路径研究 [J]. 海外英语, 2020（22）：2.

[13] 龚培蓓. 大学英语写作教学与思辨能力培养 [J]. 英语广场:学术研究,

2021(33):3.

[14] 甘慧慧.基于思辨能力培养的大学英语写作混合式教学模式策略研究[J].中文科技期刊数据库(全文版)教育科学,2021(6):1.

[15] 董永义.大学英语写作教学中跨文化思辨能力培养策略研究[J].湖北开放职业学院学报,2021,034(010):160-162.

[16] 黄河.探究QQ平台下大学英语写作教学对学生思辨能力的培养[J].湖北函授大学学报,2018,31(12):2.

[17] 姚倩.行动学习理论观照下的英语专业写作教学与思辨能力培养[J].语文学刊(外语教育教学),2014.

[18] 赵华.高校英语写作教学中学生思辨能力的培养[J]. 2020.

[19] 王畅.高校英语专业学生写作思辨能力培养研究[J].现代教育科学,2016(1):77-80,102共5页.

[20] 杨莉.写作教学与大学英语思辨能力培养[J].文教资料,2021,000(017):226-227.

[21] 李莉文.英语写作教学与思辨能力培养研究[M].外语教学与研究出版社,2011.

[22] 苗丽华.非英语专业大学生英语写作中思辨能力培养的研究[D].西北大学,2023.

[23] 李怡然.大学英语议论文写作教学与思辨能力培养的课程实践研究[J].现代英语,2022(3):4.

[24] 黄河,林芸.大学英语写作教学与学生思辨能力培养研究[J].四川职业技术学院学报,2019,29(2):6.

[25] 孙有中.英语专业写作教学与思辨能力培养座谈[J].外语教学与研究,2011,43(4):6.